향기
탐색

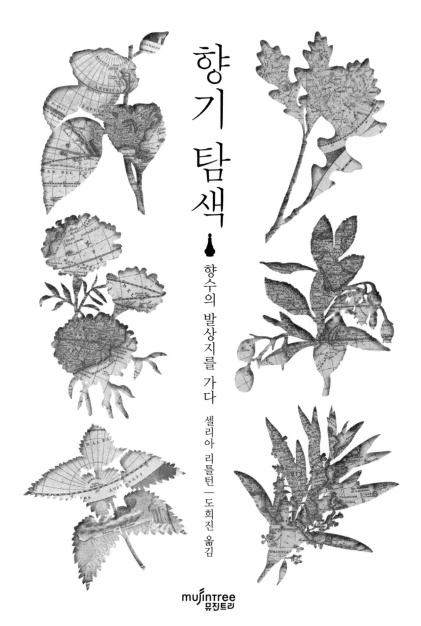

향기 탐색

향수의 발상지를 가다

셀리아 리틀턴 ─ 도희진 옮김

mu**ʃ**intree
뮤진트리

차례

▪ 일러두기

- 이 책은 Celia Lyttleton의 《The Scent Trail》(Conville & Walsh Ltd., 2009)을 우리말로 옮긴 것이다. 2009년에 번역 출간한 《지상의 향수, 천상의 향기》의 개정판이다.
- 본문에 나오는 전문 용어, 특정 회사의 명칭, 외래어로 익숙한 제품명 등은 한글로 번역하지 않고 외래어 발음 그대로 표기했다.
- 인명·지명 등은 외래어 표기 용례를 따랐다.
- 옮긴이의 주는 괄호 안에 줄표를 두어 표기했다.

The Scent Trail

○

향의 여정을 시작하며

아주 미미한 향이 또 다른 시간과 장소로
우리를 이끌 때의 그 놀라운 기분을 아는가?
셀리아 리틀턴이 설명하려는 감정은 분명 이것이다.
이 책은 향수의 기원에 대한 식견을 제시하고
독자에게 감각적 모험의 기회를 부여한다.

〈리얼 트래블Real Travel〉

향은 막강한 힘을 가지고 있다. 향의 역사는 문명의 발달과 과학, 의학, 종교운동, 그리고 고대·중세·근대 세계와 모두 연계되어 있다. 또한 향은 기억을 불러일으킨다. 향으로 인해 갑자기 어린 시절의 사건이나 오랫동안 잊고 있었던 옛 연인, 그리고 풍경 등이 떠오르는 예기치 못한 순간을 누구든 경험해보았을 것이다. 향과 관련된 연상 작용은 매우 활발하게 일어난다.

프루스트는 인간이 살아가는 매 순간이 냄새와 맛에 저장된다고 말했다. 그 냄새나 맛을 다시 느끼게 되면 기억이 살아나는 것이다. 냄새와 기억의 관계가 그토록 밀접한 것은 우리의 후각 신경이 뇌의 변연계와 대뇌 피질로 정보를 보내기 때문이다. 변연계는 기억을 형성하고 감정을 조절하며 후각을 담당하는 뇌의 발달 초기 기관이며, 대뇌 피질은 의식적 사고와 관련 있는 복잡한 부분이다.

또한 후각은 이성적이고 비판적인 좌뇌를 누르고 창조적인 우뇌를 자극하는 힘을 가지고 있다. 따라서 다른 어떤 감각보다 후각이 불러일으키는 기억이 가장 감정적이다. 우리가 향수를 사용하는 것은 좀 더 매력적으로 보이기 위함과 동시에, 어머니가 바르던 립스틱 향기나 낭만적인 주말을 보냈던 시골집 벽난로의 나무 연기 냄새를 맡을 때 물밀듯이 밀려드는 추억에 얽힌 감정을 다시 느낄 수 있기 때문이다.

시각과 청각은 신체상의 감각이지만, 미각과 후각은 화학 작용을 일으키는 감각이다. 우리가 소나무 숲 향기나 어머니의 체취를 들이마시면 그 냄새 분자가 체내로 들어오기 때문에 후각이 매우 친숙한 감각이 되는 것이다. 키플링은 "후각은 시각이나 청각보다 훨씬 더 깊이 심금을 울린다."고 말하기도 했다.

시력을 포함한 모든 감각은 세월이 흐르면서 그 기능이 점점 저하되지만, 후각은 다르다. 후각 세포는 24일을 주기로 다시 만들어지기 때문이다. 우리는 이러한 놀라운 감각을 충분히 활용하지 않고 있다. 인간의 후각은 50만 개의 서로 다른 냄새를 구분할 수 있는데, 설령 뇌에 그 모든 냄새가 기록되어 있지 않다 해도 어떤 냄새를 처음 맡게 되면 다음에 그 냄새를 맡았을 때 즉시 기억해낼 수 있다.

향은 내게 어디로든 갈 수 있는 날개를 달아준다. 아이리스의 부드러운 향은 어린 시절의 대부분을 보낸 토스카나 언덕으로 나를 데려다준다. 여름이면 그곳에서 아이리스 뿌리를 캐 매트 위에 펼쳐 말리는 광경을 구경하곤 했다. 재스민 향은 나를 라자스탄 평원으로 데려가고, 베티베르 향기는 어릴 적 헤엄치며 놀던 토스카나의 푸른 호수를 생각나게 한다. 라벤더와 헤더, 오크모스 향을 맡으면 가을 나뭇잎과 균류가 떠오르면서 어느새 내 오두막이 있는 요크셔의 평원에 서 있다. 바질 향에서는 따스한 태양과 에게 해 군도를 둘러싼 눈부신 바다가 느껴진다.

이렇듯 마음껏 여행할 수 있다는 것은 정말 큰 행운이다. 어릴 적 나는 고고학자인 어머니 마거릿 리틀턴과 함께 여러 나라를 돌아다녔다. 그때 이후로 여행을 멈춘 적이 없다. 할머니 집은 향에 얽힌 첫 번째 기억이 서려 있는 곳이다. 할머니 집에는 언제나 벽난로의 나무 연기와 담배, 가죽, 다크 초콜릿 향, 그리고 할머니가 쓰시던 장미 향수 냄새가 가득했다.

1982년, 나는 향료 무역 항로에 대한 책을 집필 중이던 어머니를 따라 예멘에 갔다. 1980년대의 예멘은 그야말로 무법천지였다. 우리는 유향과 몰약 나무가 무성한 내륙 깊숙이 들어갔는데 그곳에는 총으로 무장한 원주민들이 버티고 있었다. 우리는 그들의 습격을 받아 영국 대사관에서 빌려온 랜드로버Land Rover(영국제 4륜 구동차의 상표명—옮긴이)와 지도를 빼앗겼다. 할 수 없이 우리는 황량한 용암 지대를 가로질러 돌아가야 했는데, 다행히도 우연히 만난 베두인족 몇 명이 우리를 안전한 곳까지 친절하게 안내해주었다.

그 힘든 기억이 잊힐 때쯤, 우리는 다시 예멘의 수도인 사나의 수크souk(아랍 지역의 재래시장—옮긴이)를 답사하러 떠났다. 미로같이 복잡한 길로 유명한 수크이지만 눈먼 사람도 냄새만 따라가면 길을 찾을 수 있는 곳이기도 하다. 향료 시장에 맴도는 톡 쏘는 기운과 카트qat(예멘 사람들이 씹으며 즐기는 일종의 환각제 식물—옮긴이) 시장의 매운 향, 향기가 진동하는 거리, 유향과 몰약, 고무수지를 태울 때 피어오르는 향긋한 연기 냄새…. 지금까지 남아 있는 그 모든 기억이 이 책을 쓰는 원동력이 되었다. 다시 한 번 가서 그 냄새를 맡아보고 싶었다. 그리고 그 향의 비밀을 풀어 헤치고 싶었다.

향의 가장 기초적인 원료는 무엇이고, 그것이 어떻게 자라고 재배되는지, 아이디어에서 최종 완제품까지 향수가 만들어지는 과정은 어떤지 알고 싶었다. 나는 이 모든 욕구를 충족시킬 최선의 방법은, 주문 향수를 만드는 사람에게 너트메그·인디언 삼박·베티베르와 아이리스 뿌리 등 내가 가장 좋아하는 향들을 원료로 한 맞춤 향수를 주문하고 그 원료들의 산지를 직접 돌아보는 것이라고 결론지었다. 또한 나는 원료를 재배하는 노동자에서 일류 조향사까지, 향수를 만드는 일에 관여하는 사람들도 만나보고 싶었다. 이 모든 것이 바로 향의 여정을 떠난 이유이다.

알레포(시리아 북쪽에 위치한 도시—옮긴이)의 13세기 수크 거리에서 나는 백합 연고로 만든 고체 향수를 발견했다. 진짜 사향이 들어간 것이었다. 그것을 바를 때마다 사람들은 그 향에 압도되어 잠시 얼어붙어 있었다. 요즘 들어 많은 조향사가 합성원료 대신 천연 에센스와 오일을 사용하고 있다. 향수를 만드는 데 좀 더 완전한, 원칙적인 접근 방식을 택하고 있는 것이다. 조향사들은 숨 막힐 정도의 향에 파묻히기보다 향과 일체감을 느끼는 것이 중요하다는 것을 깨닫게 되었다.

진정 효과가 뛰어난 새로운 향수들이 속속 등장하여 시중에서 판매되고 있으며, 아로마세러피는 고대인들이 믿었던 에센셜 오일의 치유력을 입증해 보이고 있다. 티베트 승려들은 샌들우드를 태워 명상에 임하기 전에 마음을 비우고, 라벤더로 마음을 차분히 가라앉힌다. 임신부들은 진통을 줄이기 위해 유향 연기를 들이마신다.

우리는 누구나 자신만의 특별한 향을 갖고 싶어한다. 자신만을 위한 비밀 공식으로 만든 맞춤 향수를 원하는 것이다. 내가 주문 향수를 만드는 아나스타샤 브로즐러를 찾아간 것도 그러한 이유에서다. 내 향의 여정은 그녀의 거실에서 시작되었다.

The Scent Trail

1장

주문 향수를 만드는 아나스타샤

○

나만의 향수를 주문하다

감각적 삶에서 모든 감정이 대응물을 갖는다는 사실을 알게 된 그는 그 관계를 밝히려고 노력했다. 어떤 관계를 신비롭게 만드는 유향과 열정을 자극하는 용연향, 지나간 사랑을 추억하게 하는 바이올렛, 이성을 마비시키는 사향, 그리고 폭풍 같은 상상력을 불러일으키는 챔팩 나무 속에는 도대체 무엇이 들어 있는 것일까?

오스카 와일드
《도리언 그레이의 초상The Picture of Dorian Gray》

런던에서 활동하는 주문 향수 제조자는 몇 명 되지 않는다. 크리에이티브 퍼퓨머스의 설립자 아나스타샤 브로즐러Anastasia Brozler는 그 중 한 사람이다.

나는 나만의 향수를 주문하려고 그녀를 찾아갔다. 그녀는 그런 나를 향의 세계, 향이 불러일으키는 마법의 세계로 잡아끌었다. 아나스타샤를 처음 만난 것은 그녀가 회사를 세우기 전이었다. 100여 개의 작은 서랍이 있는, 한약 서랍장을 본떠 만든 장식장 앞에 앉자, 그녀는 이 서랍들에서 향내 나는 몰약과 흰붓꽃 흙뿌리, 바닐라 껍질, 이란산 사프란, 인도산 샌들우드, 향이 강한 너트메그 유油, 향긋한 클로브, 베르가모트, 바질, 토마토유 등을 손에 잡히는 대로 듬뿍 꺼냈다. 특히 마지막 세 가지 향이 합쳐지자 지중해 그리스 섬에서 있었던 야외 만찬이 머릿속에 그려졌다.

아나스타샤가 내 코밑에 들이댄 재료들 가운데에는 향수 원료라고는 생각도 못했던 것들이 많았다. 토마토유와 파라과이의 가이악 우드가 그러했고, 용연향과 사향·영묘향 등은 생전 처음 경험하는 향이었다. 일부 중동 지역에서는 불법이긴 하지만 지금도 진짜 사향과 영묘향이 밀거래되고 있다. 향유고래의 토사물이 원료인 용연향은 살 수는 있지만 무분별한 포획으로 고래 수가 급감하여 대부분의 조향사들이 인공 화합물로 대체하고 있다.

아나스타샤가 내 코 가까이에서 흔든 대체代替 사향은, 솔직히 말하면 방귀 냄새와 비슷했다. 영묘향도 사향과 비슷하지만 훨씬 더 강한 냄새가 났다. 하지만 향수를 조합하는 공식에 따라 다른 향과 섞이자 사향은 부드럽고 감각적이며 관능적인 베이스 노트를 만들어냈다. 아나스타샤는 순수한 사향만 맡으면 탑 노트가 너무 강해 역겹기 때문에 그 다음 노트를 감지하기 어렵다고 설명했다.

용연향은 사향이나 영묘향과는 전혀 다르다. 용연향은 신선한 공기와 바닷물의 터치로 관능적이고 따스하며 햇빛에 그을린 가죽 냄새가 난다. 진한 중독성과 신비로움 때문인지 나는 이 향에 자꾸 집착했다. 트뤼플(서양 송로버섯) 과자와 굴이 떠오르고 마약에 도취된 듯 희열감이 느껴졌다. 아나스타샤가 약병을 닫았지만 우리는 남아 있는 향 때문에 약간의 현기증을 느꼈다.

용연향은 향유고래에서 자연적으로 추출되며 사향이나 영묘향과 달리 향료 성분을 추출한다고 해서 향유고래에 해를 입히지 않는다. 향유고래가 주식인 오징어를 삼키면 위의 분비물이 보호막을 형성하여 소화되지 않고 남아 있는 부분을 감싼다. 그리고 발정기에 소화 능력이 떨어져 그 부분을 토해내면 젤라틴으로 된 벌집처럼 해수면을 떠다니다가 해안으로 밀려 들어오는 것이다. 그러면 그런 분비물을 몇 년 동안 알코올에 담가 숙성시킨 후 사용한다. 사향이 곧바로 사용할 수 있는 반면, 용연향은 빈티지 와인과 마찬가지로 시간이 흐를수록 부드러워진다.

사향 거래는 불법이다. 수사슴의 향낭을 제거하는 과정 자체는 사슴에게 해가 되지 않지만 덫에 걸린 사슴이 사람들이 오기 전에 죽는 경우가 다반사이기 때문이다. 나는 중동에서 진짜 사향냄새를 맡아보았다. 인공사향에 비해 훨씬 더 진했다. 하지만 내가 주문한 향수에 동물을 학대한 흔적이 남는 것을 원치 않는다는 사실과 관계없이, 인공사향도 충분히 훌륭했다.

플로럴 향도 살펴보았다. 아나스타샤는 각각 프랑스의 그라스와 모로코, 인도에서 재배된 삼박을 원료로 세 종류의 재스민 향을 만들었다. 특히 인도산 삼박의 강렬한 향은 기분을 산뜻하게 만들어주었다. 아나스타샤는 동쪽이나 남쪽 지역일수록 인돌 분자가 증가하기 때문에 재스민 향이 더 강해진다고 말했다. 인돌은 재스민이나 등화유, 오렌지 꽃을 비롯한 많은 에센셜 오일에 들어있는 화학 성분으로 희석되지 않으면 역한 냄새가 나는 결정체이다. 아나스타샤가 또 다른 삼박을 묻힌 알데히드 샘플러를 내 코 밑에 흔들자 처음에 다소 저속한 느낌을 주던 재스민이 알코올 성분인 알데히드의 희석으로 점차 은은한 향으로 변해갔다.

아나스타샤는 3천여 종의 오일과 연고를 가지고 작업하고 있었다. 사우스켄싱턴에 위치한 그녀의 집 거실에 있는, 부채처럼 생기고 악기를 연상시키는 화려한 장식장 앞에 앉았을 때 그녀가 이 장식장 안에는 향수와 추출물, 에센스, 화향유가 담긴 700개의 병이 있다고 귀띔해주었다. 순간 나는 이 수많은 향을 맡음으로써 그녀의 런던 자택에서 내가 가고자 하는 곳으로 얼마든지 갈 수 있으리라 확신하게 되었다.

아나스타샤는 기력이 떨어진 사람은 로즈메리나 유칼리 나무 · 시칠리아 라임으로 만든 향수를 선호하는 반면, 정열적인 밤을 사랑하는 사람은 파출리나 재스민 · 우디 노트 향을 좋아한다고 말했다. 나는 자신만의 향수를 만들기 위해 선택한 원료가 그 사람의 매력을 높여줄 뿐 아니라 성격과 연관되고 또 그것에 영향을 줄 수 있다는 사실을 깨달았다.

팰림프세스트는 정말 좋은 향 가운데 하나인데 세 가지 향조로 이루어져 있다. 탑 노트인 시트러스 향이 날아가면 미들 노트인 플로럴이 한동안 지속되고 마지막에는 베이스 노트의 우디 향이 남는다. 아나스타샤는 향의 조합이 어떤 면에서 그레이하운드 경주greyhound race(전기 장치로 뛰는 모형 토끼를 경주용 개로 하여금 쫓게 하는 내기 놀이—옮긴이)와 닮았다고 말했다. 숨을 쉬었을 때 시트러스 노트가 가장 먼저 느껴지는 것은 이 노트가 강한 분자로 이루어져 있기 때문이지만, 탑 노트는 지속되는 시간이 가장 짧다. 그 다음으로 우디 레진 같은 다른 노트를 감지하게 되며, 마지막으로 사향이나 영묘향 같은 베이스 노트를 느끼게 되는 것이다. 나폴레옹은 조세핀의 영묘향에 이끌려 마음대로 씻지도 못하게 했다고 한다.

향은 피부 타입에 따라 다르게 반응하고 신체의 특정한 화학 작용에 따라 변한다. 체온도 향의 화학적 조화와 특성에 영향을 미친다. 아나스타샤는 내 피부가 창백하기 때문에 검은 피부에 어울리는 짙은 향의 인도산 재스민보다 부드러운 프렌치 재스민이 더 잘 맞을 것 같다고 말했다. 그러나 나는 인도산 삼박 재스민이 더 마음에 들었다. 아나스타샤가 내게 지속성이 뛰어난 향을 권한 것은 내 피부가 부드러우면서 건조했기 때문이다. 향은 거칠거나 유분이 많은 피부보다 부드러운 피부에서 더 빨리 증발한다.

향은 푸제르 · 플로럴 · 시트러스 · 시프레 · 우디 · 레더 · 오리엔탈 노트의 일곱 가지 계열로 나뉜다. 나는 여러 가지 향수 샘플러를 내 코에 대고 흔들며 이른바 조향사들이 말하는 나의 '향수 프로필'을 완성해 나가는 아나스타샤를 보면서, 그녀가 하고 있는 일이 중세 연금술사의 일과 매우 흡사하다고 생각했다.

향수 만드는 법

조향은 예리한 감각과 섬세한 창의성이 요구되는 매우 까다로운 기술이다. 본질적으로 추상적이고 난해한 작업이라고 할 수 있다. 조향이란 특정 향들을 섞어 완벽한 조합을 이루어내는 과정이다. 조향사들은 원료의 향을 파악하고 그것을 섞어 가끔 좋은 결과를 얻는다. 대부분의 향수는 30가지에서 몇백 가지의 원료가 합쳐진 것이다.

수백 가지에 이르는 향을 익히고 구분하는 데에는 보통 몇 년이 걸린다. 조향사들은 여러 향이 합쳐지면서 서로 어떤 영향을 주고받는 지, 향을 가라앉히거나 뚜렷하게 만드는 법에는 어떤 것이 있는지, 또 한 한 가지 향이 다른 향을 억누르지 못하도록 모든 향의 강도를 고 르게 만드는 법은 무엇인지 배워야 한다. 그러나 가장 중요한 것은 탑 노트와 미들 노트, 베이스 노트를 얻어내는 법을 배우고, 그것이 잘 지속되도록 최종적으로 향을 고정시키는 법을 배우는 것이다. 이와 더불어 조향사는 숙련된 화학자여야 한다. 고도로 훈련된 후각을 가 진 조향사들은 자신의 작품, 즉 향 혼합물에 압지를 담갔다 꺼내어 말 리면서 그 작품을 테스트한다. 그러나 후각 신경이 금세 무뎌지기 때 문에 이 과정은 생각보다 오래 걸린다. 최적의 향이 만들어지는 데 걸 리는 기간은 무려 3년에 이르기도 한다. 프랑수아 코티의 레망은 연 구를 시작한 지 5년 만에 만들어졌고, 겔랑의 샹따롬과 까롱의 엥피 니는 각각 7년, 15년의 제작 과정을 거쳐 탄생했다.

향수를 만드는 작업은 거의 대부분 자연으로부터 얻은 영감에서 출 발한다. 원료들 사이에 조화를 이루면서 증발 과정을 견뎌내는 높은 안정성을 지닌 향을 찾아내는 것이 그 다음 단계의 일이다. 조향사는 마치 간접 여행자 같다. 실험실에 홀로 앉아 전 세계의 수백 가지 향에 둘러싸여 있다. 그러나 삼나무 향에 대한 기억, 목련 향의 여운, 열대 림이나 비 오는 정원의 추억 등 마치 한 곡의 음악처럼 추상적인 것을 향 안에 담아내는 것이 조향사의 목표이다.

이슬에 젖은 새벽 숲, 그 숲에 진한 체취를 남긴 한 쌍의 연인이라 는 영감이 떠올랐다면, 조향사는 곧 특정한 후각적 이미지와 시각 이 미지를 결합시키기 시작한다. 예를 들어 감각적인 언더 톤이 특징인,

상쾌하지만 관능적인 산림 향 푸제르가 이러한 이미지를 잘 표현한다고 생각했다면, 라벤더와 파인pine(소나무) 에센스를 탑 노트로 정하고 오크모스와 파출리 향이 주가 된 미들 노트에 베르가모트를 첨가한 다음, 연인들이 사랑을 나누는 모습을 표현하기 위해 앰버amber(호박琥珀) 향과 짜릿한 사향, 그리고 몰약이 주가 된 모시mossy 베이스 노트로 마무리하는 식이다.

이런 식으로 자신의 후각적 판단을 통해 향의 정수를 얻어낸 조향사는 그 향에 특성을 부여하여 작품을 완성시킨다. 플로럴 노트를 만들어내려면, 재스민의 달콤함에서 월하향의 부드러운 매력까지, 모든 식물에 대한 방대한 지식을 가지고 있어야 한다. 향의 첫인상은 상쾌하고 강렬한 것이 좋다. 꽃이나 과일, 허브 향이 들어갔는지, 자신의 기억을 자극하는 어떤 특별한 향이 사용되었는지 단번에 알 수 있어야 한다. 오리스루트orris root(흰붓꽃 뿌리), 수지(樹脂, 나뭇진), 오크모스 등의 휘발 억제제가 향이 증발하지 않도록 고정시키면 마침내 향수가 완성되어 포도주처럼 숙성하게 된다.

나는 마라케시(모로코 마라케시 주의 주도—옮긴이)에서 세르주 뤼탕Serge Lutens을 만난 적이 있다. 그가 향수를 제조하는 과정은 실효성이나 방법론적 측면보다 직관이나 상상력과 관련이 있다. 세르주는 정식 교육을 받지 않고 스스로 자신의 길을 개척했다. 그는 자신을 매개체로 향수가 창조된다면서 향수를 만드는 과정에서 끊임없이 긴장감을 유지해야 한다고, 절대 긴장을 늦추어선 안 된다고 강조하며 향수가 완성된 순간을 신의 출현出現에 비유했다.

하나의 향수를 만드는 데에는 보통 몇 년의 시간이 걸린다. 물론

그 과정에 참여한 조향사의 기술은 뛰어나겠지만 운 좋게도 우연한 사건을 통해 향수가 만들어지기도 한다. '샬리마Shalimar'는 자크 겔랑이 바닐라 에센스를 우연히 '지키Jicky'라는 화장수 안에 쏟아서 만들어졌다. 지키는 자연원료와 합성원료를 결합시킨 최초의 향이기도 했다. 하지만 탑 노트를 만들기 위해 꽃향기를 추출하는 전통적인 과정은 매우 복잡하고 오랜 시간이 걸리는 일이다. 겨우 1리터의 에센셜오일을 추출하는데 100킬로그램의 꽃잎이 필요하니 말이다.

결국 동물 분비물의 합성 모조품과 드문 경우 용연향이 고정제로 사용되고 있다. 사향과 영묘향이 사용되던 시절에는 향이 수십 년간 지속되었고 오늘날보다 훨씬 더 관능적인 느낌을 주었다. 동물의 분비물이 사람의 것과 비슷하기 때문이다. 진짜 용연향은 몇백 년이 지나도 향이 지속된다.

향을 맡으면서 아나스타샤는 내게 수백 가지 질문을 퍼부었다. 내가 좋아하는 음식은 뭔지, 음료는 무얼 좋아하는지 알고 싶어했고, 나이와 취미도 물었다. 난 마치 환자가 되어 의사와 상담하는 기분이었다. 그녀는 나의 꿈과 어린 시절의 추억에 대해 궁금해했고, 가정이 내게 어떤 의미인지, 사람들이 나를 어떻게 바라보고 있고, 또 나는 나 자신을 어떻게 생각하는지도 물었다. 그리고 향이 내게 어떤 의미인지 물었다.

나는 내가 현대적인 것보다는 고풍스러운 향을 선호하며, 단순히 좋은 향을 원하는 것은 아니라는 사실을 알게 되었다고 말했다. 우리는 내 어린 시절의 추억과 향들을 짝지어보기 시작했다. 방향식물에 대한 기억과 어릴 적 내가 헤엄치곤 했던 푸른 호수 냄새의 기억이 토스카나의 레몬 나무 향, 소나무 숲과 블랙베리, 그리고 버터 같은 아이리스 뿌리 향에 의해 되살아났다. 베티베르와 아이리스가 내게 잘 어울릴 거라고 말하던 아나스타샤는 내 조부모님의 집 이야기를 듣자마자 우디·스모키 노트와 함께 다크 초콜릿 맛이 떠오르게 하기 위해 바닐라를, 에게 해의 상쾌한 바다 바람을 연상케 하는 행복감을 일으키도록 용연향을 반드시 포함시켜야 한다고 강조하였다.

너트메그, 마늘로 향을 낸 생선, 채소를 넣은 크리미 소스를 좋아하는 나를 위해 너트메그도 향수 원료의 후보 목록에 올랐다. 나는 내가 정말 좋아하는 것들을 이야기했다. 가장 먼저 말한 것은 여행이다. 나라마다 다른, 그 나라 특유의 향은 언제나 내 마음을 들뜨게 한다. 예멘과 수크의 향료들은 사향냄새가 나면서 날카롭고 거친 편이며, 중동은 하천에 장미 향수가 함유되어 있어서 서양의 향수보다 훨씬 향이 강하고 유분이 많은 특성을 가지고 있다.

나는 시리아의 알레포에서 보았던, 진짜 사향이 섞인 백합 연고를 찾고 싶다고, 또 예멘에서 처음 맡아본 유향과 몰약 향기가 너무 좋았다고 말했다. 문간에 내걸린 화환과 인도의 어린 소녀들이 팔던 작은 재스민 팔찌를 떠오르게 하는 시리아의 다마스크장미와 재스민을 좋아한다는 말도, 멀고 먼 세계를 연상시키는 고풍스럽고 신비로운 향을 좋아한다는 이야기도 덧붙였다.

우리는 킁킁거리며 환각 성분이 든 통카콩 냄새를 맡았다. 풍부한 바닐라 향이 트뤼플 과자와 아몬드를 생각나게 했다. 시료 채취기 팬의 회전 속도를 서서히 올리자 향이 방출되기 시작했는데, 두드러진 향을 죽이고 좀 더 매끈하게 다듬어야 할 필요가 있었다. 최종적인 원료 선택에 앞서, 아나스타샤는 색과 향은 관련이 있기 때문에 좋아하는 색과 향이 서로 일치하는지 보아야 한다며 색상 일람표를 내밀었다.

보들레르는 그의 시 〈교감Correspondances〉에서 이렇게 표현했다.

모든 향과 색이 하나로 만난다.
향수는 오보에의 음색만큼 부드럽고,
드넓은 초원처럼 푸르며,
어린아이의 손길만큼이나 싱그럽다.

많은 향수의 조향 공식에는 색상 기호가 붙어 있다. 향긋한 동양의 향은 빨강과 주황으로, 플로럴과 시트러스 향은 노랑과 초록으로, 라벤더와 오크모스·통카콩의 향을 모방한 합성원료인 쿠마린과 베르가모트가 합쳐진 느낌을 주는 푸제르 군群은 초록과 갈색으로 표시된다. 1917년 코티Coty(프랑스의 향수제조업자—옮긴이)가 오크모스와 랍다눔·파출리 향을 원료로 만든 '시프레'는 그 원료에 따라 갈색과 노랑으로 표시되며, 새로운 분류군으로 바다 공기 냄새와 함께 촉촉하고 투명한 느낌을 주는 오존성 향들은 파란색으로 표시된다.

아나스타샤는 내게 색채 전문가이자 자신의 동료인 애덤 제임스Adam James에게 가보라고 했다. 애덤은 나를 만나자마자 진열장을 열어 형형색색의 액체가 담긴 수많은 작은 병을 보여주며 좋아하는 색을 골라보라고 말했다. 나는 망설임 없이 엷고 차분한 파스텔 계열, 밝은 청색, 보라와 담황색, 연보라, 연녹색, 그리고 내가 좋아하는 사파이어와 아쿠아마린 색상인 파랑을 골랐다. 내가 고른 색 때문에 나의 이미지가 비현실적이고 우유부단하게 나타나지 않을까 살짝 걱정했지만, 그 색들이 아나스타샤와 내가 고른, 내게 어울리는 향들과 잘 조화를 이룬다는 애덤의 말에 적잖이 흥분되었다.

연보라는 아이리스 향을 나타내고, 파랑은 용연향과 관계가 있었다. 애덤은, 색상 취향을 보면 내가 지적이고 긍정적이며 자의식이 강하다는 것을 알 수 있다고 말했다. 그는 내가 고른 색상들이 아름답고 세련된 느낌도 준다고 덧붙이면서 변화와 새로운 시작의 시기에 접어들 것을 권했다. 내가 선택한 초록색은 자연에 대한 나의 애정과 함께 내가 직관적이고 풍부한 영감을 가지고 있음을 나타냈다. 애덤은 내게 초현실적이고 신비로운 면이 있다고 말해주었다.

누군가 손금을 봐주는 것 같은 느낌이 들었지만 그의 말 가운데 상당 부분에 공감할 수 있었다. 결국 불안감과 의심을 내려놓고 애덤의 관찰에 신뢰를 갖게 되었다. 그는 내가 선택한 색들을 통해 내가 곧 길을 떠나게 됨을 알 수 있다고 말했다. 책에 대해서 말하자 그는 내 여행이 책뿐 아니라 나 자신을 위한 여행이 될 거라고 말했다.

애덤은 좀 어두운 계열의 색상도 필요하다고 했다. 내가 고른 색들이 대부분 수성이기 때문에 흙의 성질이 꼭 필요하다는 것이었다. 나는 짙은 주황색을 골랐는데, 애덤은 내가 고른 색들을 아나스타샤와 내가 선택한 향들과 짝지었다. 그리고 내가 좋아하는 색과 관련 있는 향으로 베르가모트, 미모사, 녹차, 삼나무, 뿌리 수지, 베티베르, 버본, 지중해의 꽃, 유향, 몰약, 복숭아, 살구, 무화과, 까막까치밥나무 등을 꼽았다.

헤어질 무렵, 애덤은 마라케시 재스민과 인동 덩굴, 수련이 담긴 병을 내게 건네주며 재스민 향은 흰색이지만 색상 일람표에서는 붉은색이라고, 그리고 그것이 자신이 말한 뭔가 엉뚱하고 독특하며 야성적인 면을 길러주는 데 도움이 될 거라고 말했다.

나는 아나스타샤의 집으로 돌아왔다. 애덤 제임스가 작성한 문서를 읽어본 그녀는 내 향수에 시트러스 향을 넣는 것이 좋겠다면서 페티그레인이 든 작은 병을 내 코밑에 흔들었다. 페티그레인은 비터 오렌지 나무의 가지와 잎에서 추출한 것으로 내가 좋아하는 달콤 쌉싸래한 향을 가지고 있다. 관능미 역시 중요하다는 내 말을 기억하고 있던 아나스타샤는 분말 형태로 만든 미모사 에센스 외에 에로틱한 분위기를 자아내는 사향과 재스민도 추천하였다.

여러 가지 향이 조화를 이루며 하나의 작품으로 만들어지고 있었다. 은은한 향으로 기분을 전환시키고, 짜릿하면서도 싱그러운 꽃 향기를 풍기며, 상쾌하고 한편으론 관능적인 향수였다. 기운을 북돋워주는 시트러스인 네롤리, 인도의 뜨거운 열대야를 떠올리게 하는 재스민, 가루 질감의 향이 피어오르는 것 같은 미모사, 나를 어린 시절로 돌아가게 해주는 아이리스, 환각 성분이 든 너트메그, 레반트(동부 지중해 및 그 섬과 연안 제국—옮긴이) 지역의 수크를 떠올리게 하는 다마스크장미, 남부의 향취를 느끼게 하는 페티그레인, 에로틱한 정서를 불러일으키는 사향, 이 모든 것이 나만의 향수에 포함되었다. 아나스타샤와 나는 자연의 푸름을 느끼게 하는 베티베르와 바다 내음 가득한 용연향, 고대의 신비로운 향인 유향과 몰약도 선택하였다.

마지막으로 내가 고른 향의 샘플들을 모두 수첩에 껴 넣었다. 그리고 몇 시간이 지나 가방을 열어보았더니 너무도 달콤하고 기분 좋은 향이 흘러나왔다. 비로소 아나스타샤와 나의 선택이 정확했음을 깨달았다. 숨을 들이쉴 때마다 감동과 추억이 피어오르는 것을 느끼면서, 나는 향을 좇아 떠나는 나의 여정에 자신감을 갖게 되었다. 결국, 나 자신을 정화시키는 과정이 될 거라는 애덤의 말을 확신할 수는 없었지만 말이다.

다음은 내 향수를 만들기 위한 피라미드형 공식이다.

나만의 맞춤 향수

피라미드형 공식

탑 노트

네롤리 시트러스: 무겁지만 상쾌한 느낌

시트론 페티그레인: 향기로움, 생기, 알싸한 느낌

재스민 삼박: 관능적이고 이국적이며 온화하고 짙은 과일 향

미들 노트

미모사: 수수함, 파우더리, 톡 쏘는 것 같은 꽃향기

다마스크장미: 사향내와 꽃향기

아이리스: 온화함, 무더운 여름날 소나기가 그친 후의 맑은 공기와 흙내음

너트메그: 짜릿한 사향내, 남성적인 향

베이스 노트

베티베르: 흙내, 축축하고 차가운 느낌

유향: 파인, 레몬 향이 점점 달콤하고 짜릿한 향으로 변함

몰약: 숲 속을 떠올리게 하며 레몬과 로즈메리의 기운이 느껴짐

용연향: 상쾌한 만족감을 주며 햇빛에 그을린 피부를 생각나게 함

나는 이 원료들이 자라는 곳으로 떠났다. 원료들을 재배하는 사람들을 만나고 이 원료들을 가지고 놀라운 향을 만들어내는 조향사들에게서 최소한 몇 가지 향수 제조 비법이라도 얻어내고 싶었다. 또한 아나스타샤와 내가 만들어낸 공식이 정말 내게 딱 맞는 것인지 확인하고 싶었다.

T h e   S c e n t   T r a i l

2장

가루같이 부드러운 꽃향기 미모사

◦

향수의 발상지
그라스

그때, 여름의 증류물인 액체가
포로처럼 유리병에 담겨 있지 않다면
모든 아름다움도,
아름다웠던 기억도 사라지리라.
그러나 증류된 꽃이 겨울을 맞으면
꽃의 형체는 사라져도 본질은 영원히 향기로우리.

윌리엄 셰익스피어
《소네트 Ⅴ》

향수의 발상지 그라스(프랑스 코트다쥐르 주에 있는 도시—옮긴이)에는 곳곳에 미모사의 파우더리한 향이 진동한다. 장미, 재스민, 노랑수선화, 라벤더와 허브들도 프로방스의 언덕을 향기로 채우고 있다. 마치 조향사가 향료 병들을 막 열어젖힌 듯하다. 미모사는 18세기부터 그라스의 구릉지대에서 재배되었는데, 한때 엄청난 소비량으로 망통에서 파리의 플로리스트들에게 매일 막대한 양의 미모사 가지를 실어 나르는 열차도 있었다.

오늘날에도 미모사는 그 푸제르 향으로 조향사들에게 여전히 사랑 받고 있다. 지금도 그라스에서 자라지만 양은 예전보다 훨씬 적은 편이다. 미모사는 푸제르 노트 외에도 플로럴 노트를 가지고 있는데, 짙은 플로럴 노트라기보다 따스하고 수수하며 부드러운 가루 질감의 느낌이다. 미모사는 많은 프랑스 클래식 향수에 미들 노트로 들어갈 뿐, 싱글 노트로는 잘 사용되지 않는다. 너무 부드러워 병약한 느낌마저 들게 한다는 의견이 있기 때문이다. 1950년대 활동했던 저명한 후각의 대가 마르셀 카를르Marcel Carles는 미모사 향을 매우 메스꺼워하면서 깨끗하고 분명한 향은 아니라고 평가했다. 사실 미모사 향에서 치욕스런 여인의 이미지가 떠오른다고까지 말했다. 반면 마르셀 프루스트가 가장 좋아한 향은 라일락과 히아신스·미모사가 합쳐진 장 파투의 '바캉스Vacances'였다. 나는 미모사를 사막의 와인에 비유하고 싶다. 유질 성분을 함유하여 더욱 풍부한 향을 발산하는 미모사는 눈부시게 빛나고 달콤하며 여름에 어울리는 향이다. 내게 미모사와 베티베르의 관계는 소테른 백포도주와 소비뇽 적포도주의 관계에 버금간다.

30종에 이르는 미모사가 코트다쥐르 지역에서 자라지만 그것이 언제 원산지인 아프리카나 오스트레일리아에서 유럽으로 들어왔는지를 확인할 만한 기록은 없다. 30종 모두가 향기로운 노란 꽃의 둥근 머리를 가지고 있고 나무는 9미터까지 자란다. 미모사의 에센스는 휘발성 용매로 추출되어 단단한 점성물질인 콘크리트가 되거나 가장 순수한 앱솔루트 형태가 된다. 앱솔루트는 콘크리트를 왁스와 알코올로 헹구어 정제시킨 물질이다.

나는 남편 스티븐과 18개월 된 아들 타르캥과 함께 이곳에 왔다. 우리는 그라스 언덕 부근으로 가면 풍부하고 달콤한 미모사 향을 맡을 수 있을 거라는 걸 알았지만, 그보다 먼저 파리의 일류 조향사들을 만나기로 계획을 세워놓은 상태였다. 나는 그들이 그라스 최고의 조향사들을 소개해주기를, 그리고 그들에게 그라스의 향수 산업 전반과 특히 미모사 에센스 추출에 대해 배울 수 있기를 기대했다. 무사히 해협을 건너 파리에 도착했을 때, 인디언서머의 태양이 도시를 황금빛으로 물들이고 있었다.

파리의 10월을 만끽하고 싶었던 나는 첫 번째 약속 상대인 라티잔 파퓨미에르의 파멜라 로버츠Pamela Roberts와 만나기로 한 장소까지 걸어가기로 결심했다. 레퓌블리크 광장에서 보마르셰 대로를 따라 죽 걷다보니 어느새 마레에서 몽파르나스까지 와 있었다. 생루이 섬을 지나면서 어렴풋이 노트르담 성당과 루브르 박물관의 모습을 보았지만 아쉽게도 자세히 둘러볼 시간이 없었다. 생제르맹 대로를 따라가다가 몽파르나스 묘지에서 만 레이와 보들레르, 사르트르, 보부아르의 숨결을 느낀 후 라스파이 대로 쪽으로 내려갔다. 너무나 흥분되는 경험이었다.

라티잔 파퓨미에르에 도착한 나는 파멜라의 안내를 받으며 클래식한 향수병과 여기저기 원료가 흩뿌려진 나무 쟁반으로 가득한 방에 들어갔다. 그곳엔 바닐라 꼬투리와 클로브·암브레트 시드를 비롯하여 수많은 원료가 가지런히 정리되어 있었다. 그곳에서 라티잔 파퓨미에르가 만드는 유일한 싱글 노트 미모사 향을 맡은 나는 바로 그 향에 중독되어버렸다. 아나스타샤 브로즐러가 옳았다. 내가 좋아하는 녹색과 노란색을 연상시키면서 따스하고 풍요로운 느낌을 주는 이 향이 내게 꼭 필요하다는 것을 그 자리에서 깨달은 것이다. 유향과 몰약 결정체를 발견한 나는 어느 지역의 품질이 가장 좋은지를 놓고 파멜라와 설전을 벌이기도 했다. 파멜라는 소말리아를 꼽았고, 나는 예멘과 오만이라고 주장하였다.

라티잔 파퓨미에르의 베스트셀러 향수는 블랙베리 향과 사향이 융화된 '뮈르 에 뮈스크'로 늦은 여름 잘 익은 과일의 달콤한 맛을 떠오르게 하는 향수이다. 이 향을 대하면 어릴 적 블랙베리를 따던 때의 기억이 난다. 파멜라는 추억의 문을 열어젖히는 것이 좋은 향수라고, 귀한 원료가 다는 아니라고 말했다. 그녀는 조향사들이 심혈을 기울이는 향과 이미지의 조화가 가장 중요한 요소라고 믿고 있었다.

내가 남쪽으로 내려가 모로코의 수크를 둘러볼 계획이라고 말하자, 파멜라는 다소 걱정스러운 표정을 지으며 향의 세계에는 비밀이 너무 많아서 그만큼 사기꾼도 많다고 말했다. 또 시장 물건 대부분이 자국산이라고 선전하지만 사실 모두 그라스에서 사들인 것이므로 조심하라고 신신당부했다. 나는 그녀의 말이 사실이 아니길 바랐다. 떠나기 전, 파멜라는 고맙게도 몇몇 도움이 될 만한 사람들의 이름을 건네주었다.

나는 에디시옹 드 파르퓸의 프레데릭 말Frédéric Malle를 만나기 위해 택시를 타고 리브 고시(파리를 가로지르는 센 강의 남쪽 지역—옮긴이)까지 갔다. 에마 호프(영국의 슈즈 브랜드—옮긴이) 구두를 신고 라 티잔 파퓨미에르까지 걸었더니 다리가 말이 아니었다. 프레데릭 말은 향수업계에서 널리 알려진 유명 고객으로 에드몽 루드니스카 같은 유명한 조향가들에게 맞춤 향수를 주문해왔다. 택시에서 내리니 눈앞에 회색 슬레이트 지붕으로 된 아주 단순한 형태의 유리 건물이 서 있었다. 마치 우주 캡슐처럼 생긴 네 개의 캐비닛은 각각 다른 향으로 채워져 있었다. 내가 '아이리스 푸드르Iris Poudre'라고 쓰인 캡슐 안에 들어가 보려고 하자 한 직원이 정중하게 얼굴만 집어넣을 수 있다고 말해주었다. 얼굴을 넣고 향을 들이마시는 것이었다.

캡슐의 향에 흠뻑 취해 있을 즈음, 프레데릭 말이 나타났다. 그는 전혀 조향사처럼 보이지 않았다. 좀 더 근사한 차림의 신사를 기대했던 내게 트위드 재킷에 코듀로이 바지 차림의 그는 매우 평범해 보였다. 하지만 아주 지적인 이미지였다. 우리는 소가죽으로 만든 카스틸리오니Castiglioni(이탈리아의 산업 디자이너—옮긴이) 의자에 앉았다. 그는 할아버지가 크리스티앙 디오르를 설립하고 어머니가 '오 소바주' 같은 향수를 만들게 된 이야기로 말문을 열었다.

프레데릭은 향수를 만드는 최상의 방법은 누군가에게 직접 뿌려보도록 하는 것이라면서, 자신의 향은 멀리서 느껴지게 만들었기 때문에 시향 캡슐이 필요하다고 말했다. 마치 극장의 무대 장치처럼 향은 환상을 불러일으켜야 한다는 것이 그의 지론이었다.

나는 페로몬에 대해 물었다. 곤충을 끄는 꽃의 분비물을 가지고 페로몬 향수를 만드는 것이 과연 가능한지 궁금했다. 그러나 그는 페로몬 산업은 이미 실패했다면서, 모든 사람을 흥분시키는 향을 만들겠다는 생각은 매우 경솔한 것이라고 말했다.

나는 에디시옹 드 파르퓸을 떠나면서 작은 병들로 가득 찬 상자 하나를 받았다. 마레로 돌아가는 버스 안에서 몇 개를 꺼내 뿌려보려다가 하마터면 엎지를 뻔했다. 그 가운데 '파르퓸 드 테레즈'는 은은하면서 점잖은 느낌이었고, 까막까치밥나무로 만든 '윈느 플뢰르 드 카시스'는 약간의 아니스 열매 냄새를 풍겼다. 그린 노트를 섞어 만든 '앙 파상', 오리스루트로 만든 '아이리스 푸드르', 달콤하면서도 강렬한 '안젤리크 술라 플뤼'도 있었다. 마지막으로 '립스틱 로즈'는 훨씬 더 감미롭고 진한 향이었다. 버스에 향이 퍼지자 사람들이 호기심 어린 표정으로 나를 쳐다보는 것이 느껴졌다. 무엇보다 미모사의 농도가 강한 것 같았다. 그 강렬한 미모사 향은 은은하게 퍼져 나가는 차분한 흙냄새로 다른 향들을 끌어안았다. 프레데릭 말에게 받은 그 달콤한 향수에 취한 나는 페로몬에 대해 그가 했던 말을 곰곰이 생각해봤다.

나는 페로몬이 우리가 일반적으로 알고 있는 냄새의 의미와 분명히 구별되어야 한다고 생각한다. 또한 과학자들이 오래전부터 향과 성적 충동 사이의 밀접한 관계를 인지하고 있었다는 것도 알고 있었다. 그들은 특정한 향이 성적 충동을 자극하며, 향이 유혹의 도구가 될 수 있다는 것을 알았던 것이다. 하지만 우리는 페로몬 향을 맡을 수 없다. 페로몬은 1956년 누에나방의 번식을 연구하는 과정에서 처음 발견되었고, 성적 유인제의 역할을 하는 것으로 밝혀졌다. 라이올 워슨Lyall Watson은 그의 저서《야콥손 기관 Jacobson's Organ》(2000)에서 몇 장에 걸쳐 페로몬을 다루었다. 또한 다이앤 애커먼Diane Ackerman은《감각의 박물학A Natural History of the Senses》(1990)에서 페로몬을 '욕망을 싣고 달리는 말'이라고 표현했다. 페로몬은 생물학적으로 생체 리듬에 영향을 주는 것으로 추측되는 활성물질이지만, 과학자들은 사람이 페로몬을 품고 있고 또 이에 반응한다는 사실을 확신하지 못하고 있다. 페로몬의 화학적 구조는 아직까지 밝혀지지 않았다. 과학자들이 지금까지 증거를 찾아낸 유일한 페로몬 체계는 인간이 아니라 곤충에 존재한다.

향수병으로 가득한 상자를 들고 버스에서 내리면서, 설사 페로몬을 얻는 데 성공한다 해도 그것이 필요하지 않을 수도 있을 거라는 생각이 들었다. 아름다운 향은 아주 소량만으로도 우리의 상상력을 불러일으키고 감각을 자극하며 열망과 추억을 안겨주기 때문이다. 짐을 꾸리면서 나는 스티븐과 이런 이야기를 나누었는데, 그도 같은 생각이었다.

뤽상부르 공원을 지나 파리에서 그라스로 가는 동안 때 아닌 뜨거운 10월의 햇살이 나무 사이로 쏟아져 내리며 가을의 향을 풍겼다. 우리는 뜻하지 않게 알프스를 거쳐서 가게 되었다. 햇빛을 받은 계곡의 단층들은 빛과 그림자가 번갈아 나타나 마치 원형 경기장 같았고, 늦은 오후의 태양 때문에 산허리의 들쭉날쭉한 모양새가 더욱 도드라지게 보였다. 우리는 살을 에는 듯한 바람이 좁은 비탈길을 세차게 내리치는 알프스 산맥의 마을에 머물렀다. 해가 뜰 무렵 다시 떠날 채비를 하고 있는데 교회의 종소리가 들려왔다. 알프스의 구릉지대로 내려가자 언덕이 물결치듯 주름져 있었다. 그 뒤에 숨어 있는 아침의 태양이 가파른 암벽 면에 세워진 마을을 비추었고, 탑과 흉벽들은 화가 조르조네 작품의 배경처럼 검은 자줏빛 그림자 속에 묻혀있었다. 올리브와 사이프러스 나무가 과수원 옆에서 자라고, 밤나무 계곡과 노랗고 붉으며 자줏빛인 가을 잎사귀들로 채색된 수풀 위로는 뭉게구름이 떠다녔다.

그때 향수 광고판 하나가 눈에 들어왔다. 어느 17세기 창부의 모습이 그려진 낡은 몰리나르 향수 벽보로, 라벤더 오일을 파는 대로변을 따라 향수 매장이 우후죽순처럼 서 있는 배경이 인상적이었다.

조향사 양성기관

그라스에는 세계적인 명성을 얻고 있는 조향사 양성기관들이 몰려 있다. 최근까지도 견습 조향사들이 이 업계의 일을 배우는 데에는 10년이 걸렸지만, 이제는 훈련 기간이 3년으로 단축되었고 많은 기관이 문을 닫았다. 가장 유명한 기관 가운데 하나인 지보당 루르 연구소 역시 그라스에 위치하고 있다.

훈련생들이 거쳐야 할 첫 번째 단계는 광범위한 조향 용어들을 암기하는 것이다. 이는 조향사들이 연상의 과정을 통해 평생에 걸쳐 연마하고 완성하는 기술이기도 하다. 예를 들어 파출리 향을 맡으면 호숫가의 젖은 나뭇잎을 떠올리고 파인 에센스와 해변에서 보내는 휴일의 이미지를 결합시키는 식이다. 훈련생들은 각자 연상 노트를 가지고 연습을 거듭한다.

향수 연구소에서 학생들은 조향의 기본 원칙과 화학적 작용에 대해 배운다. 일단 공식을 익히면 실제 훈련을 위해 제조 과정에 투입되고, 마지막 단계에서는 조향 계획안을 작성해본다. 가장 까다로운 테스트는 기존의 향수를 똑같이 만들어보는 것이다. 졸업 시험은 주어진 향을 맡고 그 향을 재현해내는 것이며, 결과물을 받은 수석 조향사가 원래의 향과 학생의 작품을 구분하지 못하면 그 학생은 주니어 조향사가 되는 자격을 얻게 된다.

그라스는 알프스 산맥 해안가의 구릉지대에 위치하고 있다. 이곳은 온화하고 얼음이 얼지 않으며 바람으로부터 안전한 최상의 기후 조건을 가지고 있다. 가까이 다가가면 빌라와 아파트·주택들이 늘어선 해안가의 넓은 평원을 볼 수 있다. 아쉽게도 길가의 도랑에 재스민 꽃잎이 가득하고, 주유소에서도 재스민 잔가지를 건네주던 시절은 지났지만, '플라스 오 에르베' 같은 거리 이름은 그라스가 수세기 동안 향수 생산지로서 명성을 떨쳤음을 말해준다. 가파른 골목, 폭포수가 떨어지는 좁은 도로, 간간이 들려오는 라이Raï(아랍과 알제리 민속음악을 서구화한 팝 음악의 일종―옮긴이)의 선율 등, 그라스는 어딘가 불안정하고 정신없어 보이지만 도시 자체가 독특한 향을 가지고 있다. 향료 연구소 굴뚝에서는 화학 성분의 잔여물과 용매들이 뿜어져 나오지만 차를 타고 언덕을 달리다 보면 내가 그토록 그리워하던 미모사 향을 느끼게 된다. 언덕 곳곳에서 이 향이 진동하고 있다.

아카시아 파네시아나Acacia farnesiana는 다른 미모사보다 개화기가 길기 때문에 조향사들이 가장 흔히 사용하는 종이다. 수세기 동안 이 그라스 언덕에서 자라면서 향기를 뿜어온 미모사와 장미·노랑수선화·라벤더·허브들을 보면 그라스가 향수 산업의 요람으로 자리매김한 이유를 짐작할 수 있다.

중세 시대의 그라스는 가죽 가공업으로 유명한 도시였다. 16세기까지 고급 장갑 제작자로 이름을 떨치던 장인들은, 그러나 무두질에 사용되는 오줌의 역한 냄새 때문에 가죽과 자신의 몸에 향료를 뿌리기 시작하였다. 그러다 곧 은은한 향이 들어간 그들의 가죽 장갑이 당대의 멋쟁이들에게 큰 인기를 끌었다. 옥스퍼드 백작은 부드러운 레더 향의 장갑을 엘리자베스 1세에게 선물하였고, 그 향은 오랫동안 '옥스퍼드 백작의 향'이라고 불렸다. 그라스를 가죽 가공업 도시에서 조향사들의 천국으로 탈바꿈시킨 중심인물은 1519년부터 1589년까지 프랑스를 다스린 카트린 드 메디치 여왕이었다. 프랑스도 당시 유명하던 아랍 향수에 비길 만한 제품을 만들기 바랐던 여왕은 1553년 그라스에 연구소를 세웠고, 향 장갑 제조자gauntlet-perfumers(피혁 특유의 동물 악취를 없애기 위해 장갑에 향을 입힘—옮긴이)들의 활동이 늘어나면서 약제사들도 대거 등장했다. 지방 상인들은 아예 구리 증류기를 당나귀에 싣고 다니며 곳곳에서 야생초와 꽃을 증류했다. 알프스 주민들은 라벤더와 방향식물을 모아 그라스의 향 장갑 제조자에게 팔곤 했다.

1745년까지만 해도 장 드 갈리마르가 세운 향 장갑 제조자 조합에는 70명 정도의 회원이 남아 있었지만, 오래 지나지 않아 그 유명한 그라스산 가죽 장갑은 생산이 완전히 중단되었다. 17세기 후반 가죽 제품에 부과된 터무니없는 세금 때문이었다. 그 후 그라스는 기존의 저장소와 증류소, 풍부한 꽃과 식물 등의 자원을 바탕으로 향수 생산에 몰두하여 1900년대 초 무렵에는 전 세계 향수 생산을 선도하는 도시가 되었다. 세계 곳곳의 많은 향수와 식물 원료가 이곳에서 에센스 오일과 콘크리트 · 앱솔루트 등으로 재생산되었다. 그라스만큼 기술적인 노하우와 더불어 최고 수준의 과학자와 화학자 · 식물학자 · 기술자 · 조향사들이 집결되어 있는 곳은 세계 어느 나라에도 없다. 갈리마르 향수 연구소도 오늘날까지 그라스 인근에 자리 잡고 있다.

음악 언어는 향 언어이다

향수 용어는 음악 용어와 매우 비슷하다. 향수 원료들도 노트와 어코드로 표현되며, 작곡가가 건반악기를 사용하듯 조향사는 자신의 '오르간'을 이용해 '작품'을 만든다.

조향사의 오르간에는 수많은 유리병과 약병이 줄지어 세워져 있어서 어떤 향이든 당장 이용할 수 있다. 조향사는 후각으로 향을 통제하고 지배한다. 후각적 기억으로 자신의 향을 만들어내며, 일단 어떤 향을 상상하면 그것을 만들기 위해 노력한다. 음악가들이 작곡할 때 바로 악기를 사용하지 않고 자신의 기억 속에 축적된 소리에서 음을 끄집어내듯이, 조향사도 마음으로 향을 상상한 다음 실제의 향수 형태로 만들어낸다.

수백 가지의 원료가 있고 그들 사이에 공존하는 특정 화음이 있다. 예를 들어 한 어코드가 레몬과 샌들우드sandalwood(백단향), 클로브 노트로 이루어져 있다고 해보자. 레몬은 샌들우드와 대립되면서 그 효과를 높여주고, 샌들우드는 클로브와, 클로브는 오렌지와 대립된다. 이러한 경우, 결국 우리가 느끼게 되는 것은 시트러스 노트이다.

향도 소리처럼 후각 신경에 영향을 준다. 말하자면, 음악에서의 옥타브와 마찬가지로 향의 옥타브라는 것이 있어서 향들이 서로 조화를 이루기도 하고 또 어울리지 못하기도 한다. 아몬드와 헬리오트로프·바닐라·클레마티스는 서로 잘 섞여 하나의 화음 안에서 각각 다른 소리를 내고, 시트론과 레몬·오렌지 껍질·버베나가 섞이면 향의 옥타브가 올라간다.

그라스 언덕에서 자라는 미모사가 향수로 만들어지는 방법에 대해 들은 적이 있다. 20세기 후반까지 매년 200여 톤에 이르는 미모사 꽃잎이 그라스에서 재배되었다. 과거에는 미모세리즈 minoseries라 불리는 특수 창고 안에서 파이프로 뜨거운 물을 끌어들여 얕은 물통에 받은 후 미모사 잔가지를 뿌려 넣었다. 그 물이 병에 담겨 니스의 꽃 시장에서 팔리는 것이다. 오늘날에는 아쉽게도 미모세리즈가 더이상 존재하지 않지만 미모사가 여전히 그라스에서 재배되고 있고, 아카시아 파네시아나 또는 카시가 1월에서 3월까지 꽃이 핀다. 즉 꽃이 연달아 피기 때문에 재배가 쉽다. 일부 꽃들이 모양도 안 잡혀 있을 때 재배 시기가 이른 꽃들이 있다는 뜻이며, 한 번 수확하여 실험실로 보내더라도 다음 꽃들이 또 자라고 있는 것이다.

노란 꽃은 꽃잎이 아니라, 너무 연약해서 수확 후 24시간 내에 처리되어야 하는 수술로 이루어져 있다. 미모사는 동물성 기름에 담가 부드럽게 만들며, 미모사 향이 스며든 기름 또는 카시 포마드가 풍부한 향을 낼 때까지 다 쓴 수술을 싱싱한 수술로 계속 교체했다. 카시 오일도 같은 방식으로 채유採油하지만 보통 동물성 기름 대신 아몬드나 올리브유가 사용되어 향긋한 올리브 향을 풍겼다. 오늘날 그라스에서는 미모사를 증류시킨다. 증류는 훨씬 더 효율적이지만 조리 과정과는 다소 거리가 있는 처리 방식이다.

1960년대까지는 모든 향수 원료가 대부분 그라스산이었다. 하지만 합성원료의 사용이 급증함에 따라 그라스산 식물의 상품 가치가 점점 하락하고 인건비까지 치솟으면서 수확량이 줄어들었다. 재스민이나 장미 같은 천연원료는 이제 대부분 개발도상국들이 공급하고 있지만, 그라스의 구릉지대에서 자라거나 이곳에서 처리되는 원료들은 지금도 가장 높은 가격을 받는다. 그 가운데에는 카네이션과 바이올렛 · 노랑수선화 · 투베로즈 등이 있으며, 로즈 드 메Rose de Mai(5월의 장미)는 소량씩 재배되고 있다. 샤넬을 포함한 많은 향수 연구소가 밭과 수확물에 대해 독점 판매권을 가지고 있다.

차를 몰고 시내로 갈수록 언덕의 아름다운 향취는 점점 사라져 갔다. 그라스의 3대 향수 회사 가운데 하나인 로베르테 사의 대표인 로카 씨를 만나기로 한 장소에 도착할 즈음 갑자기 몸이 안 좋아졌다. 유독성 증기와 화학물질에 장시간 노출되어 있었던 것이다. 숨을 쉴 때마다 어지럽고 속이 메스꺼웠던 나는 급히 로베르테 사 건물에 들어가 깨끗한 공기를 들이마셨다.

안내원이 내게 물 한 잔을 건네며 조금만 있으면 증기에 익숙해질 거라고 말했다. 하지만 이 로베르테 사의 카탈로그에서 이 회사가 천연원료로 향수를 만들고 있고 지난해 판매액이 8,890만 유로라는 글을 읽으면서, 그 향수가 얼마나 자연친화적일지 의심스러웠다. 숨쉬기 힘들 만큼 독한 외부 공기가 카탈로그의 내용을 무색하게 만든 것이다.

앙리-조제프 로카Henri-Joseph Roca를 만난 나는 그 지나친 냄새에 대해 물었다. 그는 일을 마치고 집에 들어가도 냄새 때문에 아내의 잔소리를 듣는다며 나를 사무실로 안내했다. 그곳에서 우리는 천연원료와 합성원료의 향에 대해 의견을 나누었다. 그는 원료에서 천연향을 추출하고 합성원료의 향을 제조할 때 휘발성 화학물질을 사용하는데, 이 화학물질의 일부가 유독가스를 내뿜는다고 설명했다. 내가 숨쉬기 힘들었던 것도 무리가 아니었다. 로카씨와 나는 한 세기 전 조향사들이 100여 가지의 원료를 어떤 식으로 관리했는지 이야기를 나누었다. 오늘날 천연 추출물은 600가지 정도인 데 반해 합성원료는 3천 가지가 넘는다. 남아메리카와 인도 · 중국 · 튀니지 · 모로코 · 이집트 등지에서도 향수 원료가 재배되기 때문에 아직까지는 천연원료가 향수 산업의 중심을 이루고 있지만 천연 에센스 오일의 가격이 치솟고 있어 점점 많은 합성원료가 만들어지고 있는 것이다.

우리는 또한 근대 향수 산업의 발전이 상당 부분 화학 덕분이라는 사실에 대해서도 이야기를 나누었다. 자연의 향은 합성원료의 도움으로 실험실에서 재생될 수 있다. 예를 들어 나이트로벤젠은 천연 아몬드 향을 가지고 있다. 쿠마린은 통카콩의 향을 모방한 것이다. 합성원료인 벤젠은 진한 사향내를 풍기고, 시트로넬라는 계곡의 백합 향을 풍기며, 리날로올은 베르가모트 향과 비슷하다. 그러나 합성원료를 이용한 화학 기술의 발전에도 불구하고 향수는 2000년 전과 비교해서 그렇게 많은 발전을 이루지 못했다. 고대 이집트의 제사에 쓰인 신비로운 향 카이피kyphi를 만드는 데에는 최소한 20가지의 원료가 사용되었다. 고대 그리스 사람들은 신체 각 부위에 서로 다른 향을 뿌려야 한다는 사실을 알고, 팔에는 민트, 턱과 가슴에는 팜오일, 머리에는 마조람, 목에는 은매화, 머리의 화관에는 장미향을 뿌렸다. 기술적 노하우와 과학의 발전에도 불구하고 향수 생산은 여전히 자연원료에 바탕을 두고 있다. 향에 영감을 불어넣는 것은 자연의 생명력이 깃든 원료이기 때문이다.

로카 씨와 나는 향수 산업이 연금술과 후각적 창의력, 그리고 기억력의 결합이며, 향이 과거의 기억을 보존시켜주는 역할을 한다는 데 의견을 같이했다. 향은 프루스트가 말한 '기억의 침실에 비치는 야광'을 불러일으킨다. 나는 그라스의 전체 농경지 가운데 꽃 재배에 이용되는 비율이 어느 정도인지 물었다. 그는 요즘엔 비용이 매우 많이 들고 작은 향수병 하나를 채우는 데 필요한 꽃을 따려면 몇 시간씩 걸리기 때문에 재스민이나 투베로즈·장미 등의 수확량이 예전보다 많이 줄었으며, 따라서 지역 상품의 가격이 중저가 향수치곤 터무니없이 높다고 설명하였다. 그러나 장미는 모으기가 쉽기 때문에 여전히 상업성이 높다. 일꾼 두 사람만 있으면 8킬로그램의 장미 꽃잎을 한 시간 만에 딸 수 있다.

냉침법冷浸法

냉침법이라고 알려진 고대의 추출 방법을 처음 사용한 것은 이집트 사람들이었다. 이 방법은 물 대신 지방에 꽃잎을 담갔다가 꺼내어 유리판 위에 펼쳐놓는 것으로서, 조향사들은 악취가 나지 않도록 벤조인 처리한 지방에 꽃을 담가 에센셜 오일을 추출하였다.

재스민이나 투베로즈 · 수선화 등 열을 가하면 못 쓸 수도 있는 아주 무른 꽃들은 틀로 짜인 유리판 위에 정제된 기름을 얇게 바르고 그 위에 잘 펴서 올려놓는다. 꽃이 시들면 계속 싱싱한 꽃잎으로 교체하여 꽃잎의 에센셜 오일이 지방에 완전히 흡수되도록 한다. 이렇게 에센셜 오일로 포화 상태가 된 지방을 바로 '포마드'라고 하며, 이것을 유리에서 긁어내 저온에서 알코올에 녹여 걸러냄으로써 아로마 오일을 얻는다. 이 과정은 매우 손이 많이 가는 복잡한 작업이므로 점차 하지 않고 있다. 그러나 프랑스에서는 재스민이 여전히 냉침법으로 추출되고 있으며, 로베르테 사도 투베로즈를 추출하는 데 이 방법을 사용한다.

로카 씨는 로베르테 사가 150년이 넘는 역사를 지녔으며, 소속 조향사들은 모두 천연원료와 방향성 화합물에 대해 전문적인 지식을 갖고 있다고 말했다. 이곳에서는 500명의 직원들이 500가지 이상의 원료를 가지고 향수를 만들고 있다. 오늘날에는 주로 용매나 증류법으로 향을 추출하고 있지만 투베로즈 추출에는 전통적인 냉침법이 사용된다. 대부분의 원료는 자국 내에서 해결하지만 시스투스와 오크모스는 각각 스페인과 마케도니아에서 공수해오고 있다. 에센셜 오일은 배나 항공편으로 운송된다. 인도 등지에서 가져온 오일은 제대로 증류되지 않은 경우가 종종 있어 로베르테 사에서는 이것을 재증류한다. 그러나 미모사는 그라스가 원산지다. 내가 미모사를 유달리 좋아한다는 이야기를 들은 로카 씨는 미모사가 증류되는 곳으로 나를 안내했다.

저장소를 돌아보면서 나는 지구상의 모든 향을 맡고 있는 것 같은 기분이 들었다. 인도 제도의 진저ginger(생강), 잔지바르의 바닐라 꼬투리, 파라과이의 페티그레인, 모로코의 코리안더와 오크모스, 인도네시아의 파출리, 브라질의 로즈우드, 코모로의 일랑일랑, 인도의 투베로즈, 페루의 암브레트 시드, 인도네시아의 샌들우드, 토스카나의 아이리스, 모로코의 재스민, 그리고 그라스의 미모사 등 세계 곳곳에서 모여든 원료들이 있었다.

저장소의 공기는 차가웠다. 수확물과 휘발성 에센셜 오일을 신선하게 유지하려면 증류나 추출을 하기 전에 차게 보관해야 한다. 그때 마침 마케도니아에서 출발한 오크모스 화물이 막 도착했다. 로카 씨는 모스moss(이끼)가 매우 건조한 상태로 도착하기 때문에 향이 나지 않지만 일단 용매에 담그면 그 자연의 향과 분자가 되살아나고 세포가 열린다고 설명하였다.

우리는 증류와 추출 시설을 둘러보았다. 그곳엔 커다란 통과 급탕기 · 파이프 · 물에서 로즈 오일을 빼내는 데 쓰이는 작은 파이프 · 매서레이션 팬 · 거푸집 · 증류기 · 중탕냄비 · 추출 압착기 · 회전 장치 · 분쇄기 · 발전기 · 온도계 · 밸브 · 냉각통 등 상상할 수 있는 모든 종류의 기구가 갖춰져 있었다. 순간 히스 로빈슨의 만화가 떠올랐다. 흰 작업복을 입은 직원들이 원료를 추출 장치에 퍼 넣고 있었고, 증기통 옆에는 오리스루트 · 건조시킨 민트와 호로파 · 브라질리안 티 · 해조 · 밀랍 · 토마토 잎 · 담배 등 다소 생소한 원료들 꾸러미가 놓여 있었다.

바로 옆 장치에서는 원료가 증류되고 있었다. 그 천상의 향에 나는 잠시 그 자리에 꼼짝 않고 서 있었다. 무더운 여름날 방금 잘 라낸 건초 냄새와 무르익은 딸기류의 향내, 따스한 산들바람을 타고 떠다니는 향취가 느껴졌다. 페퍼 오일과 모로코 지의류 · 건초의 증류 작업이 막 끝났다. 케이프타운 지역의 부부추 오일도 까막까치밥나무처럼 달콤한 향을 내뿜고 있었다. 나는 무아지경에 빠져 그 자리에서 내가 맡은 모든 향이 들어간 향수를 당장 손에 쥐고 싶다고 말했다. 로카 씨는 웃으면서 그것이 그리 간단한 일은 아니라고 말해주었다.

노란 미모사 꽃이 짐 꾸러미에서 나왔다. 곧 너무도 익숙한 향으로 바뀔 꽃들이다. 나는 사람들이 거대한 급탕기에 꽃 수술을 퍼 담는 모습을 보며 그 강렬한 향이 내 향수에서 느껴지는 것을 상상했다. 4미터가 넘는 또 다른 증기통에서는 해조가 증류되고 있었다. 태양 · 바다와 소금을 상기시키는 오존성 증기가 시리아와 아프가니스탄에서 자라는 고무수지인 갈바눔에서 빠져나와 송진 같은 익숙한 냄새와 섞였다. 해초의 향을 느끼면서 나는 한낮의 태양 아래에서 에게 해에 있는 섬의 무화과나무 그늘에 앉아 송진으로 봉해진 소나무 통에서 숙성된 그리스산 포도주를 즐기던 기억을 떠올렸다.

부글부글 끓고 있는 증류기 옆에서 로카 씨가 내민 어떤 원료의 향을 맡았지만 그것에서 연상되는 기억은 아무것도 없었다. 그것은 '톨루tolu'라고 불리는 페루 향유였다. 로카 씨는 통카콩을 보여주며 그 밭에 다가가면 졸음이 오는 걸 느끼게 된다고 말했다. 마치 동화에 나오는 마법의 약같이 느껴졌다. 또한 혈액의 응고를 방해하는 천연 쿠마린을 함유한 통카콩에 건초의 푸제르 향 말고 바닐라처럼 아주 달콤한 향이 있다는 그의 말에 바닐라 꼬투리가 들어간 라이스 푸딩을 먹던 어린 시절의 기억이 떠올랐다.

훨씬 더 큰 추출 장치에서 시스투스가 추출되고 있었다. 록 로즈의 줄기와 잎에서 분비되는 시스투스는 용연향ambergris과 비슷하게 생겼다고 하여 종종 앰버amber라고 불린다. 또 다른 장치에서는 너트메그와 민트가 냉침 처리되고 있었다. 여기서 나는 맛과 향의 완벽한 공조共助가 어떤 것인지를 체험할 수 있었다. 민트 줄렙mint julep(위스키 베이스에 민트가 첨가되어 상쾌한 맛이 나는 칵테일—옮긴이)과 토르텔리니tortellini(파스타의 일종으로 면이 반지 모양처럼 둥글둥글한 것이 특징—옮긴이) 위에 얹은 크림색의 너트메그 소스가 생각났지만 이렇게 말랑말랑한 상태에서는 기분 좋은 얼얼한 향이 풍겼다. 너트메그가 정말 향으로 사용된다는 것을 깨닫고 이 향이 마음에 든 나는 비로소 안심이 되었다. 내 향수 원료로 내가 직접 선택한 새로운 원료 가운데 하나였기 때문이다.

로카 씨는 나를 방문객들이 시향할 수 있도록 샘플을 전시해놓은 공간으로 안내했다. 그 가운데에는 타임 콘크리트와 파출리, 아이리스 뿌리, 로즈 드 메, 카네이션, 수선화, 그리고 꽃이 아닌 잎에서 추출된 제비꽃의 일종이 있었다. 다이앤 애커먼은《감각의 박물학》에서 "제비꽃이 레몬과 벨벳 향에 담갔다 꺼낸 번트 슈가 향을 낸다."고 표현했다. 샘플 가운데에서 타임과 오크우드 향을 맡은 나는 바로 풀빛의 카밀레 밭과 타임 향을 실은 산들바람, 그리고 수풀로 가득한 안개 낀 영국의 북부 지역을 떠올렸다.

로카 씨는 또 다른 콘크리트를 내 코밑에 흔들며 홍차가 떠오르지 않느냐고 물었다. 나는 너무도 영국적이어서 고향 생각이 나게 하는 버베나의 상큼한 향을 들이마셨다. 수선화 향이었다. 봄과 그 봄이 가져다주는 희망이 느껴졌다. 마지막으로 로카 씨는 미모사 콘크리트를 집어들었다. 그 강렬한 향에 취한 나는 로베르테 사의 건물로 들어오면서 들이마셨던 유독가스에 대해 말끔히 잊어버렸다.

공장을 모두 둘러본 내게 로카 씨는 곧 배에 실을 완성된 제품을 보여주었다. 이 상품들의 행선지는 여러 곳이며, 심지어 원산지로 가는 경우도 있다고 했다. 마지막으로 로카 씨는 6월의 장미의 수확을 보러 터키에 위치한 로베르테 공장에 가보라고 권했다. 그는 허리까지 장미 꽃잎 속에 담그고 있는 터키 사람들의 사진을 보여주었다. 로베르테 사를 떠나면서 나는 그날 경험한 후각적 향연의 감동을 되새겼다. 호사를 누린 만큼 코도 지쳤을 법하다.

증류법과 추출법

9세기경 아랍 사람들은 장미수를 증류시키는 방법을 발견했다. 11
세기 살레르노에 살았던 물리학자 살레르누스Salernus는 《안티도타리
움 마늄Antidotarium Magnum》이라는 책에 증류 과정을 기록하였고, 성
직자이자 철학자였던 알베르 르 그랑Albert le Grand(1193~1280)은 《여
성의 비밀De Secretis Mulierum》이라는 책에서 알코올 증류법에 대해
설명했다. 그 책에는 가연성이 높은 로 아르당트의 증류법과 오 드
비, 에스프리 드 뱅, 오 플라그랑트 등 증류법에 대한 설명이 들어 있
다. 이러한 알코올류와 휘발성 액체가 향수에서 일부 오일을 대신하
여 사용되었으나 향수의 증류 기술은 17세기가 되어서야 완성되었다.

14세기 초까지만 해도 대부분의 향수는 알코올과 에센셜 오일의
결합물이었다. 예를 들어 로즈메리와 오 드 비는 중탕냄비에서 증류
되었다. 이 냄비는 1370년경 헝가리의 엘리자베스 여왕을 위해 한 수
행자가 만들어낸 발명품이었다. 16세기 토스카나에서는 모든 과학자
가 증류법 연구에 열을 올려 향수의 가열 속도가 늦춰질 때 에센스의
품질이 향상된다는 사실을 밝혀냈다. 따라서 증류기 속에 에센스를
넣은 다음, 태양열을 포착하여 에센스를 천천히 가열하기 위해 옆에

강철로 된 거울을 세워둔 상태에서 증류기를 중탕냄비 안에 넣었다.

16세기 말경에는 향료가 든 물을 빨아들이는 법과 에센스를 만들기 위해 기름방울을 저장하는 방법이 밝혀졌다. 피렌체 사람들은 피렌체 화병을 발명했는데, 그것은 뱀처럼 꾸불꾸불하고 각각 기름과 물이 빠지는 두 개의 구멍을 가진 화병이었다. 동시에 일종의 냉침법이 사용되기 시작했다. 오렌지 꽃과 재스민 · 장미 · 제비꽃잎 등을 몇 겹의 아몬드 오일에 담가두어 꽃향기가 오일에 흡수되도록 한 것이다. 또한 레오나르도 다 빈치는 원료를 액체에 담가 부드럽게 만드는 매서레이션 방법을 발명하고 용매를 이용하여 에센스를 추출했다.

오늘날에는 장미나 오크모스 · 미모사 수술 같은 원료가 큰 통에서 증류된다. 물이나 용매에 넣고 끓여 에센셜 오일을 증발시키는 것이다. 증기는 파이프를 따라 올라가 냉각되면서 물과 에센셜 오일의 형태로 변하여 다시 통 안에 떨어진다. 대부분의 오일이 수면에 떠 있기 때문에 간단히 빨아들일 수 있다. 갓 수확한 싱싱한 꽃을 증류시켜야 좋은 결과를 얻을 수 있다.

탑 노트에 천연 성분이 포함되면 에센셜 오일에서 자연 발생하는 휘발성 방향족 탄화수소와 대립되기 때문에, 좀 더 순수한 향을 얻으려면 가연성의 불포화 탄화수소인 테르펜을 제거해야 한다. 하나의 에센셜 오일에는 수백 가지의 구성 요소가 있는데 때때로 그 중 일부가 우세한 향을 방해하기도 한다. 따라서 좀 더 정제된 물질을 얻으려면 두 번째 증류 과정이 필수적이다. 이것을 '분자 증류molecular distillation'라고 부른다.

오늘날에는 무색의 투명한 향수가 인기 있기 때문에 종종 제품을 탈색시킨다. 예를 들어 원래 짙은 오렌지색인 장미 앱솔루트도 투명하게 만들 수 있다. 향이 섞이는 것을 막기 위해 제품이 바뀔 때마다 모든 장치와 보일러·밸브·파이프에 증기를 쐬어주어야 한다. 일단 향이 배면 제거하기 어렵기 때문이다.

추출은 가솔린의 무취 부산물인 헥세인처럼 종종 휘발성의 용매를 통해 이루어진다. 이 과정을 통해 고체 상태의 점성물질인 왁스 또는 콘크리트가 얻어지는 것이다. 왁스는 용매나 알코올로 여러 번 처리되면서 희석되며, 반복적인 진공 과정을 통해 용매가 제거되면 더욱 응축된다. 또한 알코올 처리를 통해 왁스가 분리된 향수를 앱솔루트라고 하는데, 이는 증류된 에센셜 오일과 달리 추출 과정을 통해 얻어진 것이며 좀 더 향이 강하고 순수한 물질이다. 조향사들은 에센셜 오일이나 콘크리트·앱솔루트를 가지고 작업한다. 왁스와 알코올 처리를 거쳐 만들어진 향수는 보통 10~20퍼센트는 응축액, 나머지 80~90퍼센트는 알코올이다.

증류와 추출의 효과는 식물마다 다르기 때문에 서로 다른 식물은 별개의 방법으로 처리되어야 한다. 예를 들어 그라스산 로즈 드 메는 증류되지 않는다. 생산량이 너무 적어 값이 매우 비싸기 때문이다. 하지만 불가리안 로즈는 콘크리트로 추출된 다음 앱솔루트로 추출될 수 있다. 에센셜 오일로 증류될 수도 있다.

무엇보다 추출 장치가 매우 위험하다는 사실을 잊지 말아야 한다. 용매가 가연성과 휘발성이기 때문에 전화기나 녹음기 등이 폭발할 수 있다. 예전에 한 기자가 라보라투아르 모니크 레미(Laboratoire Monique Rémy, LMR) 사에서 카메라 플래시 때문에 폭발을 일으킨 적이 있다.

반면 증류 장치는 물을 사용하기 때문에 위험성이 훨씬 낮다.

다음 날 나는 세계 최대 향수 회사인 인터내셔널 플라워즈 앤드 프레이그런시즈가 인수한 LMR 사의 마케팅 담당자 프레데리크 본 에벤-월리Frédérique von Eben-Worlee를 만났다. 푸치 브랜드의 블라우스와 세련된 검정 에나멜 구두 차림으로 나타난 프레데리크는 우아하고 교양 있는 전형적인 프랑스 여성이었다. 그녀는 자신의 어머니가 20년 전에 세운 이 회사에서는 천연원료로 만들어진 향수 화합물 제조를 전문으로 하고 있다고 설명했다. 그들은 품질이 제각각이라서 매우 까다로운 원료들도 다루고 있었다. 꽃뿐만 아니라 향수 시장에서 베지털vegetal이라고 부르는 꽃잎과 씨·뿌리에서도 향을 추출하는 것이다. LMR 사는 모스와 까막까치밥나무·미모사·제비꽃잎 같은 프렌치 베지털 향을 증류시키기도 한다.

우리는 실험실을 둘러보았다. LMR 사는 천연원료로 만들어진 고가의 순수 에센스를 전문으로 공급하기 때문에 실험실이 로베르테 사보다 훨씬 작았다. 그들은 화장품이나 내수 산업을 위한 제품은 생산하지 않는다. 추출 장치에 이르자 프레데리크는 내게 휴대전화와 녹음기를 잠시 꺼달라고 부탁했다. 그곳에는 용매로 추출되는 암브레트 시드의 매운 향이 풍겨 나왔다. 나는 그 추출과정의 최종 생산물인 투명한 콘크리트도 볼 수 있었다.

증류 장치에서는 페티그레인이 증류되고 있었다. 페티그레인은 오렌지 나뭇잎과 덜 익은 오렌지에서 증류되는데 그 향이 매우 달콤하면서도 다소 떨떠름하다. 내가 LMR 사의 미모사 향 제품에 대해 묻자 프레데리크는 향에 영향을 미치는 테르펜 성분을 제거하여 매우 순수한 에센스를 생산한다고 대답했다. 로베르테 사와 마찬가지로 LMR 사도 자국에서 생산하는 미모사를 사용하지만 LMR 사는 더 오랜 시간에 걸쳐 훨씬 엄격한 증류 과정을 통해 로베르테 사의 미모사 콘크리트와 반대되는 미모사 앱솔루트를 생산한다.

완전히 밀폐된 저장소에는 수백 개의 알루미늄 병이 놓인 선반들이 줄지어 있었다. 향을 맡고 싶은 마음에 뚜껑 몇 개를 열어보려고 하자 프레데리크가 말렸다. 제품들 대부분이 빛과 열에 민감해서 성분이 변하는 것을 막기 위해 어두운 곳에서 차게 보관해야 한다는 것이었다. 향수, 특히 만다린과 오렌지·레몬 등 시트러스 오일 종류를 보관할 때는 완전히 밀봉된 병에 넣어 햇볕이 들지 않는 저온의 장소에 두어야 한다고 그녀는 말했다. 그리고 파출리 같이 향이 묵직한 제품은 오래될수록 품질이 좋아진다면서, LMR 사에서 가장 고가인 오리스루트는 1킬로그램당 3만 유로에 팔리고 있다고 귀뜸해주었다.

프레데리크는 내게 향 몇 개를 보내주겠다고 약속했다. 그리고 얼마 후 영국으로 돌아온 나는 그녀에게서 반가운 소포를 받았다. 그녀가 보낸 것은 LMR 사의 미모사 앱솔루트였다. 약간 상한 듯하고 향이 약한 로베르테 사의 미모사 콘크리트와 달리 꽃향기가 진하고 결정체처럼 단단했다. 상자 안에는 아이티의 베티베르와 파라과이의 페티그레인 오일, 인도의 재스민 앱솔루트, 토스카나의 오리스루트, 페루의 암브레트 앱솔루트도 있었다. 모두 향이 매우 진한 편이었다. 암브레트 향은 자연스럽게 들이마시기가 여전히 힘들었다. LMR 사 공장에서 그 매운 향으로 인해 고생했던 기억이 남아 있었기 때문이다. 나머지 향들은 정말 지속성이 뛰어났다. 향이 묻은 옷을 몇 번이나 세탁했음에도 불구하고 적어도 6개월 동안 베티베르와 장미 · 재스민 · 페티그레인 향이 옷에 남아 있었다.

미모사 앱솔루트 소량을 라디에이터에 녹이자 그 달콤한 향이 온 방에 퍼졌다. 순간 펜닌 알프스의 습기 찬 오두막집에서 프로방스의 따스한 태양 아래로 이동한 느낌이 들었다. 물론 모든 사람이 좋아하는 향은 아니겠지만, 나는 미모사 향을 맡으면서 나의 맞춤 향수를 만들 때 미들 노트로 사용해야겠다고 마음먹었다.

그라스에서 내가 마지막으로 방문한 곳은 프라고나르 향수 회사와 박물관이었다. 지금도 가족 경영 체제로 운영되고 있으며, 창업주의 두 증손녀 아녜스와 프랑수아즈 코스타Agnès & Françoise Costa가 대표를 맡고 있는 회사이다. 나는 프랑수아즈의 안내를 받으며 박물관을 구경했다. 코스타 자매의 아버지가 1960년대에 사들인 고대 카르타고의 향수병 컬렉션을 포함하여 독특한 디자인의 고풍스러운 향수병들과 향수 제조 도구, 구리 증류기, 정화 장치 등이 소장되어 있었다.

첫 번째 전시실의 유리 케이스에는 아름다운 피렌체 화병들이 가득했다. 뱀 모양이어서 오일 또는 에센스와 물을 분리시키기가 쉬워 보였다. 이 물은 화병의 가늘고 긴 목을 통해 빠져나간다. 고대 이집트에서 19세기까지, 박물관에서는 다양한 형태와 규모의 앤티크 병 전시회가 열리고 있다. 기품이 넘치는 디캔터와 기괴한 모양새의 진기한 물건들, 향료 오일을 태울 수 있는 손잡이가 붙은 가냘프고 야윈 발 모양의 병, 머리 모양으로 생긴 카르타고의 오일 램프, 소형 향수 통, 가죽 여행가방, 나무상감象嵌 세공품, 심지어 상어 가죽으로 만든 화장품과 향수 보관함, 과시하듯 화려한 보석으로 장식된 향로, 그리고 그라스 지방의 색채가 잘 나타난 수수한 베르가모트 화분도 있었다. 그라스 사람들이 정신없이 베르가모트를 증류하는 사이, 어느덧 연인들이 낭만적인 그림이 그려진 손바닥 크기의 둥근 상자를 주고받는 '베르가모트'라는 전통이 싹트기 시작했다.

은으로 만든 17세기 향수병들은 자개로 장식되어 있다. 첼시(영국의 명품 도자기 브랜드—옮긴이)의 향수병인 '그네 타는 소녀'도 그 가운데 하나이다. 병들이 모두 아주 작은 것을 의아해하는 내게 프랑수아즈는 과거의 향수는 알코올보다 훨씬 더 응축되어 있고 향이 진했음을 상기시켜주었다.

조개껍데기로 만들어진 병이 있는가 하면, 오페라글라스 겸용의 매우 정교한 병도 있었다. 18세기에는 소량의 향수를 따라 넣을 수 있는 작은 장치가 부착된 향수 반지가 유행했다. 1700년대 향수병 가운데 큐피드의 모습을 본뜬 도자기 향수병은 큐피드의 성기 부분에서 향이 나오도록 만들어져 있다.

인류의 역사를 통틀어 향수병은 언제나 뛰어난 예술적 기교가 발휘된 미의 상징물이었다. 예로부터 아름다운 향수병은 향수의 힘과 신비로움·마력을 상징해왔고, 장신구나 작은 입상立像의 역할도 해왔다. 유리병은 설화석고·테라코타·비취·수정·도자기·상아·귀금속·유리 등으로 만들어졌으며, 보석과 은 세공품·에나멜로 장식되었다. 향수를 병에 넣는 것은 유리의 발명만큼이나 오래된 전통이다. 이집트 사람들은 가늘고 긴 에센셜 오일 병뿐 아니라 반투명의 녹색 유리병과 '엉구언테리아unguentaria'라고 불리는 향유 단지도 만들었다. 오일 병의 크기는 값비싼 오일일수록 작았다.

이집트 사람들보다는 뒤쳐졌지만 로마 사람들 역시 유리 제조술을 발달시켰다. 테라코타로 만든 연고 화병에는 춤추는 파우누스Faunus(로마 신화에 나오는 산과 들의 신―옮긴이)와 달리는 전사의 모습이 그려져 있다. 로마의 기독교인들은 유리 항아리에 향수를 담았고, 아랍 사람들은 안티오크에서 본격적으로 유리 제조술을 발달시켰다. 13세기경에는 많은 유리 제조 전문가가 베네치아와 무라노 섬·베네치아 석호潟湖에 모여들었으며, 이곳에서 무색의 투명한 유리로 향수병을 만들었다.

14세기부터 17세기까지 피렌체에서는 르네상스 문화 속에서 향수 디캔터가 탄생하였으며, 메디치 가문의 왕자들이 줄지어 주문을 하였다. 카트린 드 메디치 여왕과 그녀의 조향사 르네는 프랑스 신하들에게 향수 디캔터를 소개하였다. 악명 높았던 루크레치아 보르지아Lucrezia Borgia는 크리스털과 금으로 만든, 두개골로 장식한 작은 병에 사향과 영묘향이 든 메스꺼운 향수 아쿠아 토파나를 부어 사용했다고 한다.

르네상스 시대 사람들은 전염병과 나쁜 냄새를 쫓기 위해 은으로 장식된 향료 갑을 긴 줄에 달아 목에 두르고 다녔다. 이 향료 갑은 오렌지처럼 조각조각 나뉘어서 각 칸마다 다른 향을 넣을 수 있었다. 17세기 도자기의 발명은 향수를 병에 채워 넣는 기술에 큰 영향을 주었다. 도자기 병에는 프랑스의 화가 와토Watteau 이후부터 풍경화가 그려지거나 주인의 카메오가 장식되었다. 정교한 기술로 날아가는 비둘기나 장미 꽃다발 등이 표현되면서 병은 그 자체로 매력적인 장식품이 되었다. 18세기는 노르망디와 로렌 지방에서 유리 제조업이 눈부시게 발달한 시기다. 에나멜 유리나 립 조직으로 된 유리로 전형적인 향수 디캔터가 만들어졌고, 카메오나 원형 초상화, 또는 금은으로 장식되었다.

19세기에는 세공가 랄리크Lalique가 조개 모양의 정교한 아르누보 풍 향수병을 만들었다. 그가 만든 '목신의 키스' 향수병은 향수 용기의 전설로 평가받고 있지만 안타깝게도 그 향수는 생산이 중단되었다. 과거 향수병 제조의 뛰어난 기술과 독창성 · 재료의 범위에 오늘날 많은 사람이 경이로움을 표하고 있다.

그라스에서 스페인 국경으로 향하는 길, 잠시 눈을 붙인 나는 금세 꿈속으로 빠져들었다. 그리고 사향이 가득한 두개골 모양의 향료 갑을 휘두르는 루크레치아, 매일 아침 머리 위에 향수병을 붓는 나폴레옹, 또한 디캔터에 들어 있는 아라비안 향을 손목에 바르는 카트린 드 메디치의 모습을 보았다.

T h e   S c e n t   T r a i l

3장

상큼한 네롤리, 달콤한 페티그레인

○

향으로 충만한
모로코

시큼한 맛의 시트론은 메디아의 산물,
높은 키와 풍부한 향이
월계수와 비슷하다.

베르길리우스
《농경시|Georgics》

그리스 신화에서는 오렌지를 매우 소중하게 여긴다. 대지의 여신 가이아는 제우스와 결혼하게 된 헤라에게 헤스페리데스 정원의 황금 사과밭에서 딴 사과를 선물했다. 모로코 북부 라라슈 항의 북쪽에 위치한 릭수스에 자리 잡은 실제 정원의 위치는 헤스페리데스라는 신화 속 장소를 만들어내는 데 영감을 주었을 것으로 생각된다. 또한 근대 그리스 철학자들은 그 황금 사과가 사실은 오렌지였다고 믿고 있다. 오렌지 꽃은 수세기 동안 순결과 정절을 상징해왔고, 상록수라는 점에서 변함없는 사랑을 상징하기도 한다.

향을 가진 식물 중에서 오렌지만큼 현실적인 가치를 지닌 것은 드물다. 오렌지는 매우 수익성이 뛰어난 식물이다. 오늘날 대부분의 향수 구성 요소의 12퍼센트 정도가 오렌지 꽃이기 때문이다. 오렌지 나무에서 꽃과 과일을 얻으려면 적어도 4년은 걸리지만 평균적으로 나무 한 그루에서 얻는 연간 12킬로그램의 꽃은 4년이라는 시간을 상쇄하고도 남는다. 1리터의 순수 에센스를 만드는

데 1,000킬로그램의 싱싱한 꽃잎이 필요하지만 오렌지 나무는 매우 잘 자라기 때문에 수요에 맞춰 원료를 넉넉히 공급할 수 있다.

인도와 중국이 원산지인 오렌지 나무는 12세기 무어인들에 의해 유럽에 전해졌다. 그들은 시리아에서 아프리카를 거쳐 스페인으로 오렌지 나무를 들여왔다. 정복자와 십자군 전사들도 유럽에 돌아올 때 지중해산 오렌지를 가지고 왔다. 성 도미니크St. Dominic는 1200년경 로마에 최초의 오렌지 나무를 심었는데 베르가모트가 흘러나와 먹기엔 적합하지 않았다. 이 나무는 아직도 로마 인근 성 사비나 성당 수도원에 보존되어 있다. 이같이 다양한 고대의 나무들이 스페인 세비야의 알카사르 정원에서도 아직 자라고 있다.

감귤류는 매우 다양한 만큼 여러 등급의 향과 오일을 산출해낸다. 맛이 단 것과 쓴 것이 있고, 꽃에서 얻는 것과 껍질에서 얻는 것이 다르며, 나무껍질이나 잎사귀 · 가지에서 얻는 것도 있다. 이 오일을 섞어 오 드 콜로뉴 · 등화수橙花水 · 오렌지 에센스를 만들기도 한다. 보통 오렌지 나무 전체를 수확하지만 꽃과 껍질의 향이 가장 두드러지며, 껍질 표면의 작은 알갱이들을 터뜨리는 압착 방식으로 에센셜 오일을 얻는다.

아나스타샤와 나는 내 맞춤 향수의 탑 노트로 네롤리와 페티그레인을 선택하였다. 따라서 나는 네롤리와 페티그레인 향이 오렌지의 어느 부분에서 나오는지, 그 향들을 둘러싼 이야기로는 어떤 것들이 있는지 궁금했다.

나는 네롤리가 오렌지 꽃에서 증류된다는 것과 스위트 네롤리

오렌지는 15세기에 처음 재배되었다는 사실을 알게 되었다. 향수 원료로서는 매우 오랜 역사를 가지고 있는 셈이다. 1680년 오렌지 꽃의 오일은 '네롤리 에센스'라고 불렸다. 네롤리의 왕자인 플라비오 오르시니의 아내가 오렌지 꽃 에센스를 장갑과 침대에 사용하여 큰 인기를 모았기 때문이다. 로마 사람들은 이미 네롤리를 발견했던 것 같다. 로마 사람들에게 끌려간 불행한 사빈 여성들은 그 오일을 강하다는 뜻의 '네로nero'라고 불렀다. 오렌지 숲은 사빈 사람들이 살았던 이탈리아 남부에 여전히 무성하게 보존되어 있다. 폼페이와 카르타고의 프레스코 벽화에는 오렌지나 레몬과 매우 비슷한 시트러스 과일들이 묘사되어 있다. 사람들은 시트러스 과일을 먹기 오래전부터 그 아름다움을 탐하고 갈망해왔다.

페티그레인 오일은 '오랑제트orangette'라 불리는 작고 덜 익은 열매에서 증류된다. 체리와 크기가 비슷하다고 할 수 있다. 꽃이 떨어진 직후 나무에서 떨어지며 크기 때문에 작은 씨라는 뜻의 페티그레인으로 불린다. 페티그레인은 잎과 덜 익은 열매를 증류시킴으로써 얻어진다. 오렌지 잎을 햇빛에 비춰보면 오일 주머니가 든 둥근 알맹이를 볼 수 있다. 페티그레인 오일도 몇 가지 종류로 나뉜다. 페티그레인 두스douce는 당귤나무의 잎사귀와 알갱이에서 얻어지고, 페티그레인 리몬limon은 레몬 나무에서 얻어지며, 페티그레인 비가라디bigaradi는 세비야의 비터 오렌지에서 얻어진다. 나는 페티그레인을 직접 보고 싶었다. 페티그레인을 이용한 방향요법 가운데 불면증 치료는 매우 잘 알려져 있다. 페티그레인의 많은 종류 가운데 나는 옅은 노란색으로 우디 노트를 가진 비가레이드가 제일 마음에 들었다.

오렌지에서 추출되는 네 개의 에센셜 오일인 네롤리, 오렌지 꽃 앱솔루트, 페티그레인, 베르가모트는 모두 다른 향을 가지고 있다. 네롤리와 베르가모트가 레몬이나 그레이프프루트·만다린에 비해 향이 풍부한 반면, 오렌지 꽃 앱솔루트는 꽃향기가 진하다. 시트러스 베르가미아Citrus Bergamia의 껍질에서 얻어지는 귀한 에센셜 오일인 레모니lemony 베르가모트는 향수의 효과를 배가시키기 때문에 향수 원료로 인기가 매우 높다. 베르가모트라는 이름은 처음 판매된 도시인 롬바르디아 주 베르가모 현의 이름에서 유래한 것이다.

오렌지 껍질을 벗기면 그 향이 물보라처럼 공기 속으로 스며든다. 오렌지 100개의 껍질에서 얻을 수 있는 에센셜 오일의 양은 고작 1밀리리터이지만, 그 알싸한 향은 다른 향들을 더욱 풍성하게 해준다. 시트러스 노트는 향수의 탑 노트에 상큼한 맛을 선사한다. 미들 노트가 전해지기 전에 이미 첫인상을 결정짓는 것이다. 레몬, 베르가모트, 오렌지, 만다린, 그레이프프루트, 그리고 라임 등이 탑 노트에 속하여 은백색의 맑은 노트를 형성한다. 시트러스 노트는 신선하고 활기 넘치며 가벼운 향 때문에 향수의 피라미드 공식에서 언제나 제일 꼭대기에 위치한다.

네롤리와 페티그레인을 포함하여 많은 시트러스 노트가 모로코와 튀니지에서 재배된다. 그래서 나는 모로코에 가서 자연 상태 그대로일 때 그것이 어떤 향을 풍기는지, 어떻게 재배되고 어떻게 향이 추출되는지 알아보고자 했다. 모로코에 도착한 다음 날 아침, 나는 메디나에 내려갔다. 이슬람 사원에서 기도 시간을 알리는 사람의 목소리가 이 첨탑 저 첨탑으로 울려 퍼졌다. 메디나의 옛 성벽에 들어서자마자 좁은 포장도로에서 양고기 스튜의 냄새가 코를 찔렀다. 차도르로 온몸을 감싼 여인들과 모자 달린 젤라바를 입은 남성들로 북적이는 좁은 길에서 물건을 파는 상인들의 외침이 들려왔다.

메디나의 지도는 매우 엉성했지만 용케 길을 잃지 않고 잘 찾아다녔다. 나는 마다니라는 향수 상인을 찾으러 르 프티 소코 광장으로 향했다. 거리에 넘쳐나는 카페에서 사람들이 앉아 차를 마시고 있었다. 나는 이 사람 저 사람을 붙잡고 물어본 끝에 마침내 마다니를 찾을 수 있었다. 향수 모조품을 만드는 그는 한창 장사를 하고 있었다. 사람들이 줄지어 서서 손에 향수를 발라보려고 기다리고 있었다. 마치 구호품을 받으려고 몰려든 사람들처럼 보였다.

샤넬 No. 5나 로디세이 같은 익숙한 향수들을 뿌려보았지만 진짜와는 너무 달랐다. 파리에서 파멜라 로버츠가 했던 말이 떠올랐다. 모로코 시장의 상인들이 그라스에서 사들인 물건을 모두 모로코에서 만든 것처럼 말한다는 이야기 말이다. 내가 방금 맡은 향은 그라스에서 건너온 것이 절대 아니었다. 그저 조악한 모조품일 뿐이었다.

또 한 사람의 향수 상인을 만났지만 역시 마찬가지였다. 캘빈 클라인과 아르마니 향수를 보고 내가 진짜 오렌지 꽃이나 네롤리 에센스가 들어간 거냐고 묻자, 그는 나를 빤히 쳐다보며 어깨를

으쓱할 뿐이었다. 문득, 모로코에서 발견한 것들이 그냥 향수 모
조품인지 암거래되는 물건인지 궁금해지기 시작했다. 탕헤르(아프
리카 대륙의 북서단 지브롤터 해협에 면한 항구도시—옮긴이)에서는 진짜 물
건을 만날 수 없을 거라고 결론을 내린 우리 일행은 남쪽 사하라,
마라케시의 관문으로 향했다. 그곳에서는 진짜 원료로 만들어진
향수를 만나길 바라면서.

증류기: 그 짧은 역사

이라크에서 발견된 진흙으로 만든 최초의 증류기는 기원전 3500년
에 만들어진 것으로 추정된다. 구리 증류기는 세 부분으로 구성되어
있다. 벽돌 용광로 위에 놓인 증류기 속에 엄청난 양의 물과 꽃을 넣
어 끓이기 시작하면 잠시 후 이 증류기 위에 있는 또 다른 증류기에
서 차가운 물에 에워싸여 있는 똘똘 감긴 파이프를 통해 증기가 빠져
나온다. 증기가 피어오르면 물보다 가벼운 휘발성 오일이 물 위에 뜨
게 되고 그 오일이 증발하여 작은 물방울이 된다. 그리고 이 물방울이
맨 위에 있는 증류기 안에 모이는 것이다. 증류가 진행되는 동안, 물
을 차게 유지하기 위해 플라스크를 이용하여 증류기 상층부의 물을
바꿔주면 증발 작용이 더욱 원활하게 일어난다. 그 다음으로 오일을
빨아들여 물에서 분리시킨다.

아랍 사람들은 뱀 모양의 유리관을 발명하여 증류 과정을 더욱 발전시켰다. 이 유리관은 굽은 부분에서 물을 붙잡아 가벼운 오일이 빠져 나가도록 하는 장치다. 9세기경 페르시아 사람들은 원료를 액체에 넣어 끓이는 침지浸漬법이나 꽃잎을 냉압착한 지방에 담그는 냉침법 등 과거의 방식을 사용하지 않고 장미와 오렌지 물을 증류시키는 방법을 택했다. 13세기 초, 우만 이븐 알-아딤Uman Ibn al-Adim이라는 시리아의 역사학자는 향수 제조법을 기록하여 아랍이 향수 제조의 선두 주자가 되는 데 크게 기여하였다.

아랍 전역에서 동일한 증류 법칙이 발달되었다. '알렘빅alembic'이라는 단어도 증류기를 뜻하는 아랍어 '알 안비크al-Anbiq'에서 비롯된 것이다. 초기의 증류기는 구리뿐 아니라 유리나 점토로도 만들어졌으며, 이 13세기 증류 기술에서 한 걸음 나아가 알쿨al-kuhl(안티몬 금속의 가루—옮긴이)이 생산되어 알코올alcohol이라는 단어가 만들어지게 되었다.

근대에 들어서 증류는 공장에서 이뤄지고 있지만 그 과정은 아랍 사람들이 뱀 모양의 유리관을 발명했을 때와 똑같다.

차를 타고 마라케시를 지나가다 보면 올리브 숲을 지나 한 도시가 보이고 그 뒤의 뜨거운 열기 속에서 아틀라스 산맥의 배경이 신기루처럼 떠돈다. 마치 하늘까지 잡아늘인 거대한 무대 커튼 같다. 눈으로 뒤덮인 봉우리는 당장이라도 구름 위를 덮칠 것 같다.

마라케시는 테라코타 건축물이 주를 이루는 저지대 도시다. 엄청나게 큰 종려나무와 이 도시의 대표적 건축물인 쿠투비아 미나레트 때문에 도시가 더욱 작아 보인다. 이곳은 원래 야영지던 곳에 지어진 오아시스 도시다. 사하라와 아틀라스 산맥의 부족들이 물건을 교환하러 왔고, 이미 오래전에 그들의 텐트가 벽돌집으로 바뀌었으며, 정원은 잘 보살핀 장미와 부겐빌리아 · 플럼베이고 · 올리앤더로 가득하지만 여전히 일시적이라는 느낌이 들었다.

우리는 메디나 성벽에 주차하였다. 마부가 우리 짐을 그의 마차에 싣고 오렌지 나무로 가득한 정원이 있는 현대식 모텔에 데려다주었다. 도착하자마자 나는 그곳에서 진짜 오렌지 에센스를 찾을지도 모른다는 생각을 했다. 정원 모퉁이에는 프랑스 학생들이 마리화나용 파이프를 입에 물고 있었다. 나는 즉시 그들을 내쫓았지만 마약 냄새는 한동안 정원을 떠나지 않았다.

다음 날 나는 메디나의 수크 엘-아타린souk el-Attarine(향수 시장―옮긴이)을 찾아 나섰다. '아타attar'는 페르시아어로 향수를 뜻한다. 나는 옹기장이와 구리 세공인 · 신발 제조자 · 염색 업자 · 보석 상인 · 양가죽 판매 업자들이 몰려 있는 시장을 둘러보고 모 섬유 상인과 직물 상인들 거리도 보았다. 목수들이 체스판을 만들고 있던 목공소 거리에서는 아주 좋은 향기가 풍겨 나왔다. 삼나무와 사이프러스 나무 조각 · 톱밥에서 풍기는 나무 향이 공기 중에 진동했다. 특히 삼나무 향은 달콤하면서 식물성과 동물성 특징을 동시에 가지고 있었다. 나중에 알게 된 사실이지만, 여성들이 향료 갑을 만들기 위해 삼나무 부스러기를 모아 왁스와 함께 증기실에 넣는다고 한다. 그렇게 만들어진 향료 갑을 옷에 붙이면 걸을 때마다 은은한 향기가 흘러나온다.

향신료 시장에서는 황토색 쿠민 향과 붉은 시나몬 향 · 너트메 그 · 헤나 · 클로브 · 갈릭 · 진저 향이 흘러나왔다. 마침내 길모퉁 이 푸른 타일 벽에 붙어 있는 수크 엘-아타린 표지판을 발견하였 는데, 막상 가보니 그곳은 텔레비전 시장이 되어 있었다. 나는 크 게 실망한 나머지 잠시 정신을 놓고 있다가 복잡한 골목에서 길을 잃을 뻔했지만, 역시 내 후각도 보통은 아니었나 보다. 향에 이끌 려 걸어가다가, 마침내 향수 판매상들이 줄지어 늘어선 거리를 발 견했다. 그들 앞에 수백 개의 향수병들이 햇빛을 피해 하얀 천에 가려져 있었다. 내가 관심을 보이자 그들은 내 팔을 당겨 손에 향 을 발라주었다. 오리엔탈 향은 알코올로 희석되지 않기 때문에 그 진하고 기름기 많은 향수는 오래도록 지속되었다.

나는 재스민과 장미 · 사향 · 샌들우드 · 파출리 · 네롤리 · 수선 화 향 등을 발라보았다. 페티그레인 종류를 모두 보고 싶다고 말 했더니 주인은 시트론의 덜 익은 열매와 가지 · 잎에서 증류된 오 일 몇 가지를 보여주며 태양의 황금 사과에서 천사의 향이 나온다 고 장황하게 설명해댔다. 어쨌든, 헤스페리데스 동산의 황금 사과 가 천상의 기운을 발하는 것은 사실이다.

흰 가운을 입은 연금술사처럼 주인은 몇 개의 향수병을 집어들 어 뚜껑을 열었다. 첫 번째 병에는 잎사귀만 증류된 페티그레인 비가레이드가 들어 있었다. 옅은 노란색으로 나무 향과 달콤한 향 이 어우러졌다. 이 오일은 이탈리아의 칼라브리아 주가 원산지다.

다음 향은 진하고 달콤 쌉싸래한 베르가모트 페티그레인이었는데, 그 현란한 탑 노트가 몹시 거슬린 나는 손을 저어 싫다는 표시를 하였다. 이 연금술사는 레몬 나무의 덜 익은 열매에서 증류시킨, 내가 가장 좋아하는 시트론 페티그레인을 만들었다. 초록빛이 감도는 노란색으로 시트론 프레세나 번트 슈가 냄새가 났다. 이것은 알제리와 튀니지·모로코에서 생산된다.

페티그레인 향을 맡으면서 나는 커피 콩을 좀 가져올 걸 하고 생각했다. 맛에 대한 감식력을 조절하기 위해 식사 중간에 셔벗을 먹는 것과 마찬가지로, 향을 맡는 사이사이 후각을 충전시키는 데 커피 콩이 사용된다. 거기서 발견한 알제리산 만다린 오일은 어두운 올리브그린 색으로 매우 달콤하고 포도 같기도 했지만 그 달콤함이 역시 나에겐 너무 강하게 느껴졌다.

시트러스계 향을 모두 맡았다고 생각할 즈음, 계산대 밑에서 또 다른 페티그레인이 나왔다. 바로 페티그레인 쉬르 플뢰르 도랑제였다. 비터 오렌지의 페티그레인 오일을 다시 그 나무의 신선한 꽃잎들과 함께 재증류하여 얻어내는 귀한 오일이다. 좀처럼 향이 떠나지 않는 것이, 마치 오렌지 꽃이 공중에 떠다니는 듯한 기분이었다. 훨씬 더 우아하고 섬세한 향이었지만 나는 내 향수에 들어갈 향으로 여전히 시트론 페티그레인을 고집했다. 그 열정적인 느낌을 너무 좋아하기 때문이다.

감미로운 향이 내 팔과 손바닥에 내려앉았다. 향이 다소 진한 것 같았지만 시간이 흐를수록 진정되면서 은은한 노트가 피부 위에 흘러내렸다. 나는 모로코에서 찾은 원료들을 긍정적으로 생각하기 시작했고, 다음 날 아침 메디나 지역의 재건 프로그램 책임자인 민속식물학자 마틴 교수를 만나러 갔다. 그는 지금까지 부적과 허브·식물·에센스 등 메디나에서 거래되는 모든 것을 일일이 기록해왔다. 실로 엄청난 작업이다.

우리는 허브 시장에 들러 민트와 압생트·세이지·마조람·향기 나는 제라늄과 클레리 세이지 한 묶음을 산 다음, 메디나로 향했다. 마틴 교수는 이 허브들을 모두 섞으면 민트 티가 된다고 했지만 정작 그 자신은 민트만 들어간 차를 더 좋아했다. 바닐라·클로브·투베로즈 등의 원료 한 가지만으로도 충분히 만족스럽기 때문에 그는 싱글 노트를 좋아한다고 말했다.

우리는 작은 골목길을 따라가다가 어느 모스크 사원에 이르렀다. 이곳의 안뜰에서는 시체를 땅에 묻기 전 사향에 적신 옷을 입힌다고 한다. 오늘날에도 이슬람교도들은 고대와 마찬가지로 망자의 몸을 향료로 치장한 후 내세로 떠나보낸다. 비쩍 마른 한 노인이 공기 정화를 위해 그을린 유향이 담긴 향로를 흔들면서 우리 곁을 지나갔다. 짙은 향이 그를 에워싸고 있었다. 상점마다 향신료와 향수를 판매하고 있는 광장에 들어선 우리는 향수와 요리·약물 원료가 수백 가지는 됨직한 어느 상점에 들렀다. 모로코에서는 향수의 원료로서뿐만 아니라 음식을 만들고 병을 고칠 때에도 향을 사용한다. 가게 주인이 선반 위의 사향 병에서 사향을 한 움큼 꺼내어 내 손목에 살짝 발라주었지만, 아쉽게도 진짜 사향이 아니었다. 터키시 딜라이트Turkish Delight(설탕에 버무린 젤리 모양의 터키 식 디저트—옮긴이)처럼 보이는 그것은 향수보다 밀크셰이크에 넣는 게 더 어울릴 것 같았다. 그 사향이 진짜냐고 묻자 주인은 모조 사향이라고 말하면서 장점이 참 많다고 대답했다. 나는 설령 그가 진짜 사향을 취급하더라도 사실대로 말하지는 않을 거라고 생각했다. 우리가 외국인인데다가 사향 거래 자체가 불법이기 때문이다.

나는 다른 향과 약제들을 살펴보았다. 습진 부위에 바르는 크림이나 스트레스 완화에 효과가 있는 오렌지 꽃 에센스도 있었다. 주인은 우리에게 약물과 습포제·향신료가 담긴 여러 단지를 보여주며 약초라고 표현했다. 육류나 생선 요리에 사용하는 온갖 종류의 카레 가루는 향이 정말 좋았다.

우리는 옛 노예 시장으로 걸음을 옮겼다. 그곳에는 베르베르족 여인들이 웅크리고 앉아 지나가는 사람들에게, 또 자기들끼리 이야기하고 있었다. 우리는 석류꽃으로 만든 형형색색의 포푸리를 발견하였고, 그 뒤에 보이는 찬장에는 향수와 향신료, 화려한 색상의 안료, 새장에 갇힌 매와 벨기에로 보낼 거북 희귀종 등이 가득 차 있었다. 우리는 안으로 비집고 들어가 작은 나무 의자에 앉았다. 그리고 그 가게에서 산 민트와 허브들을 끓는 물에 넣어 차를 만들어 마시면서 향을 음미하였다.

주인은 우리 일행에게 유향과 몰약 결정체를 건네주면서 돌려보라고 말했다. 내가 잘 아는 향이었다. 그 희미한 향은 부모님과 프레스코 벽화를 보면서 차고 축축한 돌 냄새를 느끼던 어린 시절의 기억으로 언제나 나를 돌아가게 해준다. 그 순간만큼은, 모로코의 무더운 날씨에도 불구하고 르네상스 시대 교회 안의 서늘한 복도에 서 있었다.

마틴 교수가 나 대신 진짜 오렌지 꽃으로 만든 에센셜 오일과 네롤리에 대해 묻자, 주인은 미소를 지으며 아무것도 섞이지 않은 순수한 네롤리를 그 자리에서 만들어 보였다. 나는 일반인들도 가정에서 오렌지를 증류하여 네롤리의 수용액인 등화수와 에센셜 오일을 얻는다는 사실을 그때 알게 되었다. 그러나 오렌지 꽃을 증류하는 것은 아직까지 성스러운 의식으로 간주되기 때문에 외부인이 구경할 수 없었다.

하지만 당연하다고 생각했다. 아로마 요법에서는 오일이 식물의 영혼과 생명력을 상징하기 때문이다. 봄이 되면 농부들이 오렌지 꽃 꾸러미를 짊어지고 산에서 내려와 메디나 지역에서 판매한다. 아직 전통적인 증류 방식을 사용하고 있는 가정들이 많기 때문이다. 증류는 반드시 흰옷을 입고 깨끗이 목욕한, 생리를 하고 있지 않은 여성이 담당한다. 등화수를 만드는 동안에는 말을 하면 안 된다. 주위도 조용해야 한다. 그 순간, 영혼을 다루고 있다고 믿기 때문이다.

증류 과정을 지켜보지 못하게 되자 주인은 내게 아틀라스 산맥 구릉지대에 있는 오우리카 계곡에 가서 벨카멜 박사와 그의 아로마 정원을 구경하는 게 어떻겠느냐고 물었다. 떠나기 전, 주인은 우리에게 특이하게 생긴 나무껍질을 보여주며 이것이 가하루 오일을 추출할 수 있는 '아퀼라리아 말라센시스Aquilaria malaccensis'라고 설명하였다. 1그램당 4달러인 이 썩은 나무 부스러기를 반복적으로 증류시켜 매우 귀한 오우드 향수를 만든다는 사실을 나중에야 알게 되었다. 집에 돌아온 후 나는 그것을 사지 않은 것을 몹시 후회했다. 하지만 다른 원료들도 대부분 처음 보는 것들이었다. 모로코에서 나는 향이 만들어지게 되는 특별한 상황을 막 이해하기 시작했다.

오우드, 가라앉는 향수

침향나무Aquilaria tree의 물관부 내에 상처가 생기면 아가우드 오일 · 알로에우드 또는 가하루 오일이 형성된다. 나무는 극동 지방의 정글과 베트남 · 중국 · 말레이시아 · 캄보디아 · 타이 · 인도네시아 등지에서 자란다. 예를 들어 나뭇가지가 부러지면 나무는 상처 난 목질을 보호하기 위해 수지를 만들어낸다. 갈색의 점성물질인 그 수지는 나무로 스며들고 사람들은 주기적으로 나무 몸통을 두드려 수지를 얻어낸다. 수지가 들어 있는 나무는 두드렸을 때 독특한 소리를 낸다. 가하루우드는 지금도 남자들만 모인 비밀스런 의식 속에 침향나무에서 채취되고 있다. 가하루 오일은 그것이 함유된 목재가 매우 무거워서 물에 가라앉기 때문에 '가라앉는 향수'라는 이름을 얻게 되었다.

일단 수지를 채취하면 오랫동안 물에 담가두었다가 증류시켜 오우드라는 에센셜 오일을 얻는다. 달콤한 아몬드 향을 발산하는 오우드는 샌들우드나 용연향 혼합물과 비교되곤 했다. 오래된 나무일수록 더 숙성된 수지를 만들어내고 결과적으로 오우드의 향도 더 깊고 진해진다. 이슬람 세계에서는 지극히 신성한 오일로 여겨 많은 순례자가 메카에 올 때마다 오우드를 찾는다. 작은 병 크기만큼의 오우드를 만드는 데 들어가는 비용이 무려 3,000파운드에 이르기 때문에 상업적으로 수지가 맞는 물건은 아니다. 게다가 침향나무는 현재 멸종 위기에 처해 있다. 지금까지 많은 나무가 잘려 나간데다, 내가 아는 바로는 어떠한 재식수植樹 프로그램도 없기 때문이다.

오우리카 계곡으로 향하던 중, 산더미 같은 오렌지와 무화과로 만든 화환에 둘러싸인 채 길에 서 있는 오렌지 장수들을 보면서 나는 오렌지와 그 오일에 대해 생각해봤다. 오렌지 껍질에 클로브를 꽂는 풍습은 액운을 쫓는 의미에서 시작되었다. 오렌지가 해충과 악취를 없애주기 때문이다. 이 단순한 장치에서 영감을 얻은 파베르제Faberge와 플로리스Floris는 '폼므 당브르'라는 향료 갑을 만들기도 했다.

시트러스족에서 채유하는 에센셜 오일은 일반적으로 북 모양의 특수 실린더를 사용하여 올리브유처럼 냉압착된다. 100여 개의 열매를 실린더에 넣고 회전시키면 열매의 잎사귀가 그 안에서 과즙기 역할을 한다. 이러한 기계가 만들어지기 전에는 약 1센티미터 길이의 침이나 돌출물이 많이 박혀 있는 에큐엘이라는 가죽장갑을 사용하여 한 손으로 껍질에 구멍을 내고 눌러 다른 손으로 잡고 있는 스폰지에 밀어넣었다. 그리고 스폰지 안의 액체를 병에 짜넣은 다음 바로 밀봉했다. 시트러스의 에센셜 오일은 빛에 노출되면 급속히 산화되기 때문에 서늘하고 어두운 곳에 보관해야 한다.

레몬의 에센셜 오일은 캐러웨이나 클로브·로즈메리와 섞였을 때 특히 향이 좋다. 요즘엔 레몬보다 라임이나 그레이프프루트가 인기다. 특히 남성용 화장품에 많이 쓰이고 있다. 라임은 너트메그·시나몬과 함께 코카콜라에도 사용된다. 세계에서 가장 인기 있는 탄산 음료에 오랜 전통을 지닌 외국산 향신료가 들어간다니, 정말 흥미롭다는 생각이 든다.

순수 에센셜 오일은 포르투갈산 당귤나무 껍질에서도 얻을 수 있다. 오렌지 껍질 조각을 촛불 가까이 가져갔을 때 불꽃이 일어나면 그 껍질이 풍부한 오일을 함유하고 있다는 뜻이다. 껍질에서 오일을 긁어낸 후 찌꺼기를 잘게 썰어 밀기울과 섞은 다음 소에게 먹이면 오렌지 성분이 함유된 우유를 얻을 수 있다. 그 독특한 맛은 스타벅스 커피를 통해 이미 경험해봤을 것이다. 그 유명한 리스본 워터는 오렌지 껍질의 에센셜 오일과 시트론 껍질·리틀 로즈 오일로 이루어진다. 그리고 그레이프 스피리트와 섞은 베르가모트가 이 원료에 더해져 '포르투갈의 물'이 만들어지는 것이다.

오렌지 꽃이 액체에 담겨 불리는 동안 휘발성 용매를 사용하여 오일이 추출되는데 이것이 바로 '플뢰르 도랑제'라고 불리는 앱솔루트이다. 수년 전에는 꽃에 오일을 부어 포마드를 만들고 이것이 정류된 알코올에 녹아 걸러졌다. 전통적으로 '플뢰르 도랑제'는 오렌지 꽃과 매우 비슷한 향을 가진 최상급 시트러스 오일이다. 그러나 오렌지 꽃을 증류시키면 에센셜 오일이나 네롤리를 얻게 된다. 시트러스 아우란티움citrus aurantium(네롤리의 학명—옮긴이) 꽃에서 채유되는 오일은 최상급 네롤리 오일로 스위트 네롤리, 네롤리 페탈레 등으로 불린다. 다음 등급은 비터 비가레이드 나무의 꽃에서 얻는 네롤리 비가레이드 또는 비터 네롤리다.

증류 과정에서 생긴 물 찌꺼기는 등화수라는 또 다른 시트러스 카테고리를 만들어낸다. 세면대에 등화수 한 병이 꼭 놓여 있던 것이 오래전 이야기가 아니다. 사람들은 이것이 소화불량이나 경련, 발작, 가슴이 두근거리는 증상, 불안감, 신경성 배앓이, 히스테리 등 많은 증상을 고쳐준다고 생각했다. 모로코의 일반 가정에는 모두 등화수가 갖춰져 있다. 이곳 사람들은 음식, 특히 디저트를 만들 때 등화수를 사용한다. 18세기 최초의 영국인 조향사 찰스 릴리Charles Lilly는 로만 베르가모트에 적신 설탕 세 덩어리를 물 15갤런에 담가두기만 하면 등화수를 만들 수 있다는 레시피를 남겼다.

황새들이 자신의 집 문기둥 위에 올라앉았다는 벨카멜 박사의 이야기를 들은 후 여행하는 내내 우리는 황새를 조심했다. 스티븐이 진짜 황새 한 마리를 발견하기 전만 해도 나는 관상용 황새를 생각하고 있었는데 실제로 보니 위협적으로 느껴질 만큼 큰 황새였다. 점심식사 후 우리는 방대한 꽃 경작지가 보이는 차양 밑에 앉아 아로마 요법 강의를 듣기 위해 마음을 가라앉히고 있었다.

벨카멜 박사는 2, 3년 후면 자신의 꽃 수확물로 향수를 만들 거라면서 지금도 여전히 에센셜 오일의 화학적 작용을 연구하고 있다고 말했다. 그는 타임과 민트·세이지를 주 성분으로 하는 다섯 가지 방향제를 가지고 있었다. 그가 그 향들을 공기 중에 뿌린 순간, 나는 마치 허브 정원에 들어온 것 같은 착각에 빠졌다.

향과 제약술의 접목, 아로마세러피

1920년대 프랑스 화학자 르네 모리스 가트포스René-Maurice Gattefosse는 에센셜 오일이 혈액과 임파선을 통해 피부에 침투할 수 있다는 사실을 발견하였다. 그는 아로마세러피aromatherapy라는 용어를 만들었고, 1937년 출간된 동명의 책에서는 항균제로서 에센셜 오일의 효능을 다루었다. 그 후부터 아로마 오일과 관련된 연구는 아로마세러피로 불리게 되었다.

실험실이 폭발하여 손에 화상을 입은 가트포스는 손을 라벤더 오일에 넣어 효과를 봄으로써 오일에 치유 성분이 있다는 것을 증명하였다. 실험실의 다른 화학자들도 그 치료 속도에 놀라워하며 라벤더가 화상에 가장 효과적인 오일임을 밝혔다.

모든 오일은 기본적으로 소독제 역할을 한다. 그 가운데 일부는 항생이나 항바이러스·항염·항균 작용을 하고, 또 다른 종류는 흥분제 또는 진정제로 쓰인다. 채유 시기는 오일마다 각각 다르다. 페퍼 오일은 완전히 여물지 않은 딸기류에서 추출되고, 코리안더 오일은 열매가 익었을 때, 점점 그 수가 줄고 있는 샌들우드는 나무가 30년 이상 되었을 때에만 추출할 수 있다.

아로마세러피가 새로운 형태의 치료법이라느니, 일시적인 유행일 뿐이라느니 하는 주장은 잘못된 것이다. 모든 고대 문명사회에서도 에센셜 오일을 진통제와 기분 전환제로 사용했다. 미라의 붕대에 스며들어 있는 삼나무와 클로브·너트메그·시나몬 향을 보면 오랜 옛 날부터 이러한 향을 사용해왔음을 알 수 있다.

인도의 아유르베다 의학과 아로마 마사지는 3,000년의 전통을 가지고 있다. 오일은 그리스와 로마까지 전파되어 사용되었고, 예수가 태어난 오비디우스 시대에는 로마에도 그리스만큼이나 많은 향수 상점이 있었다. 페트로니우스는 이렇게 기록했다. "아내가 아름다움을 잃으면 정부가 그 자리를 대신한다. 장미 잎이 시드니 이제 시나몬의 계절이다."

히포크라테스는 매일 아로마 목욕과 마사지를 하면 건강을 지킬 수 있다고 주장했다. 전염병이 돌면 그는 아테네 사람들에게 아로마 오일을 태워서 전염을 막으라고 충고했다. 마레스테우스·플리니우스·테오프라스토스 등 고대 의사와 식물학자들이 약초학에 대해 쓴 논문도 많이 있다. 좋은 향을 뇌에 공급하는 것이 건강을 지키는 최선의 방법이라는 것은 모두가 공통적으로 인정한 사실이었다. 수천 년에 걸쳐 사람들은 오일과 그 특성에 관한 지식을 습득했고, 11세기에는 아비세나Avicenna라는 페르시아의 의사이자 철학자가 증류와 오일의 치료 효과를 발견했다.

16, 17세기에는 아로마세러피에 관한 책이 몇 권 쓰였는데 그 안의 많은 정보가 400여 년이 흐른 오늘날에도 적용되고 있다. 오늘날 우리는 유칼립투스 오일이 바이러스 감염을 막는다는 사실을 알고 있다. 16세기 영국의 유명한 식물학자 니콜라스 컬피퍼Nicholas Culpeper도 이렇게 기록했다. "유칼립투스의 잎사귀와 꽃에서 채유한 오일은 특효약이다. 관자놀이와 코에 두세 방울만 바르면 두뇌의 모든 질병이 해결된다."

식물학자들의 지식은 대대로 전해져 18세기에 이르게 되었지만 약초학은 결국 새로운 화학 약품에 밀려났고, 20세기 초 가트포스에 이르러서야 다시 그 가치를 인정받게 되었다.

벨카멜 박사는 자신의 아로마 정원을 내게 구경시켜주었다. 오일 방울 모양의 화단이 질서정연하게 배열되어 있었고, 보도는 뱀 모양으로 굽어 있었다. 수술 또는 암술 머리에 노란 사프란이 가득한 자줏빛 크로커스 화단과 몇몇 종류의 바질이 눈에 띄었다. 벨카멜 박사는 어떤 종류가 최상의 분자를 함유하고 있는지 밝히고 싶어했다. 그는 완벽한 데오도란트를 만들기 위해 땀 냄새를 중화시킨다는 세이지를 6년 동안 기르며 관찰해왔다. 또한 뿌리에서 오리스, 아이리스, 그리고 향수 제조에서 고정제로 사용되는 점성물질인 버터를 얻기 위해 다양한 종류의 아이리스 피오렌티

나Iris fiorentina를 경작하고 있었다. 민트도 잘 자라고 있었지만 물이 부족해서 정원은 전체적으로 매우 위태로워 보였다. 벨카멜 박사는 벌써 8년째 가뭄이 계속되고 있다고 말했다.

다음 날 아침 우리는 노간주나무와 물푸레나무·떡갈나무·애틀랜틱 삼나무 숲을 지나 아틀라스 산맥의 경사면으로 향했다. 하늘에는 그림에서 막 튀어나온 것 같은 구름이 떠 있고, 숲을 지나 관목과 헐벗은 산허리가 나타날 때까지 짙은 향이 맴돌았다.

산으로 더 올라가니 타작마당이 있는 원시적인 진흙 마을이 보였다. 이와 어울리지 않게 지붕에는 위성 안테나가 있었다. 여자들은 냇가에서 빨래를 하고 햇볕에 빨래를 널거나 바느질을 하고 있었다. 노파 몇 명이 어깨에 염소를 짊어진 채 걸어가고 있었는데 그 옆에서 베일을 벗은 젊은 여인네들이 천에 싼 아기를 등에 매달고 가벼운 짐을 지고 있었다.

위험스런 아틀라스 산맥의 고개를 건너온 우리는 오렌지 숲 계곡에 들러 아로마 재배 광경을 구경했다. 오렌지 꽃향기가 내게 살며시 다가왔고, 일꾼들의 목소리가 주위에 울려 퍼졌다. 그들의 값진 노동에 감사하는 마음이 들었다. 꽃을 따는 여자와 아이들의 솜씨도 대단했다. 그들은 사다리에 올라서서 오렌지 나무 밑에 펼쳐놓은 자루 속으로 꽃을 던져 넣고, 이렇게 모은 꽃을 얕은 바구니에 넣은 다음, 사다리와 자루를 가지고 다음 나무로 향했다.

계곡과 목초지를 따라 우리는 자줏빛 스타티스가 핀 사막 가장자리를 제외하고는 아무 식물도 없는 사막 고원과 대초원 지대로 차를 몰았다. 저 멀리 다데스 강이 보였지만 주변 땅은 바짝 말라

있었다. 우리는 능수버들이 줄지어 서 있는 대로를 따라 와르자자
트로 갔다. 이곳은 사하라 외곽에 있는 국경 지방으로 1920년대
프랑스 사람들이 세운 식민지 수비대 주둔 도시다.

뜨거운 차 안에서 몇 시간을 보낸 타르캉이 드디어 칭얼대기
시작했다. 나는 이 길고 고단한 여행에 어린 아들을 데려온 것에
대해 깊은 죄책감을 느꼈다. 아이가 제대로 된 식사를 한 지 벌써
몇 주가 지났다. 하지만 내가 요구르트와 대추야자 열매를 꺼내들
자 아이는 금세 기분이 좋아졌고 그 모습에 죄책감이 가라앉았다.
타르캉도 커서 나와 같은 여행가가 될지 모른다는 생각이 들었다.

나는 오렌지 꽃의 증류에 대해 벨카멜 박사가 해준 이야기를
곰곰이 되뇌었다. 그는 능숙한 사람은 하루에 20킬로그램의 꽃을
딸 수 있지만 반드시 해가 쨍쨍한 날 따야 한다고 말했다. 꽃이 젖
으면 오일의 품질이 떨어지기 때문이다. 또한 잎사귀가 오일 향을
악화시키므로 꽃을 딴 다음에는 잎사귀를 잘 골라내야 한다. 벨카
멜 박사는 주의 사항도 덧붙였다. 일부 농부들이 나무를 흔들거나
막대기로 꽃을 쳐서 떨어뜨리기도 하는데, 그런 방법을 쓰면 오일
이 거칠어지고 결국 수익성이 떨어지게 된다는 것이었다.

이렇게 모인 꽃을 펼쳐놓고 밤사이에 발효되지 않도록 가끔씩
뒤집어준다.

대부분의 네롤리 오일이 증류되는 현대식 증류기에는 700리터
의 물과 300킬로그램의 꽃이 들어간다. 꽃은 끓는 물에서 떠다니
게 놔두어야 하며 열을 가해선 안 된다. 열이 가해지면 꽃이 서로
붙어버려 증기가 꽃과 접촉하지 못하고 그냥 날아가 버리기 때문

이다. 증류 과정을 보면 1킬로그램의 꽃에서 약 1리터의 등화수가 얻어진다. 그리고 이것이 1밀리리터의 네롤리 오일을 만들어낸다. 매우 귀한 액체인 네롤리 골드는 등화수 위에 유막油膜을 형성하므로 비교적 쉽게 걷어낼 수 있다.

1, 2년 전 해로드 백화점 향수 매장에서 딱히 마음에 드는 것이 없어 이리저리 서성이다가 나는 세르주 뤼탕의 향수를 발견했다. 매우 관능적이고 이국적인 그 향은 수백 년 전에는 이 아라비아 향이 어떤 느낌이었을까 상상하게 만들었다. 그 후 뤼탕이 마라케시에 산다는 것을 알게 되었고, 시장 냄새와 아랍 세계의 화향유가 그의 영감의 원천이라는 사실도 깨달았다.

나는 그가 향을 어떻게 만드는지 알고 싶었지만 그를 아는 사람들은 내 계획에 대해 모두 회의적이었다. 뤼탕은 거의 세상과 단절하고 살아간다는 것이었다. 그런데 거의 마음을 접었을 무렵, 전화 한 통이 걸려왔다. 마무니아 호텔에서 나를 만날 수 있다는 뤼탕의 전화였다. 메디나에 위치한 그의 집에서 만나지 못하는 것이 살짝 아쉬웠다.

호리호리한 체격의 세르주 뤼탕은 매우 활달한 한편 속을 알 수 없는 사람이었다. 신랄한 위트와 공손함, 진지함과 유머 감각을 번갈아 보여주었다. 무척 무더운 날씨였지만 그는 검정 넥타이와 검정색 모직 반코트를 입고 있었다. 그리고 동행한 통역사를 통해 왜 향수에 대한 책을 쓰는지 물었다. 향의 역사는 곧 인류의 역사라며 너무 방대한 주제가 아니냐는 그의 말에, 나는 내 맞춤 향수의 원료를 찾는 과정으로 내용을 압축할 계획이라고 답했다.

그는 1968년 크리스티앙 디오르와 함께 모로코에 왔다고 한다. 당시에는 향수를 만들 생각이 없었지만 수크에서 갖가지 향을 경험한 이후부터 관심을 갖게 되었다고 한다. 압생트와 제라늄의 향기, 향수 상점에서 흘러나오는 세이지와 클로브 · 쿠민 · 사프란의 향에 압도된 것이다. 뤼탕에게 수크의 향은 일종의 계시였으며, '앙브르 쉴탕Ambre Sultan' · '퀴르 모레스크Cuir Mauresque'의 씨앗도 바로 그날 뿌려진 것이었다. 그의 향은 공간의 분위기를 바꾸어놓는다. 민트 · 오렌지 · 삼나무 · 사향 등 모로코의 향기가 느껴지다가 좀 더 강한 장미와 재스민 향을 거쳐 샌들우드 향으로 마무리된다.

그의 오래된 향수 중 플뢰르 도랑제는 투베로즈와 재스민, 그리고 흰 오렌지 꽃잎으로 만들어졌다. '퀴르 모레스크'는 앰버와 사향 · 때죽나무 · 너트메그의 혼합물이며, 오렌지 플라워 향은 그의 '튀브뢰즈 크리미넬르Tubereuse Criminelle' 향수의 미들 노트이다. '튀브뢰즈 크리미넬르'라는 이름은 투베로즈가 지나치게 많이 사용되어 붙여졌다고 한다. 언젠가 프레데릭 말이 자신과 세르주 뤼탕만이 오늘날 진정한 조향사라고 말했던 것을 기억한다. 내가 가장 좋아하는 향수 역시 그들의 작품이다. 내가 경험한 향 가운데 가장 세련되고 복합적인 향이라고 말할 수 있다.

뤼탕의 또 다른 향수 '블라크 다튀라Black Datura'는 주 성분인 아라비아고무를 비롯하여 몰약과 비터 아몬드 · 통카콩 · 사향 · 차이나 오스만투스 · 헬리오트로프 · 만다린 나무껍질 · 레몬 꽃 · 투베로즈 · 바닐라 · 코코넛 · 살구 향으로 만들어졌다. 처음 향을 맡을 때에는 만다린 나무껍질과 레몬 꽃 때문에 달콤한 맛이 강한 시트러스 노트를 느끼게 된다.

뤼탕은 자신이 시바sheba라 불리는 압생트로도 향수를 만들었으며, 모로코 사람들이 민트 티나 옷·음식·집 할 것 없이 모든 것에 향을 사용하는 모습을 보면서 향수와 향을 만드는 작업을 전혀 다른 관점에서 보게 되었다고 말했다. 또 모로코 사람들이 자신에게 삼나무 에센셜 오일을 만들어주었다는 이야기도 했는데 그 사실에 매우 자부심을 느끼는 것 같았다.

뤼탕은 모로코가 최고 품질의 향수 원료를 경작하고 있으며 에센셜 오일의 최대 생산지이기도 하다고 말했다. 그러나 실제 병에 담은 향수는 주로 사우디아라비아나 파키스탄 등의 나라에서 수입된다. 모로코에서는 방향 효과를 위해 에센스를 태우고 아주 부유한 가정일 경우 향수를 먹기도 한다. 아침마다 사향 한 알을 따뜻한 우유에 넣어 마시면 몸 안에서부터 향을 느낄 수 있다. 고대 중국인들은 사향이 들어간 음식을 매춘부에게 먹이기도 했다고 한다. 그들이 땀으로 발산하는 향을 남성이 즐기도록 하기 위해서였다.

페르시아 사람들이 사향을 아랍 지역에 소개했을 때 아랍 사람들은 그것이 일종의 소금이라 생각하고 육류 요리에 사용하였지만 곧 그 진한 향에 반해 옷과 피부에 바르게 되었다. 아랍 세계에서 향수는 보석처럼 일종의 장식품이다. 아랍 사람들은 연금술을 익혀 향수와 섞을 화학물질을 개발했다. 그라나다에서는 아름다운 인디고 로즈가 재배된다. 스페인 사람들이 발명한 장미수도 있다. 그들은 매우 정교한 증류법을 사용하고 있었다. 그러나 과거의 향을 재창조하는 것은 매우 어려운 일이다. 뤼탕의 설명에 따르면, 그라나다의 도서관이나 문헌보관소에 보관되어 있던 고대 향수 제조법에 관한 기록들이 당시 스페인 땅을 점령하고 있던 무어인을 공격하던 스페인 사람들에 의해 모두 파기되었기 때문이다. 뤼탕과 헤어질 때 내 머릿속에는 사향을 들이마시는 군주의 모습과 짙은 향을 풍기는 수많은 나무 조각, 달빛에 비친 재스민 숲의 모습이 차례차례 그려졌다.

마무니아를 떠나 페스로 향하는 우리 머리 위로 황새 떼가 날아갔다. 저녁노을이 진 하늘은 온통 황금빛이었다. 다음 날 아침 우리는 아즈루의 삼나무 숲을 지나 벨카멜 박사가 말한 라시디 씨를 만나러 갔다. 부드러운 갈색 눈빛이 인상적인 라시디 씨는 매우 잘생긴 얼굴에 모로코 사람에 비해 상당히 키가 큰 편이었다. 그를 따라 우리는 마을을 벗어나 한 버려진 창고로 향했다. 값이 3만 파운드에 이르는 오크모스를 이런 허름한 곳에서 구경하게 될 줄이야.

라 무스 드 세드르La mousse de cèdre. 맛있는 푸딩 이름 같지만 사실 참나무와 삼나무의 껍질과 줄기 주위에서 자라는 이끼 이름이다. 이끼가 축축한 숲 내음을 상기시키지만 삼나무에서는 향기로운 아로마 오일을 얻을 수 있다. 모로코와 지중해 동부 지역에서 자라는 오크와 시더모스는 향수에서 고정제로 사용된다. 시더모스의 흙내가 강렬하고 짜릿한 모든 시프레 향수에서 나타난다.

낡은 석조 저장소의 앞마당에 커다란 압축기가 있었다. 중세의 금속 망치처럼 생겼지만 사용 목적에 충실해 보였다. 한 사람이 약 50킬로그램의 모스를 따려면 꼬박 하루가 걸린다. 게다가 일 년 내내 손으로 따야 한다. 저장소 뒤 언덕에 모아놓은 모스는 수레를 이용해 옮겨서 압축기에 넣어져서는 50킬로그램의 큰 덩어리로 압축된다. 이것이 그라스까지 트럭으로 운반되면, 용매를 이용한 첫 추출 과정이 로베르테나 샤라보 · 샤르베 등의 회사 공장에서 이뤄진다. 이들 회사는 압축된 모스 덩어리 하나에 약 25유로를 지불하고 있다. 이 과정이 끝나면 두 번째 추출 과정을 밟기 위해 발칸 반도의 여러 경로를 통해 터키의 로베르테 공장 등지로 운송된다. 마지막으로 다시 그라스로 옮겨져 완성된 향수에 고정제 성분으로 첨가된다.

저장소 안의 큰 창고에는 압축된 모스 상자 더미가 지붕까지 치솟아 있었다. 라시디 씨는 우리에게 모스 자루를 건네주며 타임과 버베나 · 오레가노 · 클레리 세이지 같은 아로마 오일을 증류시키는 공장을 가지고 있다고 말했다. 그곳에 방문할 시간이 생겼으면 했다.

우리는 차를 몰고 삼나무 숲으로 올라가 모스가 자라는 곳을 살펴보았다. 발밑의 잔디를 비롯하여 거의 모든 곳이 모스로 뒤덮여 있었다. 나는 주위 공기에 취할 것만 같았다. 일꾼들이 매우 조용히 만족스럽게 일하는 것이 인상적이었다. 그 중 한 명이 대접한 민트 티를 마시는 동안, 타르캥은 일꾼들이 일륜차 위에 퍼다 놓은 모스 위에 앉아서 놀았다. 우리는 숲 속 길을 따라 걸으면서 모스가 매우 많이 자라고 있는 것을 보았다. 개간지에 이르니 동화 속에서 막 튀어나온 듯한, 버들가지로 만든 원추형 막사들이 가득했다. 그리고 모스를 막사에 저장한다는 사실이 곧 떠올랐다.

　나지막이 떠 있는 태양 아래, 우디모스는 뜨거운 여름날의 건초 냄새나 향기로운 모닥불 냄새를 풍겼고, 푸릇푸릇한 신선함도 가지고 있었다. 우디모스 향은 오래된 도서관의 케케묵은 책 냄새를 연상시켰고, 더불어 타르캉이 태어난 이후의 행복했던 기억도 떠오르게 했다. 나는 아이를 낳은 후 오랫동안 침대에서 젖을 먹였는데 그때 침대 옆에는 삼나무 탁자가 놓여 있었다.

시프레

'시프레'로 발음되는 'Chypre'는 비너스의 탄생지인 사이프러스 Cyprus에서 비롯된 말로 사이프러스에 해당하는 프랑스어이다. 그 안에 들어간 때죽나무 성분은 땀 냄새와 함께 황홀한 느낌을 주며 짜릿하고 쌉싸름한 향을 발산한다. 십자군 전쟁 당시, 사자왕 리처드가 사이프러스 왕의 직책을 맡으면서 그 유명한 '오 드 시프레Eau de Chypre'가 유럽에 전해졌다. 사람들은 그 향을 맡으며 십자군이 곧 고향으로 돌아올 것임을 느꼈다. 당시 시프레는 사향 약 0.5리터와 바닐라 0.25리터, 통카콩, 오리스, 용연향 약간과 1리터 가량의 에스프리 로즈 트리플로 만들어졌다. 이 제조법은 1857년에 셉티무스 피에스G. W. Septimus Piesse가 쓴 《향수 제조법The Art of Perfumery》에 나온다. 시간이 흐르면서 시프레는 베르가모트와 파출리·오크모스를 주축으로 더욱 복잡한 혼합물로 발전해 나갔다.

프랑수아 코티François Coty는 1917년 '사이프러스Cyprus' 향수를 출시하여 시프레 향을 다시 부활시켰고, 이 향수는 활기 넘치고 개성적인 여성들에게 많은 사랑을 받았다.

우리는 로열 비가레이드 오렌지 과수원을 둘러보기 위해 페스로 향했다. 페스의 언덕은 줄무늬가 있는 베르베르산 카펫처럼 보였다. 바람에 이리저리 흔들리는 수선화와 카모마일, 아름다운 빛깔의 아스포델이 향수 카펫을 이루고 있었다. 길은 점점 좁아졌고 신화 속 짐승처럼 생긴 희귀종 양 떼가 우리 앞길을 방해했다.

올리브 숲의 비옥한 평원 위 깊은 골짜기 너머로 로마 시대 볼루빌리스 유적지가 보였다. 우리가 개선문 옆에 잠시 앉은 사이, 타르캥은 유적지에서 자신의 목소리가 메아리가 되어 되돌아오는 것을 듣고 신이 나서 소리를 질러댔다.

릭수스 유적지로 가면서 들이마신 향기로운 공기는 일종의 진정제 역할을 했다. 끝없이 펼쳐진 오렌지 숲이 뿜어내는 향기는 달콤하다 못해 강렬했고, 저녁 빛이 비추는 오렌지 숲은 더욱 신비로워 보였다. 지평선까지 뻗은 오렌지 숲은 그 저녁 빛 속에서 향기로운 그림자를 드리웠다. 저 멀리 말 위에 옆으로 걸터앉아

긴 옷을 늘어뜨린 채 오렌지 숲을 지나가는 베르베르 여인의 모습이 보였다. 나는 짜릿한 꽃향기를 들이마시며 나무 사이를 걸었다.

나는 페티그레인과 네롤리를 찾아 이곳에 왔다. 내 맞춤 향수에 한번 경험하면 잊히지 않는 뭔가 신비로운 향을 넣고 싶었던 것이다. 탑 노트로는 헤스페리데스 신화에 나오는 황금 사과의 강렬하고 달콤 쌉싸래한 향을 이미 마음에 두고 있었다. 결국 나는 네롤리와 시트론 페티그레인을 선택하였다. 뭔가 충만한 느낌을 주면서 곁에 있는 모든 것에 스며드는 네롤리 향의 풍부하고 묵직하면서도 상큼한 느낌, 그리고 이와 대조적인 시트론 페티그레인의 활기 넘치고 차가운 느낌에 반했기 때문이다.

모로코는 향으로 충만한 땅이었다. 향긋한 오크모스 숲에서부터 끝없이 펼쳐진 오렌지 숲과 메디나 지역의 토속적인 것으로 뒤섞인 냄새들. 모로코 사람들은 향이 품고 있는 비밀을 어떻게 해석해야 하는지 알고 있다. 그들은 향수를 만드는 것이 영혼에 이르는 길일 뿐 아니라 일상생활의 일부이며 일종의 의식이라고 믿는다. 병에 걸리면 오일과 연고로 치료하고, 길모퉁이 행상인들은 지나가는 사람의 코앞에 향수가 묻은 막대기를 흔들어댄다. 또 귀족들은 아침식사로 사향을 넣은 밀크셰이크를 마신다.

우리는 밤에 탕헤르에서 나룻배를 탔다. 항구의 세관원들이 내 오크모스 향을 맡으며 미심쩍은 표정을 지었다. 마약으로 생각하는 것 같았다. 결국 그들이 가방을 압수하려 했고 나는 오크모스일 뿐이라며 강하게 반발했다. 한참을 기다린 끝에, 가방을 돌려

받고 결국 빌바오 행 보트를 탈 수 있었다. 짜릿한 오크모스 향을
흩날리면서.

T h e   S c e n t   T r a i l

4장

우아하면서도 엄숙한 향 다마스크장미

○

꽃의 여왕 장미가 자라는
터키

비너스, 밤과 낮. 제우스의 딸…
모든 시신에 신성한 로즈 오일을 바른다.

호메로스

인류의 역사가 시작된 이래, 세상 모든 꽃 가운데 가장 사랑 받아온 것은 아마 장미일 것이다. 호메로스의《일리아스Ilias》를 보면 아프로디테가 헥토르의 시신에 향기로운 로즈 오일을 바르는 부분이 나온다. 미라에서는 성스러운 장미인 로사 상크타Rosa sancta 화관이 속속 발견되고 있고, 기원전 1600년부터 장미가 크레타의 화병 장식에 사용되었다는 기록도 있다.

헤로도토스는 기원전 17세기에 미다스 왕이 꽃잎이 여러 개인 장미를 마케도니아에 들여왔다고 기록했다. 고대 그리스 철학자이자 식물학자인 테오프라스토스는 그의 저서《식물의 역사De historia plantarum》에서 꽃잎이 여러 개 달린 장미를 묘사했고, 종자를 이용한 일반적인 경작보다 베어내기에 의한 증식이 훨씬 더 유리하다고 역설했다. 그는 한 향수 제조법을 설명하면서 장미향은 그 점성 때문에 참기름에 가장 잘 흡수된다고 했다. 그는 또한 장미 꽃잎이 와인에 달콤한 맛을 더해준다고 기록했다.

이러한 장미 열기가 과열되면서 사치와 향락, 퇴폐적인 생활 방식이 극에 달하였다. 장미를 몹시 좋아한 페르시아 사람들은 장미를 증류하는 기술을 완성했고, 사치와 향락에 빠진 사람들은 침대 매트리스까지 장미 꽃잎으로 채웠다. 시바리스의 황제였던 엘라가발루스는 로즈 와인과 압생트로 목욕했다고 한다.

로마 사람들의 장미 사랑은 집착에 가까웠다. 네로 황제의 장미 연회가 열릴 때에는 로즈워터 분수가 흥취를 돋우었고, 응접실의 천장에는 손님들에게 향수와 꽃잎을 흩뿌리는 회전식 원반이 설치되어 있었다. 장미 꽃잎이 카펫에 떨어졌고, 쿠션은 속이 모두 장미로 채워져 있었다. 손님들도 장미 화관을 쓰거나 목에 화환을 두르고 그 연회를 만끽했다.

로마 사람들이 장미를 너무 좋아하자 시인 호라티우스는 농부들이 포도밭과 올리브 숲 농사를 게을리 하지 않을까 염려했고, 플리니우스는 장미 꽃잎과 향수를 음식에 뿌리는 로마 사람들의 퇴폐적인 모습에 대해 이야기했다. 베르길리우스는《농경시》, 호라티우스는《송가Odes》, 그리고 총독이던 플리니우스는《박물지 Historia Naturalis》에서 모두 로사 다마세나Rosa damascena, 로사 센티폴리아Rosa centifolia, 로사 알바Rosa alba, 그리고 로마의 정원에서 자라던 로사 비페라Rosa bifera를 묘사하고 찬양했다.

장미는 고대의 마법과 주술에서도 중요한 역할을 했다. 아풀레이우스의 산문《황금 당나귀Golden Ass》에서 당나귀가 된 라시우스가 다시 사람으로 돌아갈 수 있는 유일한 방법은 바로 장미를 먹는 것이었다. 그러다가 이시스 여신의 도움으로 장미를 먹게 되고 다시 인간의 모습을 되찾게 된다.

초기 기독교인들은 장미와 그 고유의 화려한 속성을 경계했다. 로마의 쾌락주의를 연상시킨다고 생각했기 때문이다. 그러나 장미는 천천히 쾌락주의의 상징에서 성모 마리아의 상징물로 변해 갔고, 많은 종교가 장미의 성스러운 이미지를 찬미했다. 성모 마리아는 때때로 신비로운 장미로 상징되었고, 묵주는 원래 말린 장미 꽃잎 100개를 줄에 꿰어 만들다가 이후 보석을 사용하게 되었다. 따라서 '로자리rosary'라는 단어는 장미 정원뿐 아니라 미사를 드리고 성모 마리아를 찬양하는 데 사용되는 줄을 가리킨다. 스페인 아빌라의 카르멜 수녀원에서는 아직도 말린 장미로 묵주를 만들고 있다.

서기 980년에서 1037년 사이에 살았던 아라비아의 위대한 철학자이자 의사인 이븐 시나Ibn Sina는 장미가 시리아에서 광범위하게 재배되고 장미 향수로 증류되는 것을 관찰했다. 그는 다마스크 장미를 로마의 상업적 장미, 파에스툼의 장미, 가을의 다마스크라고 표현했다. 12세기까지 다마스크장미는 스페인 그라나다 알함브라의 모굴 정원에서 재배되다가 십자군이 자른 가지 형태로 유럽에 소개되었다.

향수, 특히 장미는 이슬람권의 모든 영역에 퍼져 나갔다. 아랍 사람들은 장미 향수를 만들었고, 터키의 목욕탕에서는 로즈 오일을 섞은 진흙 비누가 사용되었다. 서기 810년에는 3만 개의 장미 향수병이 페르시아 만의 향수 생산 중심지이던 파키스탄에서 바그다그의 저장소로 운송되었다. 아라비아와 페르시아의 장미 향수는 1381년 무렵부터 피렌체의 산타 마리아 노벨라 수녀원의 의무실에서 판매되었다. 로즈 오일은 1574년 라벤나의 제로니모 로시Geronimo Rossi가 장미 향수 표면의 오일 방울을 발견하면서 처음으로 언급했다. 카트론 신부는 그의 저서《무굴 제국의 역사History of the Moguls》에서 로즈 오일의 발견을 이렇게 설명했다. 1612년 페르시아 무굴 제국의 디앙구이르 황제가 궁전 정원의 인공수로에 장미 향수를 가득 뿌렸는데 한 공주가 배를 타고 운하를 지나다가 수면에 얇은 기름 막 같은 것이 떠 있는 것을 발견한 것이다. 그것을 걷어내 자세히 관찰해본 결과, 새로운 향수임이 밝혀졌다. 그 기름 막은 태양열이 물과 에센셜 로즈 오일을 분리시켜 생긴 것으로 글라디올러스 꽃잎을 이용하여 걷어내었다.

향수의 기원

향수의 기원에는 향수 노트의 종류만큼이나 다양한 설이 있다. 메소포타미아에서 처음 발견되었다고 하는 사람도 있고, 지금도 향수의 땅이라 불리는 아라비아가 먼저라고 말하는 사람들도 있다. 향수에 대한 최고最古의 기록은 기원전 2000년경 미라 매장에 향을 사용하고 향수가 신의 땀이라고 믿던 이집트의 문서에 나타난다.

향은 처음에 봉헌물로 사용되었다. 방향수지를 제단 위에서 태우는 식이다. 라틴어로 'per'는 '~를 통하여', 'fummum'은 '연기'를 뜻하는데 초기에 향수가 어떻게 사용되었는지를 'perfume'이라는 단어가 설명하고 있는 것이다. 그러나 얼마 지나지 않아 사람들은 향을 연고의 형태로 몸에 바르기 시작했다. 중국의 처녀들은 다산을 빌며 향초香草를 모았고, 파라오의 신하들은 백합 향으로 치장한 가발을 썼다. 일본의 향수 제조 기술인 고도Kodo는 서기 500년 중국인들이 일본에 전한 것으로 주 원료인 클로브와 너트메그에 샌들우드ㆍ사향ㆍ회향ㆍ아가우드 등이 혼합되곤 했다.

기원전 14세기 알렉산더 대왕이 출정하면서 지녔던 향수 상자를 묘사한 구절은 향수가 종교와 관계없이 사용되기도 하였음을 나타내는 최초의 기록이다. 또한 향의 거래에 대한 최초의 기록은 《구약성서》의 〈창세기〉에 나온다. 요셉의 형제들이 상인들에게 향신료와 향유ㆍ몰약을 받고 요셉을 팔았다는 부분이다. 클레오파트라는 항상 향으로 자신의 매력을 발산했고, 알렉산더 대왕에게서는 선천적으로 사향내가 났다고 전해진다. 그의 여성 편력을 말해주는 부분이다.

터키에서는 벽에 향수를 뿌리고 사향을 회반죽과 섞어 공중목욕탕의 무스카딘 벽에 바른다. 메카의 이슬람교 사원은 늘 향수에 흠뻑 젖어 있으며, 엘리스의 미네르바 사원을 지을 때에는 회반죽과 사프란ㆍ우유를 섞어 사용했다. 그래서인지 손가락에 침을 묻혀 벽에 문지르면 사프란 향이 난다고 한다.

고대 인도의 서사시인 《라마야나Ramayana》에는 귀족들이 샌들우드 향수를 사용하고 병사들은 전투 장비에 향 폭약을 꼭 집어넣었다는 내용이 나온다. 조향사, 즉 아타왈라attarwallah는 인도 사회의 중심 세력이었고, 힌두교 신들의 초상을 닦을 때에는 언제나 사향과 샌들우드 · 아가우드 향수가 사용되었다.

현재 우리가 알고 있는 초기 아랍 향수에 대한 대부분의 지식은 야쿠브 알 킨디Yakub al-Kindi(803~870)가 쓴 향수 제조법에 관한 책인 《향수의 합성과 증류The Book of Perfume Chemistry and Distillation》에서 얻은 것이다. 향수 제조법은 7세기 무렵, 압바스 왕조의 지배를 받고 있던 페르시아에서 하나의 예술로 승화되었고, 페르시아를 다스리던 칼리프들이 인도나 동인도 제도 · 중국과 무역하면서 향수의 원료들을 들여오게 되었다. 50개의 향수 상점과 1,500여 개의 공중목욕탕이 들어설 만큼, 바그다드는 7세기 향수 무역의 중심지로 이름을 떨쳤으며, 아랍의 조향사들은 아랍 제국 전역을 상대로 거래했다. 또한 십자군들이 고향에 돌아오면서 가져온 아랍의 향수들은 기독교 문화권에 큰 영향을 주었다. 셰익스피어의 비극《맥베스Macbeth》를 보면 맥베스 부인이 던컨 왕을 살해한 후 이러한 문장이 나온다. "아라비아의 그 어떤 향수도 그녀의 손에서 던컨 왕의 피를 씻어낼 수 없었다."

페르시아 사람들은 증류 기술을 발명했다. 또한 철학자 아비세나는 향수 제조에 화학 법칙을 적용하고 증류법으로 꽃의 휘발성 향을 보존한 최초의 인물이다. 13세기 무렵에는 페르시아가 대부분의 향수 원료를 생산하고 있었다. 이것이 베네치아로 수출되었고, 다시 이국적인 향들과 결합되어 중동과 극동 지방에 전해졌다.

1922년 투탕카멘의 무덤이 발굴되면서 이집트 향의 놀라운 지속력이 입증되었다. 고고학자들은 만들어진 지 3000년이 지난 연고에서 여전히 향이 흘러나오는 것을 발견했다. 가장 중요한 향은 카이피라는 이집트의 신비로운 향이었는데, 플리니우스는 카이피가 불안감을 가라앉히고 꿈을 더욱 생생하게 꾸도록 해준다고 생각했다. 사제들은 창포와 향초 · 나무의 송진 · 카시아 · 페퍼민트 · 주니퍼 · 미모사 · 헤나 · 건포도를 며칠 동안 꿀과 테레빈유와 함께 와인에 담가 카이피를 만들었다. 플루타르코스가 기록한 카이피 제조법에는 원료가 22가지나 나온다. 이를 통해 그 효과가 얼마나 강력했는지 짐작할 수 있다.

디오스코리데스Dioscorides는 저서《약물학Materia Medica》에서 로마의 엉구엔툼 파르티쿰 로디쿰unguentum Parthicum Rhodicum을 장미 향료 갑이라고 묘사했다. 그의 제조법은 다음과 같다.

시들기 시작한, 수분이 없는 상태의 싱싱한 장미 40드라곤(트랙터)과 인디언 나르드 10드라곤, 몰약 6드라곤을 모두 치대어 작은 공 모양으로 만들어 진흙 항아리에 차곡차곡 쌓아 그대로 건조시킨다. 인도 북부의 코스투스 향과 일리리아(발칸 반도 서부 아드리아 해 동쪽에 있었던 고대 국가—옮긴이)의 아이리스 각각 2드라곤을 넣기도 한다.

피렌체의 메디치 가문은 식물의 약효 성분에 대한 연구를 장려했고, 이탈리아 조향사들은 부유층과 상인 계급을 위해 향수 합성물의 생산을 늘려 나갔다. 이탈리아 귀족들 역시 새로운 향을 계속 만들어 내었다. 또한 메디치 가문과 페라라 공작이 증류기를 모아 에센스와 향수를 만들면서 수백 가지의 제조법이 변경되었다.

'프란지파니Frangipani'라는 고대 로마 가문이 만든 동명의 향은 식물학에 조예가 깊었던 메르쿠티오 프란지파니Mercutio Frangipani가 콜

럼버스와 함께 신대륙을 찾아 항해하면서 유명해졌다. 안티과 해안에서 플루메리아 알바Plumeria alba라는 꽃을 발견한 그가 이 꽃을 증류하여 향수를 만들었고 자신의 이름을 따 '프란지파니'라고 명명한 것이다.

조향사들은 향신료 판매상이자 연금술사이기도 했고, 또 향수는 약재상에게서 구입할 수도 있었다. 치료에 사용되는 향수에는 수백 가지가 있었으며, 하나의 향수에 들어가는 원료들만 해도 60여 가지나 되었다. 1504년 베네치아 전역에 전염병이 창궐할 때 베네치아 사람들은 수십 가지의 향으로 만든 다마스크 향수에 사향과 영묘향을 섞어 치료제로 사용했다. 또한 이탈리아의 연금술사 지롤라모 루셀리Girolamo Ruscelli는 장미 향수와 다마스크장미 오일 · 클로브 · 시나몬 · 아라비아고무 · 사향 · 영묘향으로 머리카락과 수염에 바르는 오일을 만들었다. 16세기에 이르러 의사와 성직자들이 전염병이 유행한다는 이유로 공중목욕탕을 폐쇄하라고 명령하자 향수로 몸의 냄새를 중화시켜야 했다. 창부들은 사향과 앰버 · 영묘향이 밴 스펀지를 겨드랑이와 허벅지 사이에 끼우고 다녔고 제대로 씻지 않은 몸의 냄새를 숨기기 위해 향낭을 옷 안에 매달았다. 장미 향수가 살균제 역할을 한 것이다.

21세기를 살아가는 우리는 불결한 냄새가 사방에 진동하는 상황에서 그 냄새를 감추어야 했던 당시 향의 역할을 과소평가하기 쉽다. 18, 19세기 런던의 공기는 매우 지저분해서 귀족들은 언제나 향이 묻은 손수건과 향료 갑을 지니고 다녔다. 옷과 침구의 냄새를 없애고 집 안의 벌레들을 쫓는 데 모두 향이 사용되었다. 또한 향은 시대를 초월하여 제사나 의식뿐 아니라 성적인 매력과도 깊은 관련이 있다. 플루

타르코스는 아내들이 향으로 치장했을 때 대부분의 남성이 잠자리를 같이한다고 말했다.

향수는 또한 뛰어난 치유력을 가지고 있다. 고대 사람들은 유향과 몰약에 소독과 세척 성분이 있다고 생각했고, 중국에는 "모든 향은 약이다."라는 속담이 있다고 한다. 고대 페르시아의 조제법에는 향으로 만든 수백 가지의 조제약이 사용되었다. 우울증 치료에는 수선화, 상처에는 몰약 오일과 석창포, 그리고 시나몬과 비슷한 카시아로 만든 고대 그리스 향수인 메갈리움이 효과를 나타냈다.

기원전 80년경, 아르메니아의 미트리다테스 6세를 위해 만든 해독제에는 무려 36가지의 원료가 들어갔다. 유향과 몰약 · 카시아 · 시나몬 · 페퍼 · 사프란 · 진저 등의 원료를 포도주 · 꿀과 섞어 만들었다. 천에 향을 발라 만든 찜질약은 상처와 종양에 특히 효력이 있었다고 한다.

최초의 오 드 콜로뉴를 만든 사람은 17세기 밀라노 출신의 젊은 상인 파올로 페미니스Paolo Feminis이다. 그는 쾰른에 정착하여 자신이 만든 아쿠아 미라빌리스Aqua Mirabilis를 판매했다. 시트러스 향을 떠올리면 바로 오 드 콜로뉴가 생각난다. 베르가모트 에센스와 네롤리, 시트러스 체드라타, 그리고 레몬을 사용한 페미니스의 콜로뉴에는 성스러운 시트러스 향이 풍겼다.

1828년 겔랑은 처음 사업에 뛰어들었다. 향으로 특정한 분위기, 특히 관능적인 느낌을 자아내려는 그의 시도는 가히 혁명적이었다. 향수 제조 이면에 뚜렷한 철학을 가지고 있었던 겔랑은 향수 제조법 자체를 바꾸었고, 다른 사람들도 그의 생각을 좇기 시작했다. 장미와 아이리스 · 사향 · 바닐라로 만든 '뢰르 블루'는 일몰 직후 어둑어둑한 하늘에서 영감을 받은 것이며, 매혹적인 향의 '샬리마'는 무굴 제국의 정원을 연상시킨다.

장미는 무려 1만여 가지 이상의 종種으로 분류되며 그 향에도 미묘한 차이가 있다. 어떤 향도 서로 완전히 똑같을 수는 없다. 로사 아르벤시스에서는 몰약 냄새가 나고, 반크시안은 바이올렛, 데프레즈는 과일, 에글란타인 잎은 재스민, 마카르트니언은 살구, 마레칼 니엘은 나무딸기, 튀니스에서 야생으로 자라는 모스카타는 사향, 무스코사는 모스, 메이는 시나몬, 소크라테스는 복숭아, 수베라이네는 멜론, 그리고 유니크 존에서는 히아신스 향이 난다. 로즈 드 메·로사 센티폴리아·로사 다마세나는 오일을 함유한 장미들로 향수를 만드는 데 사용되고 있지만, 전 세계 로즈 오일 생산에서 원료로 사용되는 것은 대부분 불가리안 로즈로도 알려진 다마스크장미다. 이 다마스크장미는 아나스타샤와 내가 주문향수의 미들 노트로 사용하기 위해 골라놓은 향이기도 하다.

자타가 공인하는 꽃의 여왕 장미는 풍부하고 복잡한 향을 품고 있다. 그 모방할 수 없는 향은 약 400여 가지의 휘발성 구성 요소에 기인한다. 가장 흔한 로즈 오일의 아로마 농축액과 장미 향수는 증기 증류로 추출되고, 로즈 앱솔루트는 용매 추출로 만들어지며, 깊고 날카로운 향을 가진 로즈 오일과 로즈 앱솔루트는 최고급 향수에 광범위하게 사용된다. 두 가지 모두 크림과 연고·로션에도 쓰이고 있다. 아무것도 섞이지 않은 상태에서는 역겨운 냄새를 풍기지만, 로즈 오일이 샌들우드와 네롤리 · 오리스루트 · 파출리 · 사향 · 용연향 등의 원료와 섞이면 그 명성에 걸맞은 신비한 향을 갖게 된다. 정제되고 우아하며 한편으로는 엄숙한 그 향에 비할 수 있는 것은 아무것도 없다. 1리터의 에센셜 로즈 오일을 만드는 데 보통 장미꽃 5톤이 필요하지만 그 정확한 양은 꽃의 종류와 상태에 따라 달라진다. 예를 들어 로즈 드 메의 꽃잎은 향이 매우 진하기 때문에 비교적 적은 양으로도 1리터의 로즈 오일을 만들 수 있다.

화석이나 고고학적 발굴 작업을 통해 장미가 선사 시대부터 존재했음을 알 수 있다. 다마스크장미는 신석기 시대부터 터키 남부의 아나톨리아에서 재배되었던 것으로 보인다. 수세기에 걸쳐 식물학자들은 이 오래된 장미에 요크 또는 랭카스터 등 흔한 많은 이름이 있다고 주장해왔다. 일부 장미 재배인들은 장미전쟁의 상징인 요크와 랭카스터 장미가 오늘날 다마스크장미의 조상으로 여겨지고 있다고 말한다.

사향 비슷한 냄새를 풍기는 다마스크장미는 원산지가 다마스쿠스이기 때문에 '로사 다마세나'로 불린다. 하지만 오늘날에는 불가리아와 터키의 대평원에서 집중적으로 재배되고 있다.

6월 초에 스티븐과 함께 터키에 간 것도 그러한 이유에서이다. 장미를 수확하는 현장을 직접 보고 싶었다. 타르캉은 데려가지 않기로 했다. 모로코에서도 그랬지만, 아이가 좋아할 만한 먹을거리도 별로 없고 여러 편의시설이 불편할까 봐 걱정되었기 때문이다.

타르캥의 모습이 눈에 선했다.

나는 내가 한 번도 가보지 않은 곳에 밤에 도착하여 다음 날 아침 낯선 곳에서 눈을 뜨는 경험을 무척 좋아한다. 안탈랴의 오래된 마을에서 전세 비행기가 아니라 마법의 카펫을 타고 날아온 것 같았다. 나는 덧문을 활짝 열고 터키 식 목조 주택과 페퍼, 칠리 목걸이로 장식된 발코니를 보았다. 오렌지 나무 정원에서 흘러드는 향기를 들이마시고 좁은 자갈길과 우뚝 솟은 첨탑, 이슬람 사원과 대중목욕탕의 둥근 지붕을 보았다. 비둘기 울음소리와 짐수레의 덜거덕거리는 소리가 고요한 터키 마을의 정적을 깨뜨렸다.

방에서 나온 우리는 아침식사를 하러 정원으로 내려갔다. 호텔은 베란다가 있는 낡은 그리스 정교회 식 연립주택이었다. 거북 몇 마리가 정원을 기어다녔고, 흰 토끼들은 우리 안의 오렌지 나무에 매달려 있었다. 아침식사는 올리브와 멜론, 페타 치즈feta cheese(양이나 염소 젖으로 만드는 흰색의 부드러운 그리스 치즈—옮긴이), 살구, 잼, 그리고 커피였다. 영국식과는 많이 달랐지만 매우 맛있었다.

우리는 로마 시대의 성벽과 하드리아노 1세의 대리석 아치가 나올 때까지 칼레이치 지역을 돌아다녔다. 그리고 터키 식 목욕을 했다. 증기를 쐬고 몸을 닦은 후 새로운 기분으로 구 시가지를 둘러보았다. 관광객들만 드문드문 눈에 띌 뿐, 거리는 이상할 만큼 한산했다.

다음 날 아침, 우리는 안탈랴와 지중해 섬들을 떠나 내륙으로 향했다. 서부 아나톨리아 평원에서 이스파르타의 장미 재배 지역으로 오르는 도중, 진짜 칠면조가 우리 앞에서 날개를 펼치기도 했다. 멀리, 봉우리가 눈에 덮인 산이 보였다. 흐드러지게 핀 야생화와 자줏빛 라크스퍼larkspur(참제비고깔)로 덮인 옥수수 밭과 양귀비 농원도 보였다. 나팔바지를 입은 여인네들이 들판에서 괭이질을 하고, 농장 너머로는 바위가 우뚝 솟아 있었다.

얼마 지나지 않아, 우리는 장미 덤불을 발견했다. 5월 말에서 6월 초의 이른 새벽이면 이스파르타 장미 들판에서 한바탕 소동이 벌어진다. 여자와 아이들이 해가 뜨기 전 꽃잎을 따기 위해 정신없이 움직이는 것이다. 보통 새벽 4~5시, 이슬이 아직 꽃잎을 적시고 있을 때 일이 시작된다. 밤에 핀 꽃봉오리가 싱싱함을 유지하도록 장미는 매일 재배되며 햇빛이 향을 증발시켜버리기 전에 재빨리 거두어야 한다. 햇빛이 향을 파괴하고 잎을 시들게 하기 때문이다.

장미 재배는 매우 노동 집약적인 작업으로 능숙한 일꾼들도 한 시간에 6킬로그램 이상은 따지 못한다. 또한 전지가위를 쓰지 않고 손으로 꽃의 밑동을 잡고 따야 한다. 보통 2.5에이커의 장미 숲에서 3,000킬로그램의 장미 꽃잎을 얻을 수 있다. 싱싱한 상태의 꽃잎 100킬로그램으로 만들 수 있는 에센셜 오일은 겨우 10밀리리터 정도이다. 세탁물 바구니 정도의 통에 꽃잎을 가득 채웠을 때 1밀리리터의 로즈 오일을 얻을 수 있다고 생각하면 된다. 딴 꽃은 버드나무 바구니에 모아두었다가 자루에 옮겨 담은 후 중량을 재서 재빨리 각 지역 증류소로 운반한다. 보통 어려운 일이 아니다.

다마스크장미는 17세기에 터키 사람들에 의해 불가리아에 들어왔다. 불가리아의 로사 다마세나는 무성하게 자랐고 아나톨리아 종보다 우세한 로즈 오일을 생산해냈다. 그 뛰어난 품질 때문에 불가리안 로즈의 가지는 러시아와 터키의 전쟁이 끝나고 100년 후인 1878년 불가리아의 카잔리크에서 터키로 다시 반입되었다. 새로운 장미 재배는 이스파르타 지방에서 이루어졌다. 이곳의 기후와 깊은 모래땅은 오일이 함유된 장미 경작에 최상의 조건을 제공했다. 로사 갈리카Rosa gallica와 로사 페니키아Rosa phoenicia의 잡종으로 보이는 카잔리크 다마스크는 향이 진하고 꽃이 많아 향수를 만들기에 아주 적합하다. 이 다마스크장미의 향은 매우 안정적이다. 키가 작은 그 관목에서 나오는 향은 멀리서도 느껴지기 때문에 곤충을 끌어당겨 식물의 수분 작용에도 도움을 준다.

오늘날 터키 장미 농원의 90퍼센트가 이스파르타에 몰려 있다. 부르두르 호수에서 에이르디르 호수까지 쭉 늘어서 있다. 그러나 터키가 더이상 향수 산업을 추진하지 않기 때문에 모든 로즈 오일과 향수의 90퍼센트는 그라스로 옮겨진다. 나머지 10퍼센트는 터키의 수도 이스탄불로 보내지는 극히 일부를 제외하고는 사우디아라비아로 운송된다.

중동 지역의 향수 제조 전통

페르시아 사람들의 삶 속에는 언제나 향이 있었다. 알렉산더 대왕

은 페르시아 다리우스 왕과의 전쟁 중에도 페르시아 병사들이 군비를 챙길 때 향수를 잊지 않으며 장미 향수가 축제 등 여러 행사에서 중요한 역할을 한다고 기록했다. 주인은 손님들에게 장미 향수를 뿌리고, 향수 그릇을 대접하여 손가락을 담그게 하며, 전채요리를 돌릴 때쯤 하인들이 사향과 영묘향 등 더 진한 향을 가져와 손님들의 머리 장식과 수염을 닦아주었다. 그리고 용연향과 침향으로 가득 찬 방으로 안내했다. 중요한 모임일수록 더 귀한 향을 사용했다.

최초의 터키 향수 공장은 1882년 아흐멧 파루키Ahmet Faruki가 설립했다. 가장 널리 사용된 오 드 콜로뉴는 레몬이었지만 지역적 특색도 무시할 수 없었다. 안탈랴 지방은 발리케시르Balikesir의 백합으로 만든 오렌지 오 드 콜로뉴를 생산한다. 흑해 연안 지역에서는 홍차향의 오 드 콜로뉴, 트라브존 지역은 니스 식 샐러드와 비슷한 냄새가 나는 안초비 향 오 드 콜로뉴를 생산한다. 물론 장미 향수도 있다.

그러나 프랑스라는 향수 대국이 세계 향수 산업을 점령하면서 장미를 증류하는 중동 국가들은 점점 줄어들었다. 다만 터키만이 최근까지도 가내공업으로 로즈 오일을 생산했고, 전통 증류기인 임빅스imbiks를 사용했다.

로즈 앱솔루트 · 로즈 오일 · 화향유를 터키어로는 모두 '굴 야기 Gul yagi'라고 부른다. 증기에서 얻는 장미 향수는 굴 수유Gul suyu라고 부르며, 진짜 다마스크장미는 그냥 굴Gul이라고 부른다. 그러나 오늘날 대부분의 터키 장미 향수는 합성원료로 만든 것이다. 굴 야기는 처음엔 역한 냄새가 나지만 피부에 스며들면서 점차 다른 향으로 바뀐다. 굴 야기 콘크리트는 그라스에서 다시 알코올 처리된 후 앱솔루트로 만들어진다. 이란에서는 아직까지 이슬람 사원에서 로즈 오일을 사용하고 있다.

전통적인 가내공업 식 증류소를 '굴라파나Gulapana'라고 부르는데, 현재는 몇 곳만이 남아 있을 뿐이다. 굴라파나는 물과 가까운 곳에 세워졌는데 안에는 구리 보일러, 엄청난 양의 꽃잎과 물을 넣어 반복해서 증류시키는 목조 통이 있었다. 매우 길고 반복적인 과정이지만 생산해내는 향수의 양은 몇 리터에 불과했고, 비효율적인 방법과 오일의 낮은 품질에 대한 고민 끝에 1950년대 굴비를릭스Gulbirliks라는 터키 정부가 지원하는 연합이 세워졌다.

근대 기술의 발전으로 오일 생산량이 꾸준히 늘어 전 세계 수요량을 초과하자, 가격을 유지하기 위해 장미 재배 산업이 주춤하게 되었다. 불가리아 · 터키 · 모로코 · 프랑스의 로즈 오일과 콘크리트 생산량은 연간 15~20톤으로 추정된다.

우리는 아침식사를 하기 위해 호숫가의 한 카페에 들어섰다. 카페의 한쪽에서는 수백 개의 장미 향수, 오 드 콜로뉴를 판매하고 있었다. 나는 오 드 콜로뉴를 한 병 사서 스티븐에게 뿌려주었다. 그러자 그가 병을 통째로 잡고 나머지를 머리에 쏟아붓는 것이 아닌가. 마치 나폴레옹이 매일 아침 그랬던 것처럼 말이다. 뜨거운 자동차 안까지 그 향이 스며들었다.

터키에는 아주 멋진 풍습이 있다. 어디를 가든 후하게 장미 향수를 대접하는 것이다. 버스를 잠깐 타고 내리더라도 차장은 승객에게 향수를 뿌리고 음식점이나 카페를 나설 때도 향수 세례를 받는다. 이 풍습은 페르시아 사람들이 장미 향수 증류법을 완성한 시기부터 시작되었다.

차를 타고 지나가면서 나는 머리를 내밀어 푸른 장미 울타리를 바라보았다. 하늘 높이 뜬 태양 아래, 옅은 분홍빛 꽃봉오리가 그 자태를 뽐내고 있었다. 그곳을 확대 촬영하고 있을 때 갑자기 스티븐이 여기가 어디냐고 물었다. 순간, 겁이 났다. 내가 가지고 있는 것이라곤 장미 공장으로 향하는 방향만 표시된 흐린 팩스 용지 한 장뿐이었으니까. 인근 마을의 이름은 지도상의 지명들과 전혀 달랐다. 나는 스티븐에게 철로를 따라가면 호수 근처에 공장이 있을 거라고, 파란색의 커다란 '로베르테 터키' 표지판이 보일 거라고 우겼다. 지도에는 공장이 세니르켄트 시 바로 바깥에 있는 것으로 나와 있었지만, 우리는 시내로 들어와 호수도 공장도 보이지 않는 바람에 도시 외곽을 네 번이나 돌았다.

거의 포기한 채 차를 세우고 한 택시기사에게 물었더니 그는 우리 목적지를 듣자마자 손짓발짓을 해가며 이미 지나왔다고 설명했다. 우리는 고속도로의 한 휴게소에서 공장에 전화를 걸었다. 결국 한 남자가 미소를 지으며 차를 몰고 나타났고, 우리 차는 그의 뒤를 따랐다.

증류소에 도착했을 때 어느 새 비가 내리고 있었다. 눅눅한 공기 속에서, 생기 잃은 장미의 거친 향이 포푸리를 연상시켰다. 길에서 헤매던 우리를 구해준 사람은 알라드 씨였다. 그는 장미 수확을 감독하러 로베르테 그라스 본사에서 터키에 와 있었다. 그의 비서는 티무르라는 50대 후반의 터키 사람이었다. 스티븐과 나는 콩 샐러드와 비프 케밥, 파스타, 꿀이 들어간 바클라바baklava(파이에 당밀을 묻힌 터키의 전통 후식─옮긴이), 그리고 애플 티를 대접받았다. 아나톨리아 고원에는 천둥 번개가 치고 있었다. 저녁식사 후 알라드 씨는 우리를 증류소로 안내했다.

비행기 격납고만 한 크기의 건물 안에서 여기저기 흰 얼룩이 있는 수많은 분홍 꽃잎이 공기 중에 휘날리고 있었다. 그 순간만큼은, 삶은 정말 장미의 향연이었다. 그대로 몸을 던져 그 강렬한 향에 취하고 싶은 생각이 간절했다. 일꾼들이 갈퀴로 꽃잎을 던지자 꽃잎이 공중에서 나부꼈다. 마치 춤을 추는 듯했다.

장미처럼 낭만적인 것이 또 있을까? 장미꽃에서 에센스로, 향수로 이어지는 긴 여정이 이렇게 딱딱한 공장에서 이뤄진다는 사실이 아이러니하다는 생각이 들었다. 다부진 체격의 일꾼들이 웃통을 벗어던진 채 땀을 흘리며 꽃잎을 증류기와 끓는 가마솥, 그리고 유해 화학물질이 들어 있는 큰 통에 넣었다. 장미가 아직 젖어 있을 때 사향내를 추출하기 위해서이다. 꽃을 갓 수확한 상태에서 산소를 급속히 흡수하는 데 유기적인 문제는 없는 듯했다. 이 때문에 재배지에서 공장까지의 운반은 최대한 신속하게 이뤄져야 한다. 일꾼들은 꽃잎을 자루에 퍼 넣고 그것을 다시 추출 장치에 넣는 고된 작업을 밤새도록 계속했다. 문득, 끝없이 바위를 굴려 올리는 시시포스의 신화가 떠올랐다. 나는 어떤 자루 속으로 손을 밀어넣었다. 꽃잎은 새틴과 실크 주름 같은 느낌이었다.

우리는 나선형의 계단을 거쳐 증류기 위의 메자닌에 올라갔다. 터키 목욕탕에서처럼 증기가 피어오르고 있었다. 우리는 투명한 로즈 오일이 든 유리병을 자세히 살펴보았다. 마치 액체 상태의 금 같았다. 나는 이 귀한 오일이 같은 무게의 진짜 금보다 더 값비쌀지도 모른다고 생각했다.

꽃의 언어

18세기 초 터키의 《꽃의 밀어Secret Language of Flowers》라는 책이 주 콘스탄티노플 영국대사의 부인인 메리 워틀리 몬태규Mary Wortley Montague에 의해 유럽에 전해졌다. 1716년 영국에 소개된 이 책은 프랑스어로도 번역되었으며, 800개 이상의 꽃 디자인으로 인쇄되기도 했다.

향수, 특히 장미의 향은 욕망이나 사랑의 감정과 깊은 관계가 있다. 연인의 향수 냄새는 욕망의 날개를 자극하여 사랑에 빠지게 만든다. 다마스크장미는 특히 사랑을 상징하며 성적 유인제로서 종종 향수 원료로 사용된다. 직접 말로 감정을 표현하는 것이 금기시된 빅토리아 시대에는 젊은이들이 대신 꽃의 언어를 사용했고, 일부 꽃에 특정한 의미를 부여하기도 했다. 남성이 여성에게 꽃을 보내는 것은 꽃 자체의 아름다움뿐 아니라 그들이 전하고 싶은 마음의 메시지가 있었기 때문이다.

흰 장미 꽃봉오리는 사랑에 무관심한 마음을, 가시 없는 장미는 관심과 애정을 상징한다. 또한 프로방스 장미는 '내 마음이 불타고 있어요'라는 의미를, 크리스마스 장미는 '내 근심을 덜어주세요'라는 메시지를 담고 있다. 모스장미 꽃봉오리와 은매화는 사랑의 고백을 나타낸다. 고백을 받은 사람이 꽃잎을 입술에 가져다대면 허락의 뜻이고 꽃잎을 떼어버리면 거절의 뜻이었다.

아주 분명한 의미들도 있다. 예를 들어 투베로즈는 관능적인 특성을 가지고 있기 때문에 위험한 쾌락을 의미하고, 하마멜리스는 마법과 주문을, 데이지는 순결을 뜻하며, 민들레는 무분별과 경박함이라는 꽃말을 가지고 있다.

다음 날 아침, 수확한 장미 꽃잎 자루를 실은 짐수레가 로베르테 사에 도착했다. 엄마 등에 업힌 아기까지 포함하여 온 가족이 자루 위에 앉아 있었는데, 아침에 할 일을 모두 마친 그들은 매우 유쾌한 표정이었다. 한창 수확 철일 때에는 하루 약 35대의 짐마차가 오간다.

이스파르타의 장미 재배지에는 장미 농사를 하는 마을이 약 400곳 있다. 임빅스라는 전통적인 증류 방식이 사라지고 이제는 대규모 공장 증류 방식으로 바뀌었지만, 다마스크장미 재배에는 아직 과거의 전통적 방식이 사용되고 있다. 거의 모든 가정이 소

규모의 경작지를 가지고 장미를 재배하며, 꽃잎 세 자루에 135불 정도를 받는다. 네 명의 일꾼이 한 시간에 보통 세 자루를 채우는 데 숙련된 기술이 있어야 로사 다마세나 향이 그대로 유지된다. 약 1,000제곱미터 되는 1도눔donum(땅을 세는 단위—옮긴이)에는 대략 1,000그루의 장미 덤불이 있으며, 한 그루에서 증류시켜 얻는 로즈 오일은 500밀리리터 정도이다.

우리는 증류소 안으로 들어갔다. 이슬 맺힌 꽃잎을 증류기 속에 잔뜩 퍼붓자 장미가 용해되는 것 같은 냄새가 짙게 배어 나왔다. 티무르 씨는 장미 처리에 증기 증류와 추출, 두 가지 방법이 사용된다고 설명했다. 터키에서는 4톤, 또는 400킬로그램의 꽃잎으로 1킬로그램의 로즈 콘크리트를 추출한다. 그러나 1리터의 에센셜 오일을 증류시키려면 훨씬 더 많은 3,500킬로그램의 꽃잎이 필요하다. 숙련된 노동자라면 한 시간 동안 6킬로그램의 장미 꽃잎을 딴다. 다섯 시간 동안 일하면 30킬로그램을 따는 셈이지만 여기서 얻는 로즈 오일은 단 몇 방울뿐이다. 로즈 오일과 앱솔루트가 비쌀 수밖에 없는 이유이다. 결국 1밀리리터에 10파운드나 하는 로즈 오일을 대신할 합성물질이 사용되기 시작했다. 물론, 진짜 향과는 비교할 수도 없고 마음을 가라앉히는 진정 효과도 없지만 합성원료는 가격 면에서 뛰어난 경쟁력을 가지고 있다.

로베르테 터키 사가 수확하는 전체 장미 꽃잎 가운데 3분의 1은 추출되고 3분의 2는 끓는 솥에서 증류된다고 한다. 증류가 몇 시간씩 걸리는 반면, 추출은 약 20분이 소요되며 남은 장미 향수는 오일이 다 빠져나올 때까지 계속 증류된다. 꽃잎을 담근 물을 끓여 증기 증류시키면 에센셜 오일이 얻어지는데, 수면을 떠다니는 로즈 오일의 왁스 성분은 따로 옮겨 담고, 응축된 나머지 물은 더 강력한 증류기에 옮겨 재증류시킨다. 오일을 남김없이 짜내기 위해서이다. 증류 장치는 세 부분으로 이루어지는데, 윗부분의 백조 목처럼 생긴 타원형의 증류기는 응축기와 연결되어 있다. 응축기는 찬물로 가득 찬 다른 통 안에 들어 있는 가열된 금속 코일로 구성되어 있으며, 바로 이것이 증기력을 촉진시킨다.

꽃잎을 구멍 뚫린 선반에 올린 다음 중탕 가열기의 물을 끓이면 물이 끓을 때의 움직임이 꽃잎이 뭉치고 굳는 것을 막아준다. 장미 분자로 가득 찬 증기는 증류기를 통해 응축기로 빠져나가 액체가 되고 플라스크에 흘러들어 모이게 된다. 이때 에센셜 오일은 수면에 떠 있다가 관을 통해 흡수되고, 물은 플라스크 바닥으로 흘러 나가는 것이다.

다마스크장미는 100개 이상의 성분으로 이루어져 있는데 그 중 가장 중요한 것은 페닐에틸 알코올이다. 액체에 잘 녹는 성질이 있기 때문에 일부는 증류수에서 없어지기도 하지만 나중에 모여 장미 향수가 된다. 추출 과정에서 로즈 앱솔루트가 만들어질 때 페닐에틸은 콘크리트에서 정제되어 에센셜 오일보다 뛰어난 품질을 갖춘 슈피리어 앱솔루트에 남아 있게 된다. 아로마세러피스트들이 에센셜 오일을 선호하는 반면, 향 전문가들은 앱솔루트를 주로 사용한다. 그 밖의 로즈 알코올에는 게라니올과 시트로넬롤·네롤 등이 있으며, 로사 다마세나 향을 맡으면 제라늄과 시트로넬라, 네롤리 오렌지 향을 느낄 수 있다. 일부 성분들은 극히 소량에 불과하지만 오일의 전체 품질에 있어서는 모두 매우 중요한 역할을 한다. 그 중 하나인 다마세노네damascenone는 극소량으로도 오일의 특성을 결정하기 때문에 매우 중요하다.

바로 증류기로 들어가는 장미 꽃잎이 있는가 하면 바람을 쏘이기 전날 밤 펼쳐두었다가 로즈 콘크리트를 만들기 위해 헥세인 용매로 추출되는 꽃잎도 있다. 추출 장소는 낮은 와트의 전구를 사용하는 어두운 방이다. 그라스의 LMR 사에서처럼, 이곳에서도 녹음기나 카메라를 사용할 수 없었다. 화학물질과 용매는 강한 휘발성으로 어떤 전기 장치라도 폭발을 일으킬 수 있기 때문이다. 실내 공기는 증류실의 공기와 완전히 달랐다. 로즈 오일 증기도 전혀 없었고 화학물질의 위험성 때문인지 매우 조용하고 질서정연했다.

나는 왁스와 오일을 용해시키기 위해 뜨거운 용매에 담근 원형 트레이 층에 장미 꽃잎을 올려놓는 모습을 지켜보았다. 왁스와 오일의 혼합물은 관을 통해 흡수되었고, 남은 꽃잎들이 얹혀 있는 트레이 층은 기괴한 형태의 웨딩 케이크 같았다. 장미에서 향을 얻는 과정은 매우 복잡한 절차를 거친다. 용매가 원활하게 움직일 수 있도록 3,000리터 용량의 스테인리스강 통에 장미 꽃잎 트레이를 채워 넣는다. 그리고 향이 흠뻑 배어든 용매를 따로 옮겨 여분의 수분을 제거한 다음, 진공 증류기로 옮겨 증발, 재순환시키면 바닥에 향 분자와 색소·왁스로 이루어진 반죽 형태의 혼합물이 남는데, 이것이 바로 콘크리트이다.

콘크리트는 로베르테 터키 사가 생산한 로즈 오일과 함께 쿰쿠마라는 구리 플라스크에 밀봉되어 그라스로 급송된다. 바퇴즈라는 기계 안에서 콘크리트를 알코올에 여러 번 헹궈내어 향 분자를 씻어내고 정제시킨다. 왁스가 저온에서 응고되면 콘크리트-알코올 혼합물이 얼게 되고 남아 있는 모든 왁스를 없애기 위해 이 혼합물이 다시 걸러진다. 마지막으로 혼합물은 아주 낮은 온도에서 서서히 증류된다. 이 과정에서 알코올이 증발하고 에센스의 핵심인 앱솔루트가 남게 되는 것이다.

로베르테 터키 사의 한 직원이 유향과 오이 · 담배 · 호로파 · 로즈메리 샘플이 든 큰 통 옆에 앉아 있었다. 추출 책임자는 쑥스러운 표정으로 적갈색의 로즈 콘크리트를 담은 작은 병을 내게 선물했다.

모로코의 로사 다마세나

로사 다마세나는 페니키아 사람들이 이란의 페르세폴리스에서 모로코로 전했다. 이 장미는 주로 사하라 사막 외곽의 켈라 므구나에서 자란다. 사하라 사막은 절대적인 고요와 정적이 지배하는 곳이지만, 켈라 므구나 지역은 다데스 강 지류 인근으로 매우 비옥하여 수천 에이커의 땅에서 장미가 재배되고 있다. 여기서 얻어지는 오일은 그라스로 수출된다.

오아시스에서 자라는 장미 덤불은 보리와 옥수수, 민트 구역을 나누는 작은 울타리 역할을 한다. 주위에는 올리브 나무와 능수버들이 무성하다. 사하라 사막 남부 지역에서 로사 다마세나가 자라는 것은 거의 기적에 가깝다. 여러 항공사진을 통해 이 지역에 42킬로미터에 달하는 낮은 장미 울타리가 있음을 알 수 있다.

장미 꽃잎을 따는 시기는 매년 5월 이른 새벽이다. 햇빛을 받으면 꽃잎이 금세 시들고, 또 5월이 지나면 사막 지역의 기온이 너무 높기 때문에 시기가 한정적일 수밖에 없다.

이스파르타 지방에서 5, 6월 수확 철이 되면 로베르테 사는 50명의 일꾼들을 열두 시간 교대 근무 조건으로 채용한다. 그들이 두 달 동안 벌어들인 수입은 나머지 열 달치 생활비가 된다. 장미 수확은 최소 25일에서 최장 40일까지 걸린다. 일단 일이 시작되면 남녀노소 할 것 없이 다 뛰어드는데 그렇다고 아무나 쉽게 할 수 있는 일은 아니다. 무엇보다 효율성이 요구되는 작업이다. 아무 계획 없이 수확을 하다보면 원료와 향을 망쳐버릴 수도 있다. 수확 시간과 방법을 결정하고 증류와 추출 과정의 수준을 유지하는 것이 매우 중요하다.

수확 철이면 매일 38톤의 꽃잎이 증류되고 8톤이 추출된다. 단 두 달 동안, 공장은 800킬로그램의 로즈 콘크리트와 140리터의 에센셜 오일을 생산한다. 각각 64만 달러, 70만 달러에 이르는 양이다.

티무르 씨는 로베르테 사가 장미 재배를 마친 후 생산하는 다른 원료들에 대해서도 설명했다. 하지만 나는 그 중 일부, 특히 호로파 같은 것은 어떤 향인지 표현하기가 어려웠다. 마치 예멘의 양고기 스튜에서 맛본 쌉쌀한 허브 같았다. 담배는 니코틴처럼 무의식적인 중독성이 있었다. 반면, 아주 마음에 드는 원료도 있었다. 티무르 씨가 병 하나를 내 코밑에서 흔들자 매우 익숙한 향이 느껴졌다. 영국의 여름을 상기시키는 향이었다. 파릇파릇한 잔디, 바람에 펄럭이는 차양, 벅스 피즈Buck's Fizz(샴페인과 오렌지 주스의 혼합 음료—옮긴이)가 떠올랐다. 바로 오이 앱솔루트였다. 순간, 영국 여름의 정수인 오이 샌드위치가 생각났음은 물론이다.

다 사용된 꽃잎 찌꺼기에서 나오는 악취가 증류소 밖으로 흘러나왔다. 장미 찌꺼기 더미가 굳어서 뜨거운 햇빛에 바짝 말라 있었지만 버리는 것은 하나도 없다고 한다. 농부들이 그것을 천천히 구워서 굳힌 다음 작은 벽돌로 만들어 겨울에 장작으로 사용한다는 것이다. 나는 여름 장미향으로 가득 찬 방 안에서 겨울밤을 보내는 기분이 어떨지 상상해보았다.

엄청난 양의 장미 찌꺼기를 사용하는 것은 터키 사람들도 마찬가지였다. 하지만 그라스에서는 다마스크 오일이 반드시 엄격한 검사를 통과해야 한다고 한다. 수확을 시작할 때마다 샘플을 그라스에 보내어 증류와 추출 과정에 들어가기 전에 전문가들의 승인을 받는 것이다.

로즈 드 메와 다마스크장미로 가장 많이 만드는 것은 콘크리트이다. 레몬 셔벗 향을 가진 로즈 드 메가 더 가볍고, 다마스크는 아로마세러피스트들이 좋아하는 에센셜 오일을 만드는 데 더 적합하다. 조향사들은 콘크리트나 앱솔루트를 더 좋아한다. 영국으로 돌아간 나는 그라스의 인터내셔널 플라워즈 앤드 프레이그런 시즈 그룹이 보내준 터키시 로즈 앱솔루트를 사용해보았다. 그 전해에 거둬들인 원료로 만든 것이었다. 나는 이 샘플과 이스파르타에서 받은 굴 야기를 비교해보았다. IFF의 샘플에서는 매우 다듬어진 향이 느껴졌다. 뚜렷한 사향냄새와 함께 부드럽고 감미로운 향을 풍겼다.

티무르 씨는 떠나는 우리에게 장미향이 나는 터키시 딜라이트와 장미 잼 한 병을 선물했다. 신선한 빵에 그 잼을 발라 한 입 베어 물자 온몸에 장미향이 퍼지는 듯했다. 맛과 향을 하나로 생각하고 향기로운 음식을 즐기는 아랍 식문화의 전통이 비로소 이해되는 것 같았다.

향기로운 음식

장미 향수는 많은 조리법에서 조미료로 사용되며, 장미향은 중동의 식문화에서 중요한 역할을 한다. 대단한 미식가인 페르시아 사람들의 여러 가지 관습은 아랍 세계로 빠르게 퍼져 나갔다. 그들은 장미와 바이올렛 향을 넣어 셔벗과 줄렙이라 불리는 음료를 만들었다. 페르시아어 'serbet'은 음료, 'julab'은 장미 향수를 의미한다. 'julep'이라는 말은 민트 줄렙에서처럼, 아로마 음료에도 사용되었다. 조류는 유향으로 요리하고, 와인에는 유향과 몰약을 넣었다. 오늘날 일부 사람들이 마약을 즐기는 것처럼, 고대인들은 흥분과 도취감을 느끼려고 향긋한 등심초에 중독되곤 했다.

음식을 만들 때에는 향수를 사용하였고, 네로 황제의 연회에서는 손님들에게 로즈 푸딩과 로즈 와인을 대접하였다. 메디치 가문은 냉침법을 사용한 것으로 잘 알려져 있다. 이 냉침법을 통해 몇 겹의 장미 꽃잎과 코코아를 교대로 겹쳐두어 풍부한 향의 초콜릿을 만들어 냈다. 물론 과거에만 장미를 사용한 것은 아니다. 20세기에도 엘리자 베스 데이비드Elizabeth David(20세기 영국의 유명한 요리 전문가—옮긴이)가 이탈리아의 미래파 예술운동에서 장미 꽃잎의 조리법을 모티프로 사용했다.

터키를 비롯하여 다른 중앙아시아 지역에서는 음식의 단맛을 내는 데 항상 장미와 로즈 오일을 사용한다. 터키 사람들은 커피를 마실 때 장미로 향을 낸 감미료인 로쿰lokum을 넣고, 이란에서는 꿀과 잼에 장미 향수를 넣는다. 마츠부스라 불리는 이라크의 밥에도 장미 향수가 들어간다.

용연향은 수세기 동안 술에 풍미를 더하는 향으로 사용되어왔다. 용연향 한 알이면 클라레 포도주 한 통에 기분 좋은 향을 입힐 수 있다. 1920년대 칵테일이 유행했을 때, 또 미국에서 주류 판매가 금지되었을 때 많은 바텐더가 향 첨가물로 용연향을 사용하였다. 펀치 punch(술과 설탕·우유·레몬·향료를 넣어 만드는 음료—옮긴이)처럼 뜨거운 술에 넣었을 때 특히 맛이 좋다. 용연향은 독한 술과 호밀 위스키에도 들어갔다.

프랑스의 법률가이자 미식가로 유명한 브리아 사바랭의 용연향 초콜릿 밀크셰이크 레시피는 듣기만 해도 입에 침이 고인다. 기분이 우울할 때, 작은 콩알 크기의 용연향 덩어리에 설탕을 넣어 세게 치댄 다음 초콜릿과 섞어보자. 나는 그 효과를 톡톡히 보았다.

토스카나에서 오리스루트 추출물은 향수 고정제로서뿐만 아니라 케이크 향료로도 쓰인다. 아이리스 추출물은 시에나 호두 파이와 아이스크림에도 들어 있다. 예전에 토스카나에서 아이리스를 조사할 때 카살리니라는 아이리스 애호가를 만난 적이 있다. 그녀는 트뤼플 요리를 할 때 반드시 아이리스 에센스 한 방울을 넣곤 하였다.

엘리자베스 데이비드는 너트메그가 파마산 치즈와 오레가노, 그리고 소금만큼이나 꼭 필요한 것이며 이것이 있어야 이탈리아 요리가 완성된다고 말했다. 영국 사람들이 푸딩과 케이크·스위트 크림·응유凝乳 식품에 너트메그를 사용하는 반면, 이탈리아 사람들은 크림치즈와 카넬로니cannelloni(이탈리아의 전통적인 파스타 요리 중 하나—옮긴이), 토르텔리니tortellini(파스타의 일종으로 면이 반지 모양처럼 둥글둥글한 것이 특징—옮긴이), 라비올리ravioli(이탈리아 식 네모 또는 반달 모양으로 익힌 만두—옮긴이) 등에 넣을 시금치 소에 너트메그를 사용한다. 초서와 셰익스피어의 작품에는 각각의 등장인물인 토파스 경과 팔스타프가 너트메그가 뿌려진 에일 맥주를 마시는 장면이 나온다. 우유와 설탕을 섞은 에그노그는 너트메그와 우유·달걀·독한 맥주가 섞인 따뜻한 겨울철 알코올 음료인 색-파세트sack-posset에 기원을 두고 있다. 프랑스에서는 포르칼퀴에르 파스타에 약간의 너트메그를 넣어 미묘한 맛의 차이를 즐긴다.

이스파르타에서 해변으로 돌아오는 길에 사람들이 장미 꽃잎 자루의 무게를 재고 있는 모습을 보았다. 지리적으로도 문화적으로도 이스파르타와 멀리 떨어진 그라스, 나는 다마스크장미 꽃잎이 거치게 될, 그곳까지 약 3,000마일의 여정에 대해 생각해보았다. 그리고 터키의 이 한적한 시골 마을에서 과연 그 값비싼 향을 맡을 수 있을지 의심스러웠다.

우리는 고원에서 해안까지 1,000피트를 내려왔다. 더위 때문에 소나무 숲의 송진 냄새가 더 심하게 느껴졌다. 바닷가를 따라가다가 시데에 도착했다. 시데는 고대 그리스어로 석류를 의미한다. 한때 큰 항구였지만 그날은 바닷바람에 유난히 야생 허브 향이 많이 날려 마치 커다란 약초 다발을 떠안는 기분이었다. 올리브 숲에서 나는 예배당과 고대 목욕탕, 그리고 님파에움nymphaeum(샘물의 요정에게 바친 기념물―옮긴이)을 발견했다. 나는 고대 운명의 신전 옆 그늘에 잠시 누웠다. 신전의 둥근 지붕 위에 있는 벌거벗은 남자와 백조 조각이 보였다. 너무나 평온하고 향기로웠다. 이스파르타의 호수 근처에서 스페인 품종의 로즈메리 밭을 본 것이 생각났다. 스페인에서는 로즈메리가 해안가에서 자라는데 그 향이 바다 한가운데까지 전해진다고 한다.

우리는 해안선을 따라 서쪽으로 쭉 가다가 곳곳에 리키아Lycia(고대 소아시아 남서쪽 끝에 있던 지방—옮긴이) 무덤이 있는 골짜기를 지나 올림포스 산 밑의 치랄리 만에 이르렀다. 작은 여인숙과 과수원이 있는 한 마을에서 우리는 바다에 그물을 던지는 어부들을 보았다. 그리고 우연히도 올림포스라는 고대 도시에 발을 디뎠다. 기원전 7세기경, 데모스테네스가 불한당으로 표현한 파실리안들이 파셀리스라는 식민지를 세운 곳이다. 훌륭한 항구를 가지고 있었던 그들은 숲으로 무성한 내륙 지역에서 야생화와 장미로 향과 연고를 만들었다. 이제 올림포스 유적지는 덤불로 뒤덮여 있었다.

골짜기를 따라 산길로 올라가는 사이, 땅거미가 내려앉고 둥근 달이 떠올랐다. 귀뚜라미가 노래하고 주위는 세이지와 타임·파인 향으로 가득했다. 우리는 자갈길을 따라 산으로 900피트를 올라갔다. 암벽 면에 이르렀을 때 나무들 너머로 무언가 반짝이는 것이 보였다. 전혀 다른 세상 같았다. 수십 개의 작은 불꽃이 지면의 갈라진 틈 사이로 튀어나왔다. 불꽃에 물을 뿌려보았지만 몇 초 지나자 다시 불이 붙었다. 메탄을 함유한 가스들의 결합으로 나타나는 자연현상이었다. 고대 그리스 사람들은 끊임없이 타오르는 불꽃을 '키마이라의 불꽃the Flames of the Chimaera'이라고 부르고 대장장이 신 헤파이스토스가 일으키는 불이라고 생각했다. 깨진 주춧돌 위의 라틴어 비명碑銘이 불꽃에 그슬려 있었다. 나는 신녀神女와 고귀한 여사제들이 그들의 신에게 송진과 몰약을 태워 봉헌하며 향기로운 연기에 둘러싸여 있는 모습을 상상해보았다.

고대에는 바다 한가운데에서도 불이 보였다고 한다. 불꽃이 지금보다 훨씬 높았기 때문이다. 그러나 1,000년의 세월이 지나면서 그 높이와 힘은 사라졌다. 그날 저녁 산기슭에 분명 30명 정도의 관광객이 있었지만 모두 한 마디 말이 없었다. 자연현상을 확인한 것뿐이지만 마음속으로는 다들 먼 옛날의 제사 의식을 상상하고 있었으리라.

내려오는 길에 우리는 음유시인인 아시클라asiklar를 보았다. 그들은 터키 식 만돌린인 사즈saz를 연주하며 직접 지은 시를 읊고 노래했다. 아시클라의 전통은 몇 세기 동안 계속 이어져왔다고 한다. 그들의 시는 대부분 사랑과 안탈랴에서의 삶을 노래하고 있지만, 최근에는 종종 터키의 정치 현실을 다루어 경찰들과 실랑이를 벌이기도 한다.

다음 날 우리는 계속 서쪽으로 여행하여 리키아의 아리칸다 유적지에 이르렀다. 목욕탕은 다각형의 석공술로 만들어졌고, 아치 문은 중력에 맞서는 듯했다. 극장에 서니 놀라운 전망이 펼쳐졌다. 여태껏 내가 본 유적지 가운데 가장 아름다운 곳이라 해도 과언이 아니었다. 음향을 한번 테스트해보려고《안토니와 클레오파트라Antony and Cleopatra》에 나오는 한 구절을 암송해보았더니, 맨 꼭대기 층에 앉아 있던 스티븐에게까지 내 목소리가 전달되었다. 안토니우스가 이곳 아리칸다에서 멀지 않은 타르수스에서 클레오파트라를 불렀을 때, 그녀는 향으로 물들인 배를 타고 연인을 만나러 떠났다.

번쩍이는 왕좌처럼
물 위에서 타오르는 배꼬리는

금박을 입힌 듯 화려하게 빛나고,

돛은 자줏빛 향으로 물들어

바람이 돛을 그리며 애태우네.

우리는 안탈랴 지방을 둘러싼 산을 가로질러 다시 동쪽으로 향했다. 그리고 다음 날 시리아로 이동했다.

비자가 없었기 때문에 택시를 타고 시리아 국경을 넘었다. 시리아의 기독교 은둔자 시므온 스틸릿츠가 40년간 기둥 꼭대기에서 살았다는 칼라트 세만과 알라위트, 드루즈 마을도 지났다. 계속 길을 따라가다 보니 비잔틴 유적지에 살고 있는 베두인족들도 보였다. 알레포의 바론 호텔에 도착한 것은 저녁 시간이 다 되어서였다.

다음 날 아침, 그 무더운 날씨 속에서도 우리는 수크를 찾아 나섰다. 중세의 미로 같은 길을 이리저리 헤매면서 양 치즈에서 나는 시큼한 젖내도 맡아보고 섬광이 번쩍이는 대장간의 열기도 느껴보았다. 기독교인 거리에는 실크 다마스크 천 묶음들로 가득했고, 목공소 거리에서는 아마씨와 삼나무·톱밥 냄새가 났다. 포도덩굴이 널린 수크의 안뜰에서는 시원한 분수가 뿜어져 나왔다.

고대 시리아 향은 백합 연고와 황화수은, 꿀과 와인, 시리아산 타임, 한때 로마 제국의 광장에서 흔히 볼 수 있었던 은매화 혼합물로 만들어졌다. 우리는 한 향수 상인과 이야기하다가 차 한 잔을 나누게 되었다. 그는 백합으로 만든 한 연고를 꺼내어 권하며 냄새를 맡아보라고 했다. 그리고 내게 자녀가 몇 명인지 물었다.

시리아 사람들은 아이들을 무척 좋아해서 꼭 자녀 이야기를 꺼낸다. 내가 아들이 하나 있는데 적어도 한 명은 더 낳고 싶다고 대답했더니 그는 로즈 오일이 자궁을 튼튼하게 해주고 뱃살이 트는 것도 막아준다고 말했다. 장미 꽃잎은 매우 부드럽고 섬세하여 피부에 아주 이상적인 짜임새를 가지고 있다는 것이 그의 설명이었다. 우리는 이구동성으로 장미향이 처음엔 아침 이슬 같다가 점점 풍부하고 화려해진다고 말했다. 또한 어떤 향도 장미향을 제압할 수는 없다는 데 의견을 모았다. 나는 그에게서 시리아 로즈 오일 몇 가지를 샀다. 그중에는 꿀이나 말린 무화과·민트 등을 넣은 것도 있었다.

상인과 헤어진 후 우리는 천장 틈으로 들어온 빛이 곳곳에 비치고 있는 자갈길을 따라 복잡한 인파를 헤치고 나아갔다. 헐렁한 바지를 입은 베두인족과 드루즈족, 갈색 망토를 뒤집어쓴 이라크 사람, 히잡을 입은 여인들, 시아파 신도들. 나는 좀 전에 산 장미향수를 손에서 놓칠세라 꼭 붙들고 다녔다.

다음 날 안탈랴로 돌아오면서 수마일에 걸쳐진, 짓다가 작업이 중단된 리조트 공사 현장을 보았다. 해안가의 반이 시멘트로 덮여 자연 그대로의 아름다움은 이미 사라진 지 오래였다. 신비로운 고대 도시들 대부분이 유명한 관광지가 되어 있었다. 하지만 자세히 살펴보면 터키에는 아직 발견되지 않은 아름다운 곳들이 많이 있음을 알 수 있다.

터키를 떠나면서, 이 나라를 향수로 표현한다면 분명 대추야자와 무화과·석류·장미·터키시 딜라이트 다발일 거라고 생각했다. 터키 하면 가장 먼저 떠오르는 것들이 몇 가지 있다. 히잡을 입고 뜨거운 해안가에 서 있는 소녀와 바다에 들어가 누이에게 물을 뿌리며 장난치는 남자 아이들의 모습, 세이지와 타임 향이 가득한 유적지, 올림포스 산 키마이라 화산의 꺼지지 않는 불꽃. 또한 이스파르타의 로베르테 공장에서 본 향수의 폭발도 결코 잊지 못할 것이다.

내게 있어서 다마스크장미는 기품 있는 귀부인이다. 나는 다소 도도하면서도 고풍스러운 향을 원한다. 후각 전문가들은 내가 한 세대를 뛰어넘어 할머니 세대가 즐겼을 법한 향을 좋아하는 경향이 있다고 말했다. 내 할머니의 중국식 침실에서는 항상 장미 향기가 풍겼다. 매일 아침, 내가 다마스크 천으로 만든 할머니의 이불 속으로 파고들면 할머니는 내게 《모히칸 족의 최후The Last of the Mohicans》를 읽어주시곤 했다. 다마스크장미를 보면 언제나 그 시절의 아침으로 되돌아가는 기분이 든다.

터키시 딜라이트가 잔뜩 든 상자와 로즈 오일, 장미를 넣은 잼을 잘 챙겨 넣은 후 우리는 드디어 영국으로, 타르캥이 기다리고 있는 집으로 떠났다. 아들이 너무나 보고 싶었다. 다음 여행에는 아들을 데려갈 수 있다고 생각하니 그렇게 기쁠 수가 없었다. 다음 목적지는 어릴 적 내가 자란 곳, 토스카나이다.

The Scent Trail

5장

여름날 비 갠 후의 깨끗한 공기 향 아이리스

○

어린 시절의 추억이 배어 있는
이탈리아

풀빛 울타리 안의 아름다운 꽃들,
갖가지 빛깔의 아이리스와 장미 · 재스민 ·
크로커스 · 히아신스가
값비싼 보석보다 더 찬란하게 땅을 수놓는다.

존 밀턴
《실낙원Paradise Lost》

토스카나 아이리스의 말린 뿌리줄기인 오리스는 향수에 쓰이는 아주 귀한 고정제로 흙내가 섞인 포도 향과 달콤함으로 다른 원료의 향을 강화시켜준다. 그 향긋한 뿌리에서 나는 밤나무와 사이프러스·파인·민트·바질·타임·세이지 향이 어우러진 토스카나의 정취를 느낀다. 이탈리아 사람들은 오리스를 치약뿐 아니라 페이스파우더에 향을 첨가하고 키안티 포도주 맛을 더욱 풍부하게 하는 데에도 사용한다. 앞서 말했지만 시에나 호두파이와 아이스크림에도 오리스 추출물이 들어 있다.

아이리스 꽃의 원래 이름은 지글리오giglio이며, 지금도 흔히 고드름을 뜻하는 지아치올로ghiacciolo로 불리기도 한다. 아르노 강 기슭에서 자라던 흰 아이리스가 얼음처럼 얇은 자줏빛 파란색을 띠었기 때문이다. 아이리스를 뜻하는 지아지올로giaggiolo는 지아치올로ghiacciolo라는 단어에서 비롯되었다.

그리스 신화에서 아이리스는 신들의 전령으로 등장한다. 무지개를 타고 하늘과 땅 사이를 오가기 때문에 그리스어로 아이리스는 무지개를 뜻한다. 아이리스는 이집트 미술의 얕은 돋을새김 작품과 아라비아의 유골단지에 장식용으로 그려지기도 했다. 플리니우스는 이집트 사람들이 나일 강 계곡에서 아이리스를 길렀으며 그 뿌리줄기로 에센셜 오일을 만들었다고 기록했다. 그리스와 로마 사람들은 향수뿐 아니라 약품에 그 뿌리줄기를 사용했고, 마케도니아와 코린트는 뿌리를 빻아서 만든 아이리스 연고로 유명했다. 테오프라스토스는 20년 동안 아이리스 향수를 보관한 어느 조향사에 대해 이야기했다. 그 향수는 새로 만든 것보다 좋지는 않을지언정 여전히 훌륭한 향을 가지고 있었다고 한다.

아이리스는 피렌체 전성기의 상징으로, 피렌체의 왕실 기旗에 그려진 아이리스 피오렌티나는 도시의 엠블럼이 되었다. 한때 붉은 들판 위에 핀 아이리스였으나 1266년 이탈리아 교황 당원들이 황제 당원들을 추방한 후 색을 바꾸었다. 오늘날까지 아이리스는 꽃의 도시 피렌체의 상징으로 여겨지고 있다. 피렌체 화폐인 플로린 금화에도 찍혀 있고 보티첼리의 〈프리마베라Primavera〉에 등장하는 춤추는 요정들의 화관에도 나타난다. 아이리스 게르마니카는 사세티 성당에 그려진 기를란다이오의 작품 〈동방박사의 경배 Adoration of the Magi〉에 나타난다. 뒤러의 〈아이리스의 성모 마리아 Madonna of the Irises〉에는 트로이 아이리스라 불리는 또 다른 품종이 나온다. 그 뿌리줄기는 콘스탄티노플에서 유럽으로 전해졌다. 유럽의 위대한 화가들은 그림에 아이리스 잎에서 추출한 즙으로 만든 광택제인 베르디리스를 사용했다.

아이리스는 토스카나의 거친 지형에서 자란다. 향이 가장 좋은 것은 아이리스 팔리다로 대부분의 다른 꽃과는 달리 뿌리 안에 향을 숨기고 있다. 만드는 데 거의 6년이 걸리기 때문에 아이리스 향수는 매우 귀한 편이다. 3년에 걸쳐 키우고, 2주 동안 햇볕에서 말려야 하며, 수확 전에 뿌리줄기가 상하는 일이 없도록 수시로 잡초를 파내야 한다. 그리고 또 2년 동안 뿌리줄기를 자루에 넣고 탈수시키면 그 안에서 화학 반응이 일어나 메틸렌 성분의 취기제臭氣劑가 방출되고 이것이 에센셜 오일로 증류된다.

말린 뿌리줄기는 가루로 만들어 찬물에 불리고 6개월 동안 계속 증류시킨다. 이 과정을 통해 오리스 버터라는 콘크리트가 만들어지고 더 정제시켜 앱솔루트를 얻어내는 것이다. 1리터의 앱솔루트를 추출하려면 40톤의 뿌리줄기가 필요하다. 신비로우면서도 매우 강렬한 그 향은 깊고 부드러우며, 과거 할머니들이 즐겨 쓰던 페이스파우더를 연상시킨다. 플로렌틴 아이리스는 샤넬 No. 19에서 가장 두드러진 향으로, 이란산 목재의 나무진으로 만든 그린 향의 오일 갈바눔의 날카로움을 매끈하게 정리해준다. 중세 시대에는 가루로 만든 아이리스 뿌리가 유럽의 많은 파우더 향수의 주 성분으로 쓰였다. 향낭으로 만들어 몸에 매달거나 머리카락에 뿌리기도 했다. 껍질을 벗겨 조각조각 나눈 오리스루트는 묵주를 만드는 데 사용되었다.

향: 성聖과 속俗

인도의 성전聖典인《베다Veda》를 보면, 고대 인도에서는 방향성 목
재에 불을 붙이고 향수 연고를 속에 채워 넣어 힌두교 신에게 바쳤다
고 기록되어 있다. 힌두교 신화에는 향수가 흘러넘치는 다섯 개의 천
국이 등장한다. 힌두교의 우두머리 신 인드라는 항상 가슴에 샌들우
드 장식을 한 모습으로 그려지고, 사랑의 신 카마는 활과 끝에 꽃잎을
씌운 화살을 들고 있다. 힌두교에서는 브라마 신이 비슈누의 배꼽에
서 자란 연꽃에서 태어났다고 말한다. 브라마가 다스리는 천국의 가
장 중요한 장식은 푸른 금후박 꽃으로, 목련과科에 속하며 강렬한 향
을 가지고 있어 향수 제조에 많이 쓰이는 식물이다.

기원전에는 사제들이 곧 조향사였다. 반죽을 갈아 향과 연고를 만
드는 기술은 매우 신비스럽고 경이로웠다. 제사장들은 제단의 향로에
담긴 숯에 향을 뿌려 성화聖火가 꺼지지 않도록 했다. 헬리오폴리스에
서는 태양 숭배자들이 아침 일찍 동이 트기 전에 고무수지를 태우고
정오에는 몰약을, 해질 무렵에는 아로마 혼합물인 카이피를 태웠다.

중세 유럽에서는 끊임없는 침략의 위협 때문에 보호 구역에서는
원예가 금지되었다. 여러 방향 식물과 약초들이 수도원 뜰에서 재배
되었고, 수사들은 약효 성분으로 사용하기 위해 향을 만들었다. 연금
술과 향의 치료 효과에 대한 지식을 바탕으로 그들은 새로운 향수와
약품 제조법을 발전시켜 나갔다. 수사들이 전용으로 사용하는 증류

장치가 있었고, 카르투지오 수도회와 프란체스코 수도회는 서로 더 좋은 향과 허브 추출물을 만들려고 경쟁했다. 그리고 향수 조제품을 판매하기 시작하면서 그들의 수도원은 유럽 전역에 이름을 떨치게 되었다.

향수는 1220년대부터 피렌체의 산타 마리아 노벨라(Santa Maria Novella, SMN) 향수 약재상의 도미니크 수도회 수도사들에 의해 만들어졌다. 이 약재상은 세계에서 가장 오래된 약국으로 수도사들이 허브와 꽃을 증류시켜 에센스와 향수, 약품을 만들기 시작하면서 설립되었으며, 당시의 향수 제조술과 약 처방법을 지금도 그대로 사용하고 있다. 실내에는 허브 향과 토스카나 시골 마을의 꽃향기, 나무를 땔 때 나는 연기, 라일락과 소나무 향, 여름철 로즈메리의 옅고 섬세한 향, 미모사를 떠올리게 하는 노란 브룸broom(양골담초)의 풀 향기, 사이프러스의 거친 우디 향이 가득하다.

수도원에서 만들어진 제품은 이탈리아뿐 아니라 유럽 전역에서 사랑 받았다. 중국에서도 주문이 들어올 정도였다. 몇 년에 걸쳐 대수도원장이 바뀔 때마다 새로운 조제법이 시도되었고, 19세기 중반에는 국가 소유가 되었지만 수도사들이 오랜 세월 동안 발명하고 완성시켜온 고유의 조제법들은 지금도 잘 보존되어 있다. 안젤로 팔라디니 수사는 15세기에 아몬드 페이스트와 백합 향수·향초香醋 등을 만들었는데 이것은 토스카나 귀족들 사이에 큰 인기를 불러모았다. 1707년 루도비코 베를링가치 수사는 뱀 고기를 넣어 그 유명한 '불로장생약'을 발명했다.

17, 18세기에는 향수를 병에 담아 작은 상자나 책 모양의 통에 넣

었고 상자 표면에는 금이나 안료로 장식을 새겨 넣었다. 영국 작가 새뮤얼 피프스Samuel Pepys(1633~1703)의 일기 《페피즈 레터스Pepy's Letters》를 보면, 이탈리아를 여행하던 조카 존 잭슨이 자신에게 '피렌체 에센스가 담긴 책'을 보냈다는 구절이 나온다.

석류 비누부터 로즈 엘릭시르까지, 상상할 수 있는 모든 원료로 만든 향수와 약품이 아직까지 수도원에서 만들어지고 있다. 심지어 아이리스 치약과 몰약 마우스 워시, 아쿠아 시칠리아, 미모사, 인동 덩굴, 담배, 스페인 비터 오렌지 가죽으로 만든 오 드 콜로뉴도 있다. 중세의 포푸리도 만들어졌다.

그리스와 로마 사람들은 신체 각 부위에 적절한 향을 골라 사용했다고 한다. 팔에는 민트, 가슴에는 팜 오일, 머리카락은 마조람, 무릎에는 그라운드 아이비, 포도나무 잎에서 추출한 향은 마음을 정갈하게 해주고, 흰 바이올렛은 소화 촉진 기능을 가지고 있었다. 12세기 성 베네딕트의 수녀원장 성 힐데가르데St. Hildegarde는 저서 《건강의 정원Le Jardin de Santé》에서 세이지와 아니스, 타임, 로즈메리, 그리고 무엇보다 라벤더의 치료 효능에 대해 설명했다. 그리고 전염병 퇴치를 위해서도 여러 가지 동식물 성분을 연구했다. 14세기 올리비에 드 라 하예는 실내 소독법으로 바닥에 방향 식물을 펼쳐놓고 식초와 장미 향수를 뿌리거나 로즈메리와 노간주나무 열매를 담은 팬을 가열하는 방법을 권했다. 전염병에 걸린 사람들은 페퍼와 시나몬 · 진저 · 사향 · 클로브 · 메이스 맛이 가미된 향기로운 와인으로 손과 입을 씻었다. 1370년에는 수많은 전염병 치료법이 등장했다. 이것은 '불르 드 상퇴르boule de senteur'라고 불렸으며, 방향 식물과 사람들이 들이마시는 동물성 추출물로 만들어졌다. 이것이 발전한 형태가 바로 향료 갑이다.

〈출애굽기〉30장 23~24절을 살펴보면, "너는 제일 좋은 향품을 취하되, 순수한 몰약을 오백 세겔, 향기로운 육계를 그 절반인 이백오십 세겔, 향기로운 향초 줄기를 이백오십 세겔, 계피를 오백 세겔, 이렇게 성소 세겔로 취하고, 올리브기름 한 힌을 취하여라."라며 성유聖油 만드는 법이 나온다. 세겔은 1온스이고 힌은 1갤런이므로 매우 엄청난 양이다. 시나몬과 향기로운 헤나 잎 같은 향신료를 빻아 향정香錠을 만들곤 했는데, 이것은 헤나 꽃 추출물로 인해 옅은 녹색을 띠었다.

중세 시대 향수는 교회에서 많이 사용되었다. 미사 때에는 향로에서 수지질의 향이 피어올랐고, 세례식에서는 향수 항아리가 사용되었다. 그러나 향수는 일상생활에서도 쓰이게 되었다. 메종 드 뱅Maisons de bain, 즉 목욕탕이 세워졌고 향기로운 허브와 향수로 채워졌다. 한 대중목욕탕의 중세 축소 모형은 남녀가 나무로 만든 커다란 욕조에 몸을 담그고 있고 하인들이 와인 병을 건네는 당시의 사치스러운 생활 방식을 묘사하고 있다.

축제 때의 연회장은 장미 화관으로 가득 차 있었다. 14세기 귀부인들은 바이올렛과 오렌지 · 라벤더 향수를 사용했고, 1365년 프랑스의 샤를 5세는 세이지와 히솝 · 라벤더 · 장미 · 바이올렛을 심어 정원을 꾸몄다. 사향 · 앰버 · 영묘향 · 동양 시나몬 · 벤조인 · 샌들우드 등도 상당히 인기였다. 용연향을 너무 좋아한 샤를 7세의 애첩 아네스 소렐은 겉옷을 용연향에 적시다시피 하고 다녔다. 당시 가장 인기 있었던 향은 시프레와 다마스크장미 · 샌들우드 · 알로에 · 사향 · 용연향 · 영묘향의 혼합물로 만들어졌다. 갈아서 가루로 만들면 부드러운 바이올렛 향이 풍기는 아이리스 뿌리는 피부 냄새에 잘 반응하여 최음제로 여겨졌다.

나는 이탈리아를 좋아한다. 그중에서도 어린 시절을 보냈던 토스카나 지방이 제일 좋다. 토스카나에는 내 어린 시절을 생각나게 하는 냄새들이 가득하다. 제라늄의 흙먼지 냄새, 레몬과 오렌지 나무의 시트러스 향, 아이리스 분말이 든 향주머니. 그리고 햇볕에 갈라진 토마토의 썩은 냄새와 소나무의 수지 향, 저장고에서 발효되고 있는 와인의 곰팡이 핀 시큼한 냄새, 올리브의 얼얼한 향, 여름철 무더위에 축 늘어진 재스민의 감미로운 향기. 내가 헤엄치며 놀던 잡초 가득 찬 염수 호수의 풀냄새와 화로 위 소스에서 끓어오르는 바질, 오레가노의 냄새도 있었다. 가을이면 무스카딘 블랙베리를 따던 기억, 겨울이면 머리카락에서 나던 나무 땔 때 나는 연기 냄새가 생각난다.

왜 내가 영국으로 이사했을까? 왜 그리운 이탈리아를 방문할 수 있는 휴가철만 손꼽아 기다리며 살았을까? 얼마 전, 가끔 피렌체와 런던을 오가며 이탈리아의 대학에서 근대 역사를 가르치는 아버지가 로마의 고대 향수 전시회 이야기를 꺼내시며 포폴로 광장 주변의 술집에서 향수 칵테일도 즐길 수 있다고 말씀하셨을 때, 나는 걷잡을 수 없는 흥분을 느꼈다. 결국 스티븐과 나는 어린 아들을 데리고 곧 왜금송이 늘어선 아피아 가도를 따라 로마로 향했다.

우리는 트라스테베레의 한 호텔에 숙소를 정했다. 친절한 여주인이 타르캥의 머리를 쓰다듬으며 이름이 뭐냐고 물었다. 내가 대신 말해주자 주인은 놀란 눈치였다. 로마 타르퀴니우스 왕의 피의 통치가 떠올랐기 때문이리라. 그의 아들 섹스투스 타르퀴니우스는 사촌의 아내인 루크레티아를 겁탈하여 결국 자살에 이르게 만들었다. 루크레티아의 남편 루시우스 콜라티누스는 아내의 피 묻은 시신을 들고 거리를 돌며 시민들의 봉기를 호소하였고 이들이 힘을 합쳐 타르퀴니우스 일가를 로마에서 추방한 결과, 마침내 로마 공화국이 선포되었다. 이름과 달리, 타르캥의 곰살맞은 태도에 여주인은 금세 녹아버렸다.

밤이 되었지만 너무 더워서 잠을 청할 수 없었다. 로마는 몇 년째 최악의 무더위에 시달리고 있었다. 더위에 아랑곳하지 않는 사람은 타르캥뿐이었다. 그도 그럴 것이 보채기라도 할까 두려워 수시로 아이스크림으로 달래주었기 때문이다. 다음 날 아침 우리는 아이를 베이비시터에게 맡기고 아버지가 말씀하셨던 전시회인 '아로마티카Aromatica'를 보러 택시를 타고 동양미술박물관으로 향했다. 첫 전시물은 큐레이터가 박물관 지하실에서 발견한 고수풀과 노간주나무 · 시나몬 스틱 · 쿠민 씨 · 몰약 · 향 결정체 등이 들어 있는 몇 개의 단지였다. 각종 연고가 들어 있는 유리병과 고대의 약병, 향 연소기와 표시판이 박물관의 영구 소장품 사이에 끼어 있었다. 나는 코를 바짝 가져다대면 맡을 수 있는 고대 향 시험관을 발견했다. 향이 방으로 날아가면 냄새가 강해져서 감상하거나 구별할 수 없게 된다. 라우라 토나토Laura Tonnato라는 조향사는 고대의 제조법으로 일부 향을 재창조하기도 했다. 고대 그리스와 로마의 제사용 연고를 다시 만든 것이다.

큐레이터인 도토레사 세라피나 페네스트리는 공간이 부족할 만큼 전시물이 많았다고 말했다. 우리는 유리병마다 코를 대고 냄새를 맡아보았다. 카시아, 시나몬, 노간주나무, 아카시아와 몰약으로 만든 이집트의 제사용 오일 '카이피', 월계수, 은매화로 만든 고대 그리스의 향수, 로마 제국의 짙은 유향, 그리고 로마의 대연회에서 사용된 장미수 등이 있었다.

그리고 향수 칵테일을 즐기기 위해 향기 바bar로 갔다. '향기바'라는 것은 '라 벨라 피규라la bella figura', 즉 패션과 최신 유행에 대한 관심을 매우 중요시하는 이탈리아에만 있을 수 있는 공간이다. 2003년 4월에 문을 연 올파토리오에서는 모든 손님이 식전주로 프로세코나 캄파리 대신 향을 첨가한 술을 마신다.

쾌활한 여자 바텐더 스테파니아 주코티가 만들어준 칵테일은 지쳐 있던 감각을 자극하여 재생시켰다. 그녀는 우리에게 칵테일 잔처럼 생긴 무제트라는 깊은 종이컵을 건네주었다. 그리고 그 컵을 향해 향수 스프레이의 손잡이를 당겼고 사람들은 그 향을 즐겼다. 스테파니아는 스프리처spritzer(백포도주와 소다수의 혼합 음료—옮긴이)를 만들어 내밀며 민트와 레몬·바질이 들어갔다고 설명하고는 올파토리오가 브랜드 이름이나 홍보 효과보다는 향 자체를 중시하는 향수 문화 발전을 위해 노력하고 있다고 말했다.

칵테일 잔을 여러 잔 비웠더니 무화과와 앰버·장미에 취해 약간 어지러웠다. 스테파니아는 내게 커피콩을 권했고 내가 가방을 뒤져 지갑을 찾자 올파토리오에서는 향수를 직접 판매하지 않는다며 29곳의 향수 매장 목록이 적힌 종이를 건네주었다. 올파토리오에서는 모든 시향이 무료였다. 스테파니아가 남녀 공용 향수라며 병 하나를 건네주었다. 바로 동물성 냄새와 가죽 · 톱밥 · 캐러멜 혼합물인 '징Dzing'이었다. 그 향을 맡으니 냄새를 찬양한 장 콕토Jean Cocteau 자서전의 한 구절이 떠올랐다.

서커스의 냄새, '누보 시르크Nouveau Cirque(새로운 서커스)'의 냄새는 정말 경이롭기 그지없다. 물론 당신은 그것이 말의 비료, 탠 껍질, 마구간, 건강한 땀이 뒤섞여 나는 냄새임을 알겠지만 그 외에 설명할 수 없는 무언가가 또 하나 있다. 분석이 불가능한 혼합물, 바로 쇼가 시작될 무렵이면 언제나 찾아오는, 목까지 차오르는 흥분과 기대감이다.

베이비시터에게서 타르캉을 찾아온 우리는 유로스타 펜돌리노 열차를 타고 피렌체로 향했다.

피렌체에 올 때마다 나는 흥분을 느낀다. 아버지의 아파트가 판돌피니 궁전의 피아노 노빌레piano nobile(이탈리아 궁전이나 저택 등 큰 건물에서 응접실이나 거실이 있던 주된 층—옮긴이)에 있기 때문에 나는 피렌체 지리에 훤한 편이다. 단테 생가에서 아주 가까운 거리다. 아버지의 침실 창문에 서면 한때 감옥이었으나 지금은 토스카나 조각박물관으로 쓰이고 있는 바르겔로 미술관이 보인다.

다음 날 아침, 나는 아이리스에 대해 조사하기 위해 피렌체의 조향사이자 학자 · 작가 · 연금술사인 로렌초 빌로레시Lorenzo

Villoresi를 만나러 갔다. 빌로레시 박사는 고대 철학과 성경 문헌학 박사 학위를 가지고 있다. 박사 과정을 마친 후에는 중동 지역을 광범위하게 여행하면서 세네카와 사도 바울 사이의 서신 왕래를 연구하였다. 그러나 그는 다른 분야에 빠지고 말았다. 이집트와 요르단 · 수단 · 모로코의 수크 문화에 매혹되어 외국의 오일과 에센스를 수집하기 시작한 것이다. 얼마 전부터는 사람들에게 직접 향을 만들어주고 있다고 한다.

1990년에는 자신의 향수 연구소 'LV'를 정식으로 설립하였고, 이러한 활동이 그동안 침체되어 있던 피렌체 향수 산업에 생기를 불어넣고 있다. 빌로레시 박사는 향수에 대한 책을 두 권 펴냈다. 한 권은 향수의 문화와 역사에 대한 것이고, 또 다른 한 권은 목욕 기술에 대한 것이다. 수세기 동안 그의 가문이 소유하고 있는 한 15세기 궁전 맨 꼭대기 층에 자리 잡고 있는 그의 작업실은 초라하지만 기품이 느껴졌다. 조향사 하면 떠오르는 화려하고 거만한 이미지는 그에게서 찾으려야 찾아볼 수 없다. 가족사진과 초상화, 낡은 실크 쿠션들이 가득하고 구석진 골방에는 소파침대 옆에 향수에 대한 책들이 산더미처럼 쌓여 있었다. 시향을 위해 빌로레시 박사를 만나러 가는 것은 마치 가정교사나 주치의를 만나 이런저런 이야기를 하는 것과 다를 바 없었다.

빌로레시의 책상 위에는 저울과 시험관, 유리 증류 장치, 그리고 플로렌틴 플라스크가 있었다. 벽에 늘어서 있는 캐비닛과 목재 선반에는 1,000여 개에 이르는 황색의 유리병과 에센스 · 앱솔루트 · 오일 병이 정리되어 있었다. 아로마 집합소가 따로 없었다.

그중에서도 가장 인상적인 것은 프레시 커트 그래스fresh cut grass, 시 브리즈sea breeze, 담배tobacco, 웨트 퍼wet fur였다. 특히 웨트 퍼는 재스민 화합물에서 나오며 젖은 모피 코트 같은 냄새를 풍긴다. 작업실 너머로 응접실과 로지아loggia(이탈리아 건축에서, 한쪽 벽이 없이 트인 방이나 홀을 이르는 말―옮긴이)가 있었고, 로지아에 서니 푸른 아르노 강과 베키오 다리·궁전·사이프러스로 둘러싸인 안개 낀 언덕이 내려다보였다.

빌로레시 박사는 예의상 나를 기억하는 체했다. 수염을 기른 눈에 띄는 외모에 매우 친절한 성품을 가지고 있던 그는 버버리 바지에 노란 양말, 그리고 스니커즈를 신고 있었다. 아직도 오리스 루트 버터를 사용하고 있냐는 내 질문에 그는 한숨을 쉬며 오리스 앱솔루트 값이 같은 무게의 금값보다 세 배나 높아서 현재 1킬로그램당 4만 달러에 이른다고 말했다. 그리고 오리스 에센셜 오일을 몇 가지 가지고 있지만 너무 비싸기 때문에 정말 부유한 고객이 주문한 경우가 아니면 사용하지 않는다고 덧붙였다.

빌로레시 박사는 천연 에센스로 지금까지 15가지의 시그너처 향을 만들었다. 그는 라벤더, 오크모스, 또는 마이소르 샌들우드 향과 섞인 고상한 느낌의 파출리, 그리고 샐러리, 너트메그, 민트 향이 가미된 거칠고 투박한 느낌의 베티베르 등 싱글 노트를 가장 중요하게 생각했다. 토스카나 정원에서 영감을 얻은 스페치에 Spezie라는 향도 있는데, 이 향의 원료는 월계수와 오레가노·세이지·타임·로즈메리·라벤더·회향·토마토 잎·겨풀·전나무 등으로 주니퍼와 클로브를 첨가해 더욱 풍부한 느낌을 살렸다. 팔에 살짝 뿌려보았더니 향이 증발하면서 어린 시절 뛰놀던 정원이 눈앞에 펼쳐졌다.

빌로레시 박사는 자신이 하나의 향을 만드는 데 걸리는 시간이 보통 2년이며 기억을 향으로 표현하기 위해 여러 가지 경험과 느낌을 항상 메모해둔다고 말했다. 또한 원료가 변질되지 않도록 주의해야 하며 일단 최종 합성물질을 만든 후 그것을 알코올에 담가 희석시켜야 한다고 설명했다. 그는 행복하고 편안한 느낌, 완성된 느낌을 주면서 주위 사람들도 기분 좋게 만들어주는 것이 좋은 향수라고 말했다. 또한 자신만의 향수를 원하는 고객들은 후각적 분석을 통한 상담을 받아야 한다고 덧붙였다. 그리고 아나스타샤가 내게 물었던 것처럼, 빌로레시 박사도 고객들에게 가장 적합한 향을 알아내기 위해 그들의 꿈을 물은 다음 정신을 분석하고 탐구한다고 했다. 모든 과정을 거치는 비용이 300파운드에 이르지만 그 안에는 완성될 향수 값도 포함되어 있다. 물론 불가리안 로즈·퓨어 재스민·오리스루트 등 구하기 힘든 원료를 원할 경우, 비용은 더 올라간다.

빌로레시 박사는 자신이 어떤 향수를 원하는지 정확히 설명하지 못하는 사람들도 많은데, 그런 경우에도 섣불리 판단하고 마음대로 향수를 만들지 않으려고 조심한다고 말했다. 누군가의 기분을 울적하게 만드는 향이 다른 사람에게는 행복을 느끼게 할 수도 있기 때문이다. 하지만 대부분의 사람들이 갖고 있는 향에 대한 지식은 매우 부분적이다. 소설가 이탈로 칼비노Italo Calvino 역시 《이름과 향The Name, The Nose》에서 이러한 생각을 드러내었다.

그러나 수많은 유리병과 앰풀, 마개 달린 단지가 어우러져 화음과 협화·불협화·대위·전조·카덴차를 이룬다 해도 아무 소용 없을 것이다. 우리의 둔감한 후각이 더이상 아무 노트도 감지하지 못할 테니까.

대부분의 사람들이 향수에 최음제를 넣고 싶어한다. 때때로 빌로레시 박사가 만든 향수에는 사향과 용연향이 많이 들어가 원치 않는 관심까지 끌어모으기도 한다. 그는 최음제를 요구한 한 미국인 고객이 그 향수를 뿌릴 때마다 고양이 떼가 따라온다며 툴툴거린 적이 있다고 말했고, 또 끔찍이 아끼던 강아지가 죽자 그 체취를 남기고자 자신을 찾았던 한 여성 고객이 가장 기억에 남는다면서, 그 고객이 완성된 향수를 가지고 자신의 스튜디오를 나가자 거리에 있던 개들이 쫓아가는 것을 보고 성공했다는 걸 알았다고 말했다. 그녀가 영국인이었냐고 묻자 그가 고개를 끄덕였고, 우리는 약속이라도 한 듯 동시에 웃음을 터뜨렸다.

세레니시마Serenissima(베네치아의 옛이름), 향수, 그리고 유리 향수병

13세기 무렵, 베네치아는 중세 시대 동서 무역의 중심지로서 동양으로 가는 관문이자 향수 제조 산업의 중심지였다. 베네치아 상인들은 리비아와 아르메니아, 시리아뿐 아니라 인도와 중국의 상인들과도 교류했다. 베네치아는 사향과 페르시아산 장미 향수·방향제·앰버·페퍼·장뇌 등의 향수와 향료가 오가는 거대한 시장이었다. 상인은 크게 치료제를 파는 약제사 아포티카리apothicarii, 향료 판매상인 스페시아리speciarii, 약초를 파는 헤르바리herbarii, 향수를 파는 아로마타리aromatarii로 분류되었다. 모스키에리moschieri라 불리는 사향 전문가도 있었는데, 이들은 작은 납 상자에 사향노루의 분비선이나 사향고양이의 방광을 담아 판매했다.

유행에 민감한 부유층들에 의해 향수의 인기와 수요도 점점 올라갔다. 그들은 신체뿐만 아니라 겉옷과 구두, 양말, 가구, 심지어 돈과 슬리퍼에도 향수를 뿌렸다. 욕조에는 사향을 채우고, 머리핀에는 앰버 장식을 달았다.

중세와 르네상스 시대를 지나면서 베네치아 사람들은 베네치아 운하에 위치한 무라노 섬에서 향수를 담을 유리 용기를 제작하기 시작했다. 유리 공예 기술은 철저하게 단속되었기 때문에 기술자들은 외국에 나가는 것도 허용되지 않았다. 만일 허가 없이 외국에 갔을 경우 처형되었을 정도이다.

1224년 무라노 섬의 유리 세공사들은 베네치아 군주에게 작은 향수병인 오리카니oricanni를 바쳤다. 세공사들은 주로 무색에 딱딱 소리가 나며 투명한 유리에 색을 칠하거나 금가루 또는 에나멜을 입히고, 선조線條세공하여 향수 용기를 만들곤 했다. 채색된 유리 막대를 조각내어 조심스럽게 녹이거나 밀레피오리millefiori라고 알려진 모자

이크 효과를 사용하기도 했다. 이러한 유리병 표면을 문질러 광택을 내었으며, 완성품은 매우 아름다웠기 때문에 주문량도 많았다. 그러나 불행히도 19세기 들어, 제품의 질이 떨어지면서 밀레피오리의 심미적 가치도 저하되었지만, 잘 찾아보면 아직도 일부 골동품 상점에서 전성기 시절의 물건을 만날 수 있다.

무라노의 유리 세공사들은 묵주와 목걸이의 재료가 되는 유리 진주도 만들었다. 16세기 조향사인 안드레아 비아도레는 목 부위 피부에 닿으면 증발하는 향수를 진주에 몇 방울 주입하면 어떨지 의견을 내놓기도 했다. 액세서리로 사용할 수 있는 작은 향수병들도 만들어졌다.

빌로레시 박사와 오리스루트 버터의 천문학적인 비용에 대해 이야기 나눈 후, 우리는 그것을 찾아보러 토스카나의 시골 지역으로 향했다. 우리는 체르토사 수도원의 아랫길을 따라 차를 몰았다. 피렌체가 점점 멀어져 가면서 사이프러스와 포도나무·올리브 숲으로 뒤덮인 언덕이 우리 앞에 모습을 드러냈다.

아이리스 협회 회장이자 피렌체 아이리스 가든 대표인 발레리아 로셀리는 내게 평생 아이리스를 연구해온 세르니 카살리니 Serni Casalini 부인을 소개해주었다. 내가 시골에서 자라 토스카나 사투리를 할 줄 안다는 사실을 알게 된 그녀는 오리스루트를 씻고 껍질을 벗기면서 읊는 스토르넬stornelle(토스카나의 생활 방식을 노래한 시—옮긴이) 몇 가지를 가르쳐주었다. 그녀는 갈로체 또는 졸라가

론콜리라는 굽은 칼로 벗겨낸 뿌리를 가리키는 토스카나 방언이라고 알려주었다. 카살리니 부인은 감자처럼 깨끗하고 하얗게 될 때까지 뿌리껍질을 벗긴 다음, 씻어서 물에 담가 부드러워질 때까지 놔둬야 한다고 말했다. 뿌리줄기를 담갔던 물은 살균제로 쓸 수 있다. 뿌리줄기를 등藤 매트 위에 펼쳐 말리기 시작하면 다시 젖지 않도록 특별히 주의해야 한다. 비를 조금만 맞아도 모두 버려야 하기 때문이다. 비가 올 기미가 보이면 반드시 실내로 옮겨두어야 한다. 카살리니 부인은 뿌리줄기 냄새가 집 안 곳곳을 가득 채울 만큼 진하다고 말했다. 뿌리줄기를 거둬들여도 완전히 마르지 않으면 곰팡이가 필 수 있다. 또한 작은 뿌리와 큰 뿌리는 분리해놓아야 하는데, 보통 이 분리 작업은 노인과 아이들이 맡아서 한다. 그러나 오늘날에는 수확량이 매우 적고 아이리스를 기를 농부들도 크게 부족하다. 카살리니 부인의 말로는 농부 한 명이 아이리스 농사로 일 년에 2400만 리라까지 벌어들이던 때도 있었다고 한다.

19세기 중반, 산 폴로 출신의 아드리아노 피아체시는 아이리스 농사의 잠재성을 깨닫고 유럽 전역을 돌며 오리스루트 거래를 시작했다. 19세기 말부터 1930년대까지 산 폴로와 폰타시에베 지역은 아이리스 농사의 중심지였다. 모든 농장과 사유지에도 아이리스 농사를 위한 특별 지정 구역이 있어 함부로 개발할 수 없었고, 폰타시에베산 뿌리줄기는 지중해 지역에서 최고의 품질을 인정받았다. 모든 농업 활동이 6월에서 9월 사이 아이리스를 중심으로 돌아갔는데, 이 4개월 동안 주로 뿌리줄기를 파내어 준비하는 길고 까다로운 작업이 진행되었다. 그러나 2차 세계 대전 후부터 폰타시에베의 아이리스 농사는 점점 내리막길을 걷게 되었고, 아이리스는 모로코 같은 인건비가 싼 나라에서 재배되었다.

그렇다고 폰타시에베 지역에서 아이리스가 완전히 사라진 것은 아니다. 카살리니 부인과 나는 5월이면 땅을 뒤덮는 보랏빛 아이리스 이야기로 한참을 떠들어댔다. 떠날 시간이 되자 그녀는 내게 뿌리줄기 하나를 건넸다. 그 선물이 지금도 내 가방 안을 달콤한 향으로 채우고 있다.

다음으로 나는 지아니 프루네티라는 젊은 농부를 찾아갔다. 그가 산 폴로에 산다는 이야기를 듣고 나는 깜짝 놀랐다. 내가 어릴 때 지내곤 했던 티차노 별장에서 가까운 마을이었기 때문이다. 나의 아버지는 창문을 열면 이른 5월의 햇살에 눈부시게 활짝 핀 아이리스 밭이 펼쳐지던 그 별장을 유난히 사랑하셨다. 토스카나의 태양 아래, 그 별장에서 지내던 행복한 시절을 지금도 기억한다. 나는 농부들이 아이리스를 파내어 뿌리껍질을 벗기고 물통에 던져 넣는 모습을 신기한 눈빛으로 바라보곤 했다. 그러나 당시에는 아이리스를 왜 파내는지 몰랐다. 그 뿌리가 향수의 원료가 된다는 사실은 상상도 못했기 때문에 내겐 그저 9월의 추수, 10월 말의 올리브 수확과 다를 것이 없었다.

나는 마을 광장에서 지아니 프루네티를 만났다. 그는 금발에 파란 눈을 가진 전형적인 토스카나 사람이었다. 스물네 살밖에 안 되었지만 나이에 비해 매우 생각이 깊은 그는 아이리스의 전통을 지켜 나가기로 결심한 젊은이였다. 우리는 그의 가족이 경영하는 농장으로 차를 몰았다. 한낮의 태양빛에 이운 아이리스 밭 옆에서 귀뚜라미가 울고 있었다. 지아니가 꽃 몇 송이를 파내어 뿌리를 보여주며 각 뿌리의 윗부분을 남겨두었다가 9월에 다시 심는다고 설명했다. 그리고는 5월의 아이리스 수확과 축제를 기억하냐고 물었다. 물론이다. 지아니는 자신의 가족을 비롯하여 그 지역의 모든 농부가 수확이 끝나자마자 곧바로 뿌리줄기 자루를 그라스로 보낸다고 말했다. 예전에는 피렌체에서 그라스까지 뿌리줄기를 운반하는 전용 열차도 있었다. 그러나 최근 과학자들이 진짜 오리스루트 향과 매우 비슷한 합성 아이리스 향을 만들어내면서 그라스의 조향사들도 이제 토스카나산 천연 오리스루트 대신 그 합성향을 사용한다고 한다.

이제 아이리스를 취급하는 회사나 농장은 거의 없다고 말하는 지아니의 표정이 매우 어두웠다. 그도 그럴 것이, 현재 남아 있는 아이리스 농장은 극소수이고 이와 함께 아이리스 재배 전통도 점점 사라지고 있기 때문이다. 합성향이 아닌 진짜 오리스루트를 선호하는 회사들이 아직 몇 곳 있지만 그들의 주문도 매년 300자루에서 30자루로 줄어들고 있는 실정이다. 한때 토스카나의 아이리스 생산을 유지시켜주었던 주요 프랑스 회사들이 더이상 토스카나산 뿌리줄기를 원하지 않기 때문에 새로운 고객을 찾아야 했다. 지아니는 향수는 천연원료로 만들어야 한다는 신념을 가지고 있었다. 그것이 토스카나의 오리스루트 산업에 도움이 될 거라고 믿었다.

또한 1990년대 호저porcupine(호저과의 포유동물. 몸길이는 70센티미터 정도이며, 부드러운 털과 뻣뻣한 가시털이 빽빽이 나 있고 목에는 긴 갈기가 있다—옮긴이) 사냥이 금지된 이래, 아이리스의 뿌리를 파헤쳐 먹는 호저가 점점 늘어나면서 야생 아이리스도 사라지고 있다고 말했다.

우리는 포도나무 그늘에 앉았다. 이곳에서 뿌리껍질을 벗기고 물에 담그는 작업이 이뤄졌다. 지아니가 아이리스를 베어내는 데 사용하는 구부러진 칼을 보여주며 그 칼을 만드는 기술자도 이제 딱 한 사람 남았고, 껍질을 벗기는 사람도 예전엔 열두 명까지 고용했지만 지금은 세 명뿐이라고 말했다. 지아니는 뿌리를 햇볕에 말리면 그 크기의 3분의 1까지 오그라든다면서 매트 위에 놓인 뿌리가 마치 시폴라타 소시지같이 보인다고 말했다. 사실, 어릴 적 나도 그렇게 생각하곤 했다. 공장 뒤편에는 사우나처럼 숨 막힐 정도로 뜨거운 목조 창고가 있었다. 지아니가 껍질을 벗긴 최상급 뿌리와 아직 껍질을 벗기지 않은 그 아래 단계의 뿌리를 내게 보여주었다. 그리고는 2년 동안 창고에서 말려야 하는데, 2년 후 뿌리줄기의 수요가 어느 정도일지 걱정된다고 말했다. 손질이 끝난 뿌리줄기는 통째로 운반해야 한다. 그렇지 않으면 향을 잃을 수 있다. 내가 땀을 뻘뻘 흘리며 뿌리줄기 냄새를 맡아보려고 하자 지아니가 싱싱한 뿌리줄기에서는 냄새가 나지 않는다고 말했다.

우리는 시원한 공장 안으로 들어갔다. 지아니가 방문객들을 맞이하는 응접실로 나를 안내했다. 실내에는 밀랍과 좀약 냄새, 린넨 상자 안에 놓인 향주머니에서 풍기는 아이리스 향이 진동했다. 육중한 토스카나 참나무 가구들, 싸구려 유리 장식, 그릇 깔개, 레이스 탁자보, 그리스도 상, 묵직한 문직紋織 커튼이 눈에 띄었다.

그곳을 떠나면서, 내가 둘러본 곳이 토스카나 지방에 남은 마지막 아이리스 밭이라는 사실을 알게 되었다. 어릴 적 목가적이던 토스카나의 모습은 사라지고 없었다. 이제는 키안티셔Chiantishire(키안티라는 포도주 이름을 딴 토스카나의 영국식 지명—옮긴이)가 아니라 그냥 일반 도시와 다를 바 없었다. 메디치 가문의 저택은 헬스센터나 고급 레스토랑으로 바뀌어 있었고, 시내에는 와인과 라벤더·꿀·오일이 수북이 쌓인 작은 음식점들이 늘어서 있었다. 탈곡장이 있던 곳에는 수영장이 들어서고, 황폐한 마을은 벌써 복구되어 있었다.

나는 베네데타 알판데리Benedetta Alphandery를 만났다. 검정 옷에 진주로 장식된 플립-플롭을 신고 나온 그녀는 내게 아이리스에 대해 쓴 자신의 책 한 권을 선물했다. 그녀는 현재 아버지와 함께 SMN 향수 약재상을 운영하고 있다. SMN에서는 13세기 도미니크 수도회 수사들에 의해 시작된 향수 제조 전통이 계속 이어지고 있다. 그 전통이 스테파니 가문을 거쳐 알판데리 가문으로 이어진 것이다. 그곳에 오기 전, 택시를 잡아타고 피렌체 외곽에 있는 SMN 연구소에 가자고 하자 택시 기사는 SMN의 포푸리가 든 봉투를 흔들어 보이며 항상 자동차 계기판에 달고 다닌다고 말했다.

베네데타는 사내社內 화학자에게 나를 소개했다. 나는 진짜 아이리스 향이 아직도 만들어지는지 물어보았지만 아이리스 밭이 점점 줄어들고 뿌리가 자라는 데 걸리는 시간이 너무 길어 어렵다는 대답밖에 듣지 못했다. 베네데타는 아이리스는 20시간 이상 증류시켜야 하고 그 결과물인 끈끈한 버터를 용매 추출하여 앱솔루트를 얻는다고 설명해주었다. 100밀리리터의 에센스를 만드는 데 가루 형태의 뿌리줄기 약 100킬로그램이 필요하기 때문에 현실적으로 매우 어렵다는 것이다.

베네데타와 나는 연구소 주위를 둘러보았다. 그녀는 이곳의 향수 제조법이 중세 시대부터 그대로 이어지고 있으며 천연향에 대한 선호도가 점점 높아지고 있다고 말했다. 베네데타는 그 이유를 이렇게 분석했다. 유명 브랜드의 화학 제품은 누구에게 뿌리든지 똑같은 향이 나지만 천연향수는 각 사람의 체취에 따라 다른 반응을 일으키고 다른 향을 내기 때문이라는 것이다. 베네데타가 말하길, SMN에서는 칼라브리아산 베르가모트와, 인도네시아와 실론, 인도산 베티베르, 파출리, 샌들우드 등 세계 곳곳에서 공수해온 에센셜 오일을 베이스 노트로 사용한다. 그곳의 한 젊은 화학자는 스페인산 로즈메리 에센스를 3년 동안 점검하고 있다고 말했다.

중세의 포푸리 제조법 가운데 하나이다. 석류 모양의 테라코타 단지 안에 꽃을 가득 채워 넣는 모습이 보였다. 허브와 꽃의 향기가 차고 깨끗한 공기에서 뒤섞이면서 은은하고 순수한 향기가 퍼져 나왔다. 풍부하고 화려한 느낌의 프랑스 향과 구별되는 이탈리아 향의 매력이 느껴졌다. 나는 이탈리아 향을 좋아한다. 다만, 이탈리아 향은 활기를 불어넣어 주고 맑고 투명한 성질이 있기 때문에 낮에 어울리고, 프랑스 향은 고혹적이면서 관능적이기 때문에 밤에 더 잘 어울린다. 달리 표현하면, 이탈리아 향은 린넨과 면, 프랑스 향은 새틴과 실크에 가깝다고나 할까.

르네상스 시대의 미용 관리법

르네상스 시대에는 향료를 이용한 수백 가지의 화장품 제조법이 등장했다. 이러한 화장품 제조법은 음식 조리법에 더 가까운 느낌을 주고, 일부는 매우 황당하고 혐오스러워 보이기까지 한다. 21세기 '클라란스Clarins' 매장에서는 결코 찾아볼 수 없는 것들이다.

포를리 백작 부인이자 연금술사로서 왕국을 지키기 위해 병사들과 진군했던 카테리나 스포르차Caterina Sforza는 1525년 사후 출판된 저서 《엑스페리멘티Experimenti》에 수백 가지의 화장품 제조법을 기록해놓았다. 그 가운데에는 백합과 테레빈유 · 꿀 · 모유 · 장뇌 · 신선한 달걀 · 비둘기와 제비를 모두 증류시켜 만드는 재생 마스크도 있다. 밝은 피부색을 되찾아준다는 또 다른 페이스 마스크 제조법은 상상을 초월한다. 어린 까마귀에게 둥지를 틀고 알을 낳게 한 다음, 40일 후 그 새끼들을 죽여서 은매화 잎과 활석 · 아몬드 오일과 함께 증류시킨다니, 듣기만 해도 간담이 서늘해진다.

우유에 적신 송아지 고기, 또는 밀가루와 섞은 달걀흰자를 얼굴에 바르는 취침 전 마사지법도 소개되어 있다.

피렌체 중심가로 들어서자 베네데타는 SMN 향수 약재상을 보여주었다. 나는 수세기 동안 차고 어두운 수도원을 에워싸온 향에 대해 상상해보았다. 알판데리 씨는 우리를 살라 베르데sala verde(녹색 프레스코 벽화로 장식된 방―옮긴이)로 안내했다. 그곳에서는 심기증 心氣症(근거 없이 자신이 큰 병에 걸린 것처럼 생각하는 정신병적 증상―옮긴이) 환자들의 충동과 변덕을 맞춰주기 위해 모든 종류의 약품이 판매되고 있었다. 신고딕 양식으로 만든 여러 개의 호두나무 캐비닛에 유리와 주석으로 만든 16세기 세공 온도계, 구리 증류기, 그리고 청동과 대리석으로 만든 거대한 절굿공이 등이 전시되어 있었다. '살라 베르데'의 여러 장치가 증명해주듯, 르네상스 시대는 향수 제조술의 발전에 하나의 획을 그은 시기였다.

우리는 최근까지 모든 제품을 만들었다는 옛날 향료 매장에 들어가 보았다. 텅 빈 실내에 한때 뿌리줄기를 가는 데 사용한 낡은 아이리스 분쇄기가 남아 있었다. 그 옆에 있는 바구니에는 바짝 마른 아이리스 뿌리가 버려져 있었다. 문득 그 아이리스 뿌리가 얼마나 오랫동안 바구니 안에 놓인 채 뭐라 설명하기 어려운 향을 내뿜고 있었는지 궁금해졌다. 아마도 르네상스 귀족의 향이었으리라.

현재 알판데리 씨의 사무실로 쓰이고 있는 수도원의 오래된 독방을 둘러봄으로써 모든 투어가 끝났다. 그 사무실에서 세상과 차단된 안뜰이 내려다보였다. 저녁 기도 시간을 알리는 종이 울리자 알판데리 씨는 현재 수도원에 불과 아홉 명의 수사들이 남아 있다고 말해주었다. 나는 향수를 증류시키는 수사는 이제 토스카나에 한 사람도 없을 거라고 생각했다.

알판데리 씨에게 나라마다 선호하는 향이 있냐고 묻자, 그는 일본 사람은 민트를, 미국 사람은 고풍스러운 포푸리를, 게이들은 투베로즈를 매우 좋아한다고 대답했다. 그리고 순수한 토스카나의 이미지를 연상시키기 때문에 미모사도 많은 사랑을 받고 있다고 덧붙였다. 알판데리 씨는 떠나는 내게 아몬드 비누와 석류 향수를 담은 상자를 선물했다.

스칼라 길을 따라 시뇨리아 광장을 벗어나자마자 나는 오래된 약재상을 또 하나 발견했다. 도토레 비차리라는 그 약재상에 들어가 순수한 아이리스 에센스를 발라보았다. 작은 물방울이 팔에서 증발하면서 풀 향기, 또는 갓 베어낸 건초 냄새가 났다. 들판에 흩어져 있는 수많은 허브와 꽃향기가 바람에 휘날리고 햇볕에 따스해졌다. 나는 그 향기를 들이마셨다. 아이리스 에센스가 피부에 스며드는 것을 느낀 나는 다음 노트가 나타나기를 기다렸다. 하지만 더이상의 향은 없었다. 천연 아이리스 버터는 향이 강하지 않기 때문이다. 섬세하고 민감한 향 때문에 아이리스는 다른 향을 강화시키는 완벽한 고정제로 많이 쓰인다. 나는 만다린과 유칼립투스 추출물이 들어간 아몬드 오일도 선택했다.

약국 문을 나서는데 두오모 성당의 종소리가 들려왔다. 순간, 우울한 기분이 몰려왔다. 이탈리아를 떠날 때마다 느끼는 기분이다. 그러나 내 향수에서 아이리스 향이 항상 토스카나와 그곳에서 보낸 어린 시절을 떠올리게 할 거라는 사실을 알고 있었다. 그라스의 모니크 레미 연구소에서 오리스 앱솔루트를 받은 것은 정말 큰 행운이었다. 아주 딱딱한 캔디 같았지만 녹이면 끈끈해지면서 그 향이 옷 속으로 스며들었다. 그 기분이 너무 좋았다.

나처럼 토스카나에서 자란 사람에게는 그곳의 거친 지형마저 영혼의 일부가 된다. 문득 키안티 아이리스 뿌리로 만든 향수를 꼭 갖고 싶다는 생각이 들었다. 아이리스 뿌리 향은 플로럴 계열이 아니다. 일부 사람들의 말처럼 바이올렛 향과 비슷하다고도 생각하지 않는다. 아이리스 뿌리는 전형적인 뿌리 향을 가지고 있으며, 여름날 소나기가 그친 후 모든 것이 씻겨나간 깨끗한 공기 냄새와 같다. 또한 회향과 비슷한 향긋한 오버톤을 가졌으며, 단호한 남성적 기운과 '비노 노빌레Vino Nobile' 느낌의 풍미, 그리고 르네상스 시대를 연상케 하는 기품 있는 향으로 플로럴 노트를 안정감 있게 받쳐준다.

스티븐·타르캥과 함께 피렌체를 벗어나면서 또 하나의 호기심이 머릿속에 떠오르는 것을 느꼈다. 자연 상태에서 너트메그는 어떤 모양일까? 빨리 아시아 향료들에 대해 알아보고 싶었다. 또 다른 원료들을 만나러 간다는 사실에 나는 흥분과 초조함을 감출 수 없었다. 다음은 스리랑카이다.

The Scent Trail

6장

향긋한 사향내를 풍기는 너트메그

○

향료 섬
스리랑카

흙에는 온갖 보석이 감춰져 있고, 식물 표본실에는 살렘과
마드라스의 시나몬 · 너트메그 · 진저 · 아편 · 해시시 · 로즈 오일 ·
빈랑나무 열매 · 고추 열매 · 대추야자 설탕 · 히말라야 홍차 ·
알로에 · 사프란 · 인도 쪽 등 수많은 향이 피어오른다.
이곳이 바로 먼 옛날 솔로몬이 말했던 향의 나라가 아닐까?

테오필 고티에
《오리엔트The Orient》

나는 스리랑카와 인도를 혼자 여행하기로 마음먹었다. 여행 경비 때문이기도 했지만 가장 큰 이유는 타르캉을 모로코에 데려갔던 것이 생각보다 너무 힘든 경험이었기 때문이다. 어릴 때 어머니는 동생과 나를 자동차에 태우고 터키까지 달리곤 했지만 그때는 항상 보모가 같이 있었다. 타르캉을 데려가자니 무더운 기후는 물론이고 말라리아에 걸리지 않을까 걱정되었다. 결국 아무 걱정 없었던 어머니와 달리, 나는 두 살 반 된 아들을 영국의 탁아시설에 보내기로 하고 스티븐에게 아이를 부탁했다. 스리랑카나 인도는 여자 혼자 충분히 여행할 수 있는 곳이었다.

너트메그가 향수 원료로 쓰이는 경우는 그리 많지 않다. 그러나 내가 너트메그를 처음 알게 된 건 조 말론Jo Malone의 향수 '진저 앤 너트메그'를 통해서였다. 나는 이 향수에 중독됨과 동시에 너트메그라는 원료에 푹 빠져버렸다. 평소 너트메그를 갈아 넣은 베샤멜 소스를 즐기던 나는 향수에도 너트메그를 넣으면 어떨까 생각해보았다.

진한 사향내가 나는 너트메그 나무는 상록수이며 최고 18미터
까지 자란다. 자두와 비슷하게 생긴 열매를 쪼개면 주홍색 레이스
모양의 껍질이 보인다. 이 껍질이 또 다른 향료인 메이스이며 열
매의 씨인 너트메그를 감싸고 있다. 너트메그 오일을 증기 증류시
키면 날카롭고 남성적인 향조를 느낄 수 있다.

너트메그라는 단어의 어원에 대해 여러 가지 설이 존재하고 있
다. 아랍 사람들을 통해 너트메그를 알게 된 동로마 제국의 상
인들이 사향을 뜻하는 아랍어 메스크mesk에서 파생된 너트메그
nutmeg라는 단어를 사용하게 되었다는 설이 있는가 하면, 사향의
프랑스어인 뮈게트muguette에 열매를 의미하는 누아noix를 붙여서
누아 뮈게트noix muguette라는 구가 만들어졌다는 설도 있다. 후자
가 좀 더 설득력 있는 주장인 듯싶다. 프랑스어에서 파생된 초기
영어 노트머지notemuge는 '너트메그nutmeg'로 발전했다. 너트메그
의 학명 '미리스티카 프라그란스Myristica fragrans'는 너트메그가 향
긋한 사향내를 가지고 있음을 설명해준다. 고대 인도 사람과 중국
사람들은 메이스와 너트메그를 각각 산스크리트어 '자티-코사Jati-
kosa'·'자티-팔라Jati-phala'라고 불렀으며, 너트메그의 분류법을
자세히 기록했다.

엘리자베스 데이비드는 시선집《집 안에 너트메그가 있나요?Is
there a Nutmeg in the House?》에서 18~19세기 초 유명인들의 흉상으
로 유명했던 조셉 놀리컨스가 너트메그를 너무 좋아해서 훔쳐온
적도 있다는 이야기를 기록했고, 또 "너트메그는 초서 시대에 이
미 영국에 소개되었다. 초서는 맥주에 대한 글에서 너트메그를 언

급했다."라는 글도 남겼다. 18세기 사람들은 악귀를 쫓기 위한 부적이나 펀치, 럼주에 풍미를 더하기 위한 향신료 같은 다양한 용도로 너트메그를 사용했고, 어디를 가든지 휴대용 너트메그 강판을 가지고 다녔다. 공들여 장식된 은 강판과 박스는 포켓 위스키병, 코담배 갑, 여행용 포크와 더불어 18세기 귀족들의 필수품이 되었다. 19세기 찰스 디킨스는 양복 조끼에 항상 소형 너트메그 강판을 가지고 다녔다고 한다.

너트메그는 13세기 아랍 상인들이 중동과 지중해 지역에서 무역을 하기 시작하면서 영국에 소개되었다. 또한 스토디오스 수도원의 성 테오도르 수사가 육식이 금지된 날 수사들로 하여금 콩가루 푸딩에 너트메그를 뿌리도록 한 것으로 보아 콘스탄티노플에는 이미 9세기경 전해진 것으로 보인다. 오늘날 너트메그는 수백 가지의 향수, 특히 남성 화장품과 의약품 제조에 사용되고 있다.

16세기 초 연금술사인 알렉시스 오브 피에드몽Alexis of Piedmont 은 "질병을 쫓는 향수를 만들기 위해서는 유향수지 · 시프레 · 몰약 · 알로에 · 사향 · 용연향 · 은매화 · 월계수 · 로즈메리 · 세이지 · 장미 · 클로브 · 메이스 · 너트메그 등의 원료가 필요하다. 이 모두를 뭉개고 섞어서 태우면 실내가 향으로 가득 찰 것이다."라고 기록하였다. 분명 아주 강한 예방 효과가 있는 향이었을 것이다.

나는 찌는 듯한 무더위 속에서 스리랑카를 찾았다. 이곳의 향료들은 기적의 치료약이나 장수 약 등으로 사용되고 있다. 도착한 날 밤, 흐릿한 열대야의 공기 속에 향신료와 바닐라 · 클로브 · 카다몸 · 시나몬 · 너트메그 · 페퍼 향이 가득했다.

스리랑카에서 가장 큰 너트메그 재배지인 캔디 시에는 친구의 어머니가 운영하는 호텔이 있었다. 그 호텔에 도착한 나는 방에 들어가자마자 침대에 그대로 쓰러져버렸다. 자다 깨다를 반복하다 보니 어느새 아침 햇살이 밝은 오렌지 빛 커튼 사이로 들어오고 있었다. 테라스에 앉아 아침을 먹으며 가파른 언덕 위에 펼쳐진 캔디의 전경을 감상했다. 울창한 꽃과 나무의 아름다움에 도취된 사이, 시차로 인한 모든 피로가 사라져버렸다. 마치 낙원에서 눈을 뜬 기분이었다.

차가운 풀장에서 잠시 수영을 한 후 쉬고 있는데 친구 할머니의 모습이 보였다. 그녀는 전 캔디 시장의 손녀로, 네루를 지지하며 오랫동안 여성의 권리를 위해 싸워온 인물이다. 친구의 어머니인 헬가 페레라 블로는 불과 열일곱 살이었을 때, 한때 에드윈 러티언스와 라이벌 관계였던 영국의 건축가 데트마 블로의 아들인 조나단 블로와 사랑에 빠져 아무도 몰래 도망했다. 블로 가문 이야기를 다룬 영국 잡지 〈태틀러Tatler〉의 스크랩 기사와 컬러판 부록이 눈에 띄었다. 이 가문은 스리랑카 혈통의 이국적 특성과 영국적인 기발함, 독창성의 결합이라는 모방할 수 없는 스타일을 가진 것으로 유명했다.

나는 마탈레로 향했다. 다이아몬드 스파이스 · 그린란드 · 로드 파라마운트 등 100개 이상의 향신료 농원이 있는 곳이다. 이 농원의 주인들은 치료제를 팔기 위해 아무 이상이 없는 사람에게도 어디가 안 좋다, 그냥 두면 안 되겠다는 식으로 말하곤 한다. 나는 스리랑카 정부에서 인가한 리젠트 스파이스 가든을 방문했는데 들어서자마자 아유르베다 식 마사지를 받았다. 각각 다른 오일로 머리와 다리, 발 마사지를 받자 남은 피로가 싹 가시는 느낌이었다. 훨씬 가뿐해진 몸으로 농원을 둘러볼 수 있었다.

모든 식물에 이름이 붙어 있었고, 그 주위의 축축한 진흙에는 코코넛 껍질이 가득했다. 농장 관리인은 아몬드가 화장품으로 아주 좋다면서, 진저 뿌리는 천식 치료에 효과적이고, 알로에 베라는 해로운 태양 광선의 차단에, 시나몬은 귀앓이 방지에, 레몬과 라임은 체중 감량에, 레드 코코넛 오일은 여드름 제거에 도움이 된다고 설명했다. 또한 스리랑카에서는 진저와 바닐라 · 페퍼 · 시나몬이 향수 원료로 쓰이고 있으며, 너트메그 나무의 열매 껍질로 마멀레이드를 만든다고 말했다. 나중에 알게 된 사실이지만, 너트메그 열매의 외피로 정말 잼을 만들기는 하지만 다량 섭취했을 경우 치명적일 수 있다.

너트메그의 힘

너트메그를 충분히 섭취하면 약 성분에 취해 흥분을 느낀다는 것은 이미 잘 알려진 사실이다. 환각제에 넣거나 물을 타지 않고 한 번에 두 테이블스푼씩 먹을 수도 있다. 또한 아이스 칵테일, 특히 다이키리 dai-quiri(럼주와 라임 주스 · 설탕 · 얼음을 섞은 칵테일—옮긴이)에 넣어 먹을 수도 있고, 향료 반죽으로 만들어 토스트에 바르거나 컵에 따라 쭉 들이킬 수도 있다. 몇 컵을 마시면 흥분 상태가 며칠 동안 지속된다.

너트메그가 주는 황홀감은 해시시의 그것과 비슷하다. 또한 너무 많은 양을 먹으면 환각 상태에 빠진다. 고대 인도와 중국·로마 제국의 귀족들은 갓 갈아 만든 너트메그 분말 상자를 지니고 다니면서 술에 뿌려 넣어 짜릿한 황홀감을 느끼곤 했다. 해상 무역 항로가 생긴 후에는 너트메그의 효력을 알고 그것을 훔친 노예들이 큰 벌을 받곤 했다.

너트메그는 일종의 흥분제로 미국 교도소에서는 합법적으로 사용되고 있다. 미국의 흑인 인권 지도자 맬컴 엑스Malcolm X는 이슬람교로 개종하기 전, 마리화나가 다 떨어지면 너트메그를 찾았다고 한다. 그는 자서전에 "나는 지금 찰스턴 감옥에서 너트메그에 취해 있다. 이 놀라운 힘은 마리화나 담배 서너 개를 합친 것과 같다."라고 기록하였다. 영국으로 돌아온 후 나도 너트메그를 갈아서 실험해본 적이 있다. 확실히 효과가 있었다.

너트메그는 최음제로도 각광을 받는다. 16세기 수사들은 생식력을 높이기 위해 남성들에게 너트메그 오일을 성기에 바를 것을 권했고, 17세기 의사였던 윌리엄 새먼은 너트메그 오일이 성욕을 불러일으킨다고 말했다. 너트메그는 한때 최음제로, 발기 부전 치료제로 널리 사용되었다. 최초의 비아그라라고 할 수 있는 셈이다. 18세기까지도 영국에는 신혼부부가 와인과 우유, 달걀노른자, 설탕, 시나몬, 그리고 너트메그를 넣은 파세트posset를 들고 신혼 방에 들어가는 풍습이 남아 있었다. 너트메그는 시트러스 오일·제라늄·일랑일랑과 섞여 흥분제로 쓰이기도 한다.

여러 가지 특성을 가지고 있는 너트메그를 가리켜 사람들은 '마법의 향'이라고 말하기도 한다. 마법과 환상의 세계를 다룬 책《솔로몬의 열쇠The Key of Solomon the King》에서는 마법 향수의 원료로도 등장한다. 좀 더 일상적인 예로, 축구에서 상대팀 선수의 다리 사이를 찰 때 '너트메그'한다고 말하는데, 이 경우 너트메그는 고환의 속어적 표현으로 보인다.

농장 관리인은 리젠트 스파이스 가든 안내가 끝나자 기념품 매장으로 나를 데리고 갔다. 그리고 파인애플과 바나나 에센스를 내 코밑에 흔들어댔다. 그에게 너트메그 오일이 어디서 만들어지는지 물어보았지만 표정을 보니 모르는 것 같았다. 매장에는 '벌꿀로 만든 체중 감량제', '탈모 방지용 킹 코코넛 오일', '손가락을 이용한 레드 오일 마사지' 등 재미있는 이름이 붙은 팅크제tincture(동식물에서 얻은 약물이나 화학물질을 알코올이나 물과 알코올의 혼합액에 담가 유효 성분을 뽑아내어 만든 약―옮긴이)들이 있었다. 치아가 변색되었다는 관리인의 말에 나는 못 이기는 척 샌들우드 파우더 치약을 하나 집어들었고, 감기 기운이 있는 것 같아 진저 시럽 팅크제도 하나 챙겼다.

삼나무와 클로브·시나몬·너트메그 향의 흔적이 미라의 붕대에서 발견되어왔고, 기원전 1000년경의 한 두루마리 책에는 향료를 이용한 800가지 이상의 약 조제법과 향수 제조법 목록이 정리되어 있었다. 로마 제국의 상인들은 인도와 아라비아로 가는 무역 항로를 개척하여 아라비아 해의 계절풍을 따라 아덴 만과 소코트라 섬을 지나 인도의 케랄라에 도착했다. 그러나 인도와의 무역으로 로마 제국의 자원이 심각하게 고갈되었다. 인도에서 가져온 물건들은 문직紋織, 진귀한 향료들과 보석, 원숭이나 공작 같은 애완동물 등 대부분 귀족들을 위한 사치품이었고, 로마인들은 금으로 값을 치렀기 때문이다.

아랍 사람들은 그들의 시장을 보호하고 호기심을 증폭시키며 경쟁 상대를 위축시키기 위해 조잡한 이야기들을 만들어내어 향의 기원에 대해 무지했던 유럽 사람들을 교묘하게 이용했다. 그들은 시나몬이 뱀으로 가득한 깊은 계곡에서 어떻게 자라는지, 커다란 새들이 시나몬 막대로 어떻게 둥지를 만드는지 떠들어대었고 용감한 마을 사람들이 새 둥지를 습격하여 시나몬을 빼앗아 왔다고 말했다. 또한 카시아는 날개 달린 뱀이 지키는 얕은 호수에서 자란다고 허풍을 떨었다. 그러나 플리니우스 총독은 이러한 모든 이야기가 향료 값을 올리기 위해 지어낸 것이라고 기록했다.

십자군 전쟁이 끝나고 14세기가 되어서야 너트메그 같은 사치품이 유럽에 들어와 큰 인기를 모았다. 1393년에는 1파운드의 너트메그 값이 일곱 마리의 황소 값과 맞먹었다. 런던은 베네치아에서 향료를 조달해왔고, 상인들은 육로를 이용하게 되었다. 이 육로는 요르단 페트라에서 시작하여 페르시아·아프가니스탄·인도를 거쳐 중국에 이르는 실크 로드와 연결되어 있었다. 1500년경에는 인도 해를 가로지르는 항로가 개척되었다. 예멘 남부의 아덴에서 인도네시아의 말라카에 이르는 가장 긴 항로였다.

1498년, 스리랑카에 바스코 다 가마가 도착하면서 100여 년에 걸친 포르투갈의 향료 무역 독점 체제가 시작되었다. 그러나 포르투갈은 홍해의 관문인 아덴을 차지하는 데 실패했다. 사실상 인도해를 지배하고 있었음에도 불구하고 그들의 영향력은 점점 줄어들었고, 1621년 독일이 스리랑카를 점령함으로써 남아 있던 향료 무역권마저 빼앗기고 말았다. 그 후 프랑스인 피터 푸아브르가 너트메그와 클로브 묘목을 훔쳐 1762년 아프리카의 모리셔스에 심으면서 독일의 향료 지배도 끝나고 말았다.

나는 몇몇 향료 농장을 더 방문했지만 뭔가 이국적인 원료를 찾는 데에는 실패했다. 그리고 향료 상인과 너트메그 농장을 먼저 찾아야 했다는 사실을 깨달았다. 나는 운전사를 임시 고용하여 덤발라로 갔다. 그곳에서 커다란 황금빛 사원을 보았다. 금박을 입힌 거대한 부처상이 햇빛에 반짝이고 있었다. 한 동자승의 안내를 받으며 운전사와 나는 비탈진 암벽 면으로 150미터를 더 올라갔다. 산 정상에 서니 둥글둥글한 언덕과 물결치는 듯한 푸른 계곡, 잉크 빛의 산이 내려다보였다.

부처상의 옷 주름은 너무나 정교하게 표현되어 바위를 깎아 만들었다는 것이 믿기지 않을 정도였다. 여섯 개의 동굴 내부에는 천연도료와 정글식물, 라임 추출물의 혼합물로 채색된 수백 개의 불교 상像이 있었다. 나는 타마린드 반죽과 꿀을 섞은 티크재材 톱밥이 벽화를 수백 년 동안 보존해주었다는 사실을 발견했다. 바람이 통하지 않는 동굴 안은 시들어가는 재스민과 제단 위에 뿌려진

프란기파니 꽃잎 향으로 가득했다.

덤발라로 가는 길에 보니, 한 운동장에서 남학생들이 크리켓 경기를 벌이고 있었다. 길고 하얀 드레스를 입고 화환을 쓴 채 경기를 지켜보는 여학생들이 마치 신부 같았다. 이것이 학교 교복이라는 건 나중에 알게 되었다. 여자들이 강둑에서 빨래를 하는 동안 남자들은 강물에서 목욕을 하고 있었다. 덤발라는 멋진 조망을 가진 하나의 커다란 정원이었다. 흐드러지게 핀 난초, 진달래속屬 식물들, 스패니시 모스가 드리워진 나무, 과실수, 망고, 파파야와 함께 얕은 호수 여기저기에 논이 보이고 연못과 늪에는 널빤지 길이 걸쳐져 있었다. 마을 전체가 빽빽한 덤불과 티크 · 흑단 등 높은 활엽수로 덮여 있었으며, 고딕 양식의 기차역과 목조 빌라는 식민지 시대를 상기시켰다. 하지만 향료 상은 물론이고 너트메그 재배지는 어디에도 보이지 않았다. 나는 크게 실망한 채 호텔로 돌아왔다.

방에 들어서자 갑자기 전화벨이 울렸다. 아래층에서 누가 나를 기다린다는데 누군지 전혀 짐작할 수 없었다. 나는 밑으로 내려갔다. 그런데 그곳에 줄리안 웨스트가 서 있는 것이 아닌가. 몇 년 만의 만남인지 기억할 수가 없었다. 스리랑카계 영국인인 그녀는 분쟁 지역 특파원으로 3년 동안 타지에 있다가 캔디로 돌아온 것이었다. 그녀는 소설을 쓸 계획이라고 했다. 향료 상인과 너트메그 재배지를 찾아다니고 있다는 이야기를 들은 줄리안은 도움이 될 거라면서 콜롬보 근처에 위치한 스리랑카의 에센셜 오일 제조 회사인 링크 내추럴 프로덕츠와 연결시켜주었다. 그리고 그들은 또 향료 상인들에게 나를 소개시켜주었다. 줄리안의 한 친구는 너트메그 농장을 운영하고 있는 자신의 사촌을 소개해주겠다고 나섰다.

뭔가 되어가는 기분을 느끼면서도 한편으로는 쑥스러웠다. 나 혼자 할 수 있다고 큰소리쳤는데…. 거래는 상인이나 브로커를 통해서만 이루어지고 있었다. 또한 향료 농장은 너트메그에 대한 나의 궁금증을 해결할 수 있는 곳이라기보다 관광 명소였다.

다음 날 아침, 나는 새벽에 일어나 침대에 앉은 채 아침을 먹고 이슬람교도인 향료 상인을 만나러 갔다. 스리랑카의 모든 상인과 브로커들은 이슬람교도이다. 억수같이 쏟아지는 폭우 속에서 나는 부가리 씨를 만났다. 그는 자신의 향료 견본들을 보여주며 너트메그는 페이스 크림 원료로 사용되고 블랙헤드 형성을 막아준다고 말했다. 그리고 너트메그 오일을 얻기 위한 추출과 증류 작업에서 사용되는 너트메그의 등급에 대해 설명했다. 부가리 씨는 음식에 들어가는 너트메그 등급은 최상이지만 증류와 추출용으로 사용되는 등급은 엉망이라서 해충이 들끓는 경우도 있기 때문에 스리랑카에서는 너트메그를 '브로큰 워미 펑키broken wormy punky' 라고 부르기도 한다고 말해주었다. 너트메그 콘크리트 또는 버터는 종려나무로 싼 장방형 덩어리 안에서 만들어진다.

너트메그와 메이스에서 얻는 에센셜 오일은 서로 완전히 다르다. 열매의 씨인 너트메그의 오일이 최상의 품질을 자랑한다. 너트메그 오토는 진한 너트 향이 나는 투명한 액체로 이것을 가리키는 이탈리아어 '노체 모스카토noce moscato'에서 알 수 있듯이, 짜릿하다기보다는 사향내와 수지 성분을 함유한 것이 특징이다. 너트메그 오일은 베르가모트와 샌들우드·라벤더와 특히 잘 어우러

지며, 너트메그에서 얻어지는 미끈미끈한 지방은 너트메그 나무
가 자라는 섬의 이름을 따서 만든 반다나Bandana 또는 반다Banda
라는 상표를 붙여 비누로 제조된다. 2004년 12월의 쓰나미 때문
에 절반 이상의 영세 너트메그 농장들이 타격을 받은 것은 정말
안타까운 일이다.

　너트메그 오일이 프란기파니 향수 제조에 사용되는 반면, 너트
메그 씨를 감싸는 진홍색 껍질인 메이스 오일은 비누에 향을 입히
는 데 사용된다. 메이스도 너트메그처럼 톡 쏘는 냄새를 풍기지만
그것 말고는 모든 것이 서로 다르다. 너트메그 나무는 오렌지 나
무처럼 각 부분마다 전혀 다른 향을 만들어낸다.

너트메그 무역

　너트메그만큼 상업적 가치를 지닌 향료도 드물다. 한때 매우 귀한
상품으로 여겨져 너트메그 무역에서 주도권을 차지하려는 싸움은 점
점 격렬해졌고 영국과 독일 사이에 전쟁이 일어나기도 했다. 영국과
독일은 수십 년 동안 향료 무역을 놓고 동인도 지역에서 싸워왔는데
그들이 가장 탐낸 것이 바로 너트메그였다.

　너트메그는 동인도 제도의 반다 군도에 위치한 런 섬이 원산지다.
반다 군도는 세계의 너트메그 농장이고, 런 섬은 영국과 독일이 전투

를 벌인 중심지였다. 런 섬은 지금도 여전히 너트메그 나무로 뒤덮여 있다. 섬이 보이기 전에 향으로 섬의 위치를 먼저 알 수 있을 정도이다. 휘청대는 너트메그 나무가 뿌리를 내리고 봄마다 꽃을 피우는 절벽 위로 그 나른한 향이 떠다니고 있다. 꽃은 작은 종 모양으로 옅은 노란색이지만 향수 원료로는 사용되지 않는다. 매년 소형 함대를 가득 채울 만큼 많은 너트메그가 재배되어 런 섬은 향료 군도에서 가장 부유한 지역이 되었지만 너무나 자주 허리케인이 발생하여 너트메그 경작에 영향을 주면서 타격을 받게 되었다.

런 섬은 영국에 점령당했고 동인도 회사의 영국인 향료 상인 나다니엘 코트호프가 독일인들에게 공격당하면서 유럽의 너트메그 공급이 차단되고 말았다. 《나다니엘의 너트메그Nathaniel's Nutmeg》에서 이 사건을 기술한 가일스 밀턴Giles Milton은 1616년에서 1620년 사이 영국군이 독일군에 대항해 싸우면서 어떻게 굶주림을 이겨냈는지 설명했다. 결국 그들은 항복했지만 코트호프의 용기 덕분에 영국은 한때 가장 유리한 조건을 선점하기도 했다. 1667년 독일-영국 간의 협정으로 독일은 런 섬을 차지하면서 당시 뉴 암스테르담이라 불리던 다른 땅을 영국에게 넘겨주었다. 이곳이 바로 뉴욕이다.

1796년 영국은 반다 제도를 탈환했고, 동인도 회사는 그 후 2년에 걸쳐 12만 9,723파운드의 너트메그와 28만 6,000파운드의 메이스를 영국으로 들여왔다. 1814년 무렵에는 영국의 연간 너트메그 소비량이 14만 파운드에 달했다.

가일스 밀턴은 "너트메그는 17세기 유럽 사람들이 가장 탐을 낸 사치품이었다. 강력한 치료 성분을 가진 것으로 알려진 너트메그를 얻기 위해 사람들은 목숨을 건 위험도 불사했다."라고 기록했다. 밀턴이 말한 이 '말라빠진 작은 열매'는 곧 금과 맞먹는 귀중품이 되었다. 런던에서는 너트메그의 가격이 천정부지로 뛰어올라 1파운드당 90실링으로 6만 퍼센트의 이윤 폭을 남겼다. 한 부대 가득이면 평생을 먹고살 수 있을 정도였다.

19세기 초 너트메그는 향수 제조에 사용되기 시작했다. 영국인들은 런 섬과 몰루카 제도에서 수백 개의 너트메그 묘목을 뿌리째 뽑아 그들의 식민지인 스리랑카로 운송했고, 이에 따라 반다 제도의 경제는 서서히 무너져갔다.

부가리 씨는 가루로 만든 너트메그의 달콤한 향이 가득한 저장소로 나를 안내했다. 여직원들이 일렬로 앉아 너트메그를 상태와 크기에 따라 분류하고 있었다. 껍질을 쪼갤 때 나는 나무 곡괭이의 덜거덕거리는 소리가 저장소 안에 울려 퍼졌다. 껍질을 깐 너트메그는 햇볕에 바짝 건조시켜야 한다. 이 단계에서는 냄새가 아직 열매 안에 갇혀 있기 때문에 아무 향도 나지 않는다. 너트메그를 갈아야만 냄새가 난다.

부가리 씨에게 여직원들이 하루에 몇 시간이나 일을 하냐고 물었더니, 그는 법적으로 하루 여덟 시간 이상은 금지되어 있다고 대답했다. 그는 껍질 하나를 까서 타원형의 너트메그 씨를 보여주었다. 프랄린praline(아몬드와 호두 등을 넣은 사탕과자—옮긴이)처럼 엷고 짙은 갈색 덩어리에서 톡 쏘는 사향내가 흘러나왔다.

저장소 맞은편의 상점에서는 사람들이 향료의 무게를 달고 화물로 포장하고 있었다. 부가리 씨는 메이스와 카더몸·고수풀·너트메그·클로브·페퍼 외에 수지 성분의 호로파도 향수 제조에 사용된다고 말해주었다.

우리는 나무의 높이가 40~60피트에 이르는 웅장한 너트메그 농원 안으로 차를 몰았다. 너트메그 나무는 곤충에 의해 수분이 이루어진다. 하지만 그것이 어떤 종의 곤충인지는 아직까지 밝혀지지 않고 있다. 나방이라고 말하는 사람도 있고, 딱정벌레나 벌이라는 사람도 있다. 심지어 어떤 이는 곤충이 아니라 바람이라고 말한다. 그러나 현재는 황제 비둘기가 매개자라는 설이 가장 유력하다. 너트메그 나무 밑에는 따뜻하고 날카로운 향이 축축한 공기 속을 맴돌고 있었다. 향기로운 꽃과 같은 열매 향기는 아주 진해서 간혹 날아가던 새들이 취하는 경우도 있다.

일꾼들은 열매를 손으로 뽑고, 손이 닿지 않는 경우에만 기다란 나무 막대기를 사용한다. 너트메그는 일 년 내내 재배되는데, 보통 일 년에 나무 한 그루에서 얻는 너트메그는 약 8,000개에 이른다. 그러나 나무를 심고 7년은 재배해야 하며, 17~20년 정도 되었을 때 최상의 품질을 갖게 된다. 따라서 끊임없이 재배가 이루어지지만 장기간의 투자가 요구된다.

너트메그 나무의 주요 산지는 캔디 지역이다. 이곳에는 너트메그 숲과 함께 수백 개의 개인 농장과 소자작 농지가 있다. 너트메그 채집인들은 이 소자작 농지에서 너트메그를 따고 수익은 재배자들과 나눠 갖는다. 부가리 씨는 한 너트메그 재배자 가족의 집으로 나를 데려갔다. 여자들과 어린아이들이 오두막에서 나왔고, 한 남자는 너트메그 열매를 따서 그 껍질인 메이스를 벗긴 다음 내게 씨를 보여주었다.

너트메그 나무 열매는 작은 복숭아 같지만 복숭아의 과육 대신 외피 아래에 빽빽한 섬유질의 껍질이 있다. 그 껍질 안에 있는, 메이스를 만들어내는 두툼한 층이 씨껍질을 에워싸고 있는데 그 씨가 바로 너트메그이다. 너트메그 열매가 다 익으면 껍질이 갈라져 진홍색의 메이스가 드러나는데 이때가 바로 수확의 적기다. 메이스를 씨껍질에서 조심스럽게 벗겨낸 다음 펼쳐서 건조시킨다. 반면 너트메그는 껍질에 그대로 두어 흔들었을 때 덜거덕 소리가 날 때까지 말렸다가 껍질을 깨서 꺼낸다.

부가리 씨는 달빛이 비치면 너트메그 열매가 전구처럼 빛나며, 사람들이 성대한 모임에 참석할 때 겨드랑이에 너트메그를 바르곤 했다고 말해주었다. 아마 겨드랑이 땀과 섞인 사향내가 관능적인 분위기를 발산하면서 탈취제 역할을 하였기 때문이리라.

초롱불처럼 빛나는 너트메그 열매의 이미지가 계속 떠올랐다. 부가리 씨와 헤어진 나는 900그루의 너트메그 나무가 있다는 농장에 가기 위해 택시를 타고 북쪽으로 세 시간을 달렸다. 시골에는 길들여지지 않은 야성미가 있었다. 이구아나들이 경주로의 붉은 흙을 가로지르고 잘 관리된 정원에는 어린 묘목들이 울타리를 이루고 있었다. 갑자기 무섭게 비가 쏟아지기 시작했다. 비에 흠뻑 젖은 흙과 클로브 · 코코넛 · 곰팡이 · 시나몬 · 오렌지 향이 흐릿한 안개 속에서 모락모락 피어올랐다.

내가 찾아간 농장은 한 독일인 가족이 운영하고 있었다. 그들의 집은 길고 깊은 베란다가 있는 식민지 시대 풍의 오두막집이었다. 주인인 군터 헬름은 가족이 25년째 그곳에 살고 있다면서 인구의 20퍼센트가 향료 재배에 종사하며, 대부분의 농장은 소자작 농지라고 설명해주었다. 아쉽게도 비가 너무 많이 와서 나무를 둘러보는 것은 불가능했다. 할 수 없이 우리는 스리랑카의 화훼 재배 산업에 대해 의견을 나누었다. 헬름 씨가 누와라 엘리야 지역에서는 카네이션과 최상급 장미를 키운다고 말했다.

너트메그 농장을 그만 보겠다고 결심한 나는 수도 콜롬보에 가서 스리랑카의 유일한 에센셜 오일 증류회사인 링크 내추럴 프로덕츠를 방문했다. 그곳의 직원 한 명이 호텔에서 나를 태워 늪지대와 석호潟湖를 지나 향료가 자라는 언덕 지역으로 안내했다. 차에서 내리자 증류 장치와 저장소에서 흘러나오는 농축된 향의 묵직한 기운이 나를 완전히 제압했다. 마치 와인 통에 빠진 듯한 느낌이었다.

페퍼 머니

에드워드 기번Edward Gibbon은 《로마제국 쇠망사The Decline and

Fall of the Roman Empire》에서 페퍼pepper(후추)가 로마의 최고급 요리에 꼭 들어가는 원료라고 밝혔다. 로마 사람들의 사치스럽고 퇴폐적인 생활을 비판해온 폴리니우스 총독은 "로마 제국의 5000만 세스테르티우스Sestertius(고대 로마의 화폐 단위—옮긴이)가 인도로 흘러 들어갔다."며 불평했다. 한때 블랙 페퍼는 같은 중량의 금과 값이 같았다. 15세기, 유럽 사람들은 아시아 향료의 약 4분의 1을 소비했지만, 페퍼의 가장 큰 소비국은 중국이었다. 16세기에는 유럽의 페퍼 소비량이 점점 증가하여 가격도 상당히 상승하였다. 처음에는 은 1, 2그램이었지만 알렉산드리아에서는 은 14그램까지 올랐고, 페퍼가 유럽에 전해진 후에는 무려 30그램에 이르렀다.

페퍼가 고대 그리스와 이집트, 로마에서 매우 중요한 상품으로 자리 잡으면서 국경을 넘을 때 관세가 붙게 되었다. 중세 시대에 베네치아는 매년 100만 파운드의 페퍼를 수입했고, 포르투갈은 200만 파운드 이상을 수입했다. 15세기에는 터무니없는 가격을 감당하지 못한 포르투갈이 페퍼 무역을 독점하기 위해 직접 인도 항로를 찾아 나섰고, 리스본이 한동안 페퍼 무역의 중심지가 되기도 했다. 오늘날의 페퍼 무역은 과거에 비해 규모가 훨씬 작아졌지만 지금도 세계 향료 무역의 4분의 1을 차지하고 있다.

17세기에 처음 상업적으로 거래되기 시작하면서, 향료는 지금의 신용카드처럼 보편적인 국제통화로 인정받게 되었다. 중세 시대에는 페퍼 보유량으로 유동자산의 규모를 판단했다. 페퍼 열매로 자유를 산 농노들에 대한 기록도 있다. 당시 페퍼의 가치는 엄청나서 집세 등 여러 가지 지불 수단이 되기도 했다. 심지어 1937년 영국 왕도 콘월의 론세

스턴 시장에게서 지대地代로 100실링과 1파운드의 페퍼를 받았다.

중세 시대에 페퍼가 썩은 고기 냄새를 감추는 데 사용되었다는 것은 분명한 오해이다. 고대에 페퍼가 처음 사용된 것은 다른 향료들과 함께 연고나 향수의 원료로 쓰이면서부터이다. 그 후 페퍼는 오 드 콜로뉴에도 사용되었으며, 20세기에 이르러 겔랑에 의해 다시 향수 원료로 등장했다. 현재는 입생 로랑의 '오피움'에 페퍼가 들어가 있다.

나는 링크 내추럴 프로덕츠가 어떻게 환경친화적 기술을 사용하고 있는지 알게 되었다. 그들의 기술은 시나몬과 클로브 · 바닐라 · 너트메그의 에센셜 오일을 증류시키는 고대 아유르베다와 결합되어 있었다. 또한 인터내셔널 플라워즈 앤드 프레이그런시즈 등 전 세계 향수 회사에 오일을 수출하고 있으며, 1982년부터는 건강관리 제품과 에센셜 오일 · 함유수지도 만들어오고 있었다. 모든 향료에는 오일과 수지의 혼합물인 함유수지가 들어 있다. 이것은 용매를 통해 향료에서 추출되어 분리된다. 휘발성이 강한 에센셜 오일은 증류를 거쳐 비휘발성 왁스와 지방 · 안료 · 타닌 등 가장 순수한 상태로 만들어지고, 이들은 음식의 맛과 색감을 높이는 데 사용된다.

회의실로 안내된 나는 회사의 관리 책임자와 인사를 나누었다. 그는 맨체스터 대학교 졸업생이었다. 그는 요즘 너트메그의 최대 소비자는 코카콜라와 펩시라고 말했다. 이들이 사들이는 너트메그의 양이 각각 연간 40만 리터에 이른다는 것이다. 나는 그들의 21세기 성공의 비결이 너트메그가 아닐까 생각했다. 코카콜라와 펩시는 한때 코카인으로 제품을 만들다가 코카인 사용이 금지되면서 너트메그로 눈을 돌렸다고 한다. 콜라를 마시는 사람들이 느끼는 가벼운 도취감과 짜릿함은 바로 너트메그에서 비롯된 것이다. 그래서 두 회사가 제조법을 극비에 부치는 것일까? 하지만 3장에서 언급했듯이, 라임과 시나몬이 원료로 들어간다는 사실은 이미 알고 있다. 내가 마시던 콜라를 타르캥이 몰래 홀짝거리는 모습을 보면 너트메그의 중독성은 아이에게도 예외가 아님을 알 수 있다.

한 중년 남자가 내게 증류 장치를 보여주었다. 증류통은 매우 깨끗했으며 증기력과 압력이 조절되고 있었다. 내가 방문한 날은 카다몸이 증류되고 있었다. 캠퍼와 비슷한 그 향에 문득 중동의 수크와 카다몸을 넣은 커피가 떠올랐다. 카다몸은 짧고 불규칙한 꼬투리이며 증류로 얻어진 최종 산물은 레몬색의 액체이다. 그 향은 오일 상태일 때 좀 더 오래 지속된다. 우리는 오일과 수지를 추출하고 증류하기 전, 원료를 건조시키는 증류소의 평평한 지붕으로 올라갔다. 증류 장치에서 카다몸의 거품이 끓어오르자 그 얼얼한 향이 코끝을 스쳤다. 주위는 온통 카다몸 냄새로 뒤덮여 거의 멀드 와인mulled wine(설탕과 향료·달걀노른자 등을 넣어 따뜻하게 데운 와인—옮긴이)을 맛보는 듯했다. 나프탈렌과 럼주·민트·당밀 냄새도 느껴졌다. 향이 혀의 미뢰에서도 느껴질 정도였던 것이다. 뜻밖에도 애프터 에이트 민트 초콜릿을 먹는 것 같은 기분이 들었다. 내려오면서 보니 껍질을 벗기고 가는 데 사용되는 증류 장치의 맨 위층에 강철로 만든 거대한 너트메그 연삭기가 있었다. 너트메그를 갈아 증류시켜 오일을 얻는 것이다.

폐수가 발생하는 것을 막기 위해 이 회사는 증류수를 정화하고 있었다. 증류 장치 뒤에 커다란 정화 시설이 눈에 띄었고, 사내社內 미생물 연구소는 모든 원료의 품질을 엄격하게 통제하고 있었다. 링크 내추럴 프로덕츠는 허브와 향료의 재배 후 관리에 완벽을 기해왔다. 재배 단계부터 병에 담긴 제품으로 판매되기까지, 원료의 경로를 추적할 수 있도록 모든 샘플에는 재배자의 지장을 찍는다.

회사 관계자는 소자작 농지에서 자란 허브와 향료를 사용하지만 모두 유기농법으로 키운 것이라고 말했다. 재배자를 선발하여 필요한 경우 유기농법을 교육시키고 살충제를 사용하지 않은 원료를 사들인다는 것이다. 그렇게 구입한 400여 종의 약초를 가지고 250가지의 약품과 함께 와인 토닉, 허브 티, 치약, 허브 향유, 에너지 드링크, 그리고 수면제인 발라리스타 등을 만들고 있었다. 제품 중에는 치질 증상 완화를 위한 시럽과 체중 감량을 도와주는 약도 있다.

아유르베다는 5,000년의 역사를 가지고 있다. 링크 내추럴 프로덕츠는 이 방법을 따르면서 새로운 기술과의 결합을 모색하고 있다. 아유르베다 의사가 링크의 연구원들과 함께 상품 개발과 품질 향상에 참여하는 것이 그 예이다. 허브의 강력한 치료 효과를 이해하였던 고대 아유르베다 의사들처럼, 오늘날 과학자들도 허브에 불균형을 바로잡는 식물 화학물질이 풍부하다는 것을 확인하고 있다. 링크의 최고 인기 제품은 매년 4억 개씩 팔리고 있는 일종의 아유르베다 식 렘십Lemsip(감기 치료제 상표-옮긴이)이다. 링크에서 준 샘플을 보니 렘십처럼 뜨거운 물에 녹여 먹으라고 쓰여 있었다. 집에 돌아와 감기 기운을 느낀 나는 샘플을 먹어보고 약효에 감탄했다. 렘십, 그 이상이었다.

아유르베다

아유르베드ayurved는 '장수長壽에 대한 지식'을 뜻하는 산스크리트어이다. 5000년이나 된 의학 체계로서 지금도 인도와 스리랑카에서 인정받고 있다. 아유르베다 허브와 향료 제품에는 비누와 허브 와인, 약탕, 샴푸, 허브 향유, 마사지 오일, 페이스 크림, 피부 연고, 선 로션 등이 들어간다. 아유르베다 의학의 핵심은 많은 병이 심리 상태에서 기인한다는 사실이다. 병은 불균형의 징후로 여겨지기 때문에 허브 요법으로 치료하는 것은 질병 자체가 아니라 불균형 상태이다.

아유르베다와 요가는 자매관계로서 모두 베다 철학에서 유래했다. 초월 명상법을 창시하여 이를 비틀스에게 가르쳤던 마하리시 마헤시 요기Maharishi Mahesh Yogi도 아유르베다 의학의 보급에 크게 기여했고, 40년 전만 해도 서양에 거의 알려지지 않았던 아유르베다 의학은 마침내 대체 의학과 전체관적 의학의 절대적인 요소가 되었다. 아유르베다 의학의 전체 시스템은 힌두교 경전인 《바가바드기타

Bhagavadgita》에 설명된 인간의 세 가지 정신적 기질에 기초하고 있다. 첫 번째 기질은 사트빅Sattvic(자아와 명상)이다. 우유와 과일·채소·곡물·콩류·견과류·열매 등이 이 기질의 음식으로서 신선하고 정갈하기 때문에 식생활의 기본이 되어야 한다. 두 번째는 라자식Rajasic(정신과 활성)이며, 이 기질의 음식은 커피와 홍차·고기·생선·달걀·향료·버터처럼 쓰고 시고 짜고 뜨겁고 맵다. 세 번째 기질은 타마식Tamasic(육체와 비활성)이다. 치즈와 술처럼 발효되고 농익은 것이 이 기질의 음식이다.

화장품 업체 아베다는 아유르베다 원칙에 근거한 퓨어퓸Pure-Fumes 라인을 생산하고 있다. 이 제품들은 기분을 전환시키고 에너지를 불어넣는다. 아베다의 퓨어퓸 라인은 아유르베다 식 제조법을 따르고 있으며, 도샤dosha(요소)에 따라 분류된다. 바타Vata(공기와 정기精氣), 피타Pitta(물과 불), 카파Kapha(물과 흙)가 바로 세 가지 도샤이다. 고대 아유르베다 문헌에 정통한 아베다 사는 인도에서 차크라chakra(요가 철학에서 인체의 에너지가 모이는 일곱 군데의 혈穴—옮긴이) 아로마 원료를 연구 중이다. 모든 요소를 나타내는 전형적인 아유르베다 식 향 레시피는 다음과 같다.

공기(잎) 파출리 정기(과일) 팔각(목련과 상록수의 열매)
불(꽃) 클로브 물(줄기와 가지) 샌들우드, 알로에우드, 카시아, 유향, 몰약
흙(뿌리) 심황, 베티베르, 진저, 코스투스 뿌리, 쥐오줌풀, 감송

저장소로 돌아와 보니 300명의 여직원들이 베티베르 샴푸를 병에 담고 있었다. 베티베르를 무척 좋아하는 나는 잠시 거기서 서성대었다. 샴푸 안에서 베티베르 에센스가 코코넛 오일과 섞이고 있었다. 코코넛 오일은 캐리어 오일carrier oil(아로마 에센셜 오일을 피부에 바르기 위해 사용하는 희석제인 동시에 피부 흡수를 위한 매개체 역할을 하는 오일—옮긴이)의 일종으로, 장터의 생생한 향기를 상품에 덧입혀준다.

밖에서는 코코넛과 아몬드 마사지 오일을 넣은 구리 가마솥이 부글부글 끓고 있었다. 누군가 가마솥의 구리 산화 작용이 식물의 색을 그대로 유지시켜준다고 말해주었다. 실험실 맨 위층에는 황금빛의 너트메그 오일과 블랙 페퍼, 클로브, 카다몸, 시나몬 오일이 통조림처럼 밀봉되어 있었다. 가장 투명한 것은 너트메그 오일이었다. 그들은 내게 샘플 몇 가지를 주었다. 일 년이 지난 지금도 그 향이 내 공책에 남아 있는데 역시 너트메그의 사향내가 가장 섬세하고 가볍다.

너트메그 오일은 다용도로 쓰이고 있다. 향수이자 약이고 최음제이며 음식에 풍미를 더하는 향신료이기도 하다. 초기에는 죽은 자들의 시신을 향료 처리하는 데 많이 사용되었으며, 21세기의 최대 소비자는 코카콜라 회사이다. 하지만 역시 수십 가지 향수의 원료로도 쓰이고 있다. 캘빈 클라인의 '업세션'에는 너트메그와 클로브 노트가, 딥티크의 '로트르'에는 코리안더와 카다몸·페퍼·쿠민·너트메그 노트가 들어간다. 이는 카레 향과 매우 흡사하다.

세르주 뤼탕의 '플뢰르 드 시트로니에'에도 너트메그 노트와 더불어 네롤리·와인·허니·투베로즈 노트가 들어간다. 뤼탕은 한 마디로 표현하기 힘든 향수의 관능성이 바로 너트메그 오일에서 기인하는 것이라고 말한다. 그의 향수 '아라비'는 백양목과 샌들우드의 혼합물에 말린 무화과와 더스티 데이츠·너트메그·쿠민·클로브를 넣어 향을 더욱 풍부하게 만든 것이다. 조 말론의 첫 작품은 집에서 만든 진저와 너트메그 향의 목욕용 오일이었다. 미용사로 일할 당시, 고객들에게 주기 위한 선물로 만든 것이었는데 모든 고객이 더 찾을 만큼 인기를 끌었다. 나는 지금도 그 향이 그녀의 최고 작품이라고 생각한다.

나는 너트메그가 내 맞춤 향수에 뭔가 신비로운 기운을 불어넣고 미묘한 차이를 일으킬 거라고 생각했다. 한편으로는 너트메그 때문에 마취성이 생길 것 같기도 했다. 너트메그 몇 방울을 베개에 뿌리고 잔 날 밤, 꿈속에서 나는 너트메그 나무가 울창한 스리랑카의 뜨거운 계곡에 서 있었다. 너트메그는 스리랑카 해안가에 부는 따뜻하고 향긋한 바람을 떠올리게 한다.

너트메그를 조금만 넣어도 포카쿼에 파스티스Forcalquier pastis(프랑스 포카쿼에 지방의 음료—옮긴이)의 맛이 더욱 좋아지듯이, 내 향수에서도 너트메그가 그런 역할을 하기 바랐다. 비행기에 올라타 너트메그 샘플의 향을 들이마셨다. 이 향이 내 향수 안에서 재스민 탑 노트와 어떻게 조화를 이룰까? 다음 목적지인 인도에서 꼭 그 해답을 찾고 싶었다.

The Scent Trail

7장

관능적인 삼박 재스민, 흙내 물씬 나는 베티베르

○

고통과 구원,
신비가 공존하는 인도

여름이면 아름다운 왕실 여인들이 몸을 단장한다.
가슴에 샌들 오일, 머리에 재스민 오일을 바르고,
로즈 오일로 나머지 부위를 마무리한다.
이제, 사랑할 준비가 끝났다.

칼리다사(5세기경 인도 작가)
《계절The Seasons》

재스민 향기는 인도인의 삶에서 매우 중요한 요소이다. 힌두교 시인들은 밤에 피는 꽃 재스민을 가리켜 '숲의 달빛'이라고 표현했다. 아랍 사람들은 '야스민yasmyn'이라고 부른다. 무어인들이 그라나다의 알함브라 정원에 심은 이래, 재스민은 유럽에 토착하게 되었다. 인도에서 자라는 몇몇 종 가운데 가장 일반적인 것은 그란디플로라Grandiflora이다. 아라비아가 원산지인 삼박 재스민은 인도에서 야생한다. 코임바토레에 위치한 타밀나두 농업대학교는 최근까지 스패니시 재스민의 고수확 복제 세포를 개발해왔다. 재스민은 관개가 잘 되어 있는 토양에서 작은 관목처럼 자라며 꽃을 피운다. 튀니지와 모로코·이집트에서도 자라고 있다.

1밀리리터의 재스민 앱솔루트를 만드는데 8,000송이의 꽃이 필요하고, 1리터의 앱솔루트를 만들려면 1톤의 꽃이 필요하다. 말 그대로 억지로 짜내는 것이다. 햇빛이 향을 증발시키지 않도록 수확은 동 트기 전에 이루어진다. 일일이 손으로 따야 하므로 빈틈없는 손재주가 필요하다. 능숙한 일꾼들은 한 시간에 약 1킬로그램을 딴다. 꽃을 딴 후에는 뭉개지지 않도록 판판한 바구니에 넣어두었다가 추출 장치로 가져간다.

1930년대에는 향수 성분의 10퍼센트 정도가 재스민 앱솔루트였다. 오늘날의 농도는 약 2퍼센트로 옛날보다 훨씬 낮지만 재스민 앱솔루트 없이 완성되는 향수는 하나도 없다. 재스민은 향수 제조에서 가장 널리 사용되는 흰 꽃이다. 가장 진한 향 가운데 하나인 인돌indole 성분 때문이다. 인돌의 젖은 털 냄새는 재스민의 신비스럽고 관능적인 이미지를 배가시킨다. 오일의 왕이라 불리는 재스민의 유일한 맞수는 로즈 오일뿐이다. 재스민은 불안과 초조함을 가라앉히는 효과가 있으며, 출산 시 자궁 근육을 수축시켜 진통을 덜어주고, 강력한 향으로 방향제로도 널리 사용된다. 플로럼 · 애니멀 노트를 비롯하여 따스하면서 짜릿하고 풍부한 향들이 주로 재스민 계열에 속한다.

프랑스에서는 한때 냉침법을 사용했지만 오늘날에는 추출법이 사용되고 있다. 재스민이 너무 약해서 증기 증류기의 열을 견디지 못하기 때문이다. 재스민은 불순물을 제거한 헥세인 용매에 삼투되고 용매는 나중에 진공 펌프나 증발 건조기로 처리된다. 그러나 인도에서는 아직도 재스민을 종종 갠지스 강둑에서 전통적인 방법으로 증류시키고 있다. 진흙 증류기에 물과 재스민 꽃을 2대 1의 비율로 채워 넣고 하룻밤 놔둔 다음, 아침에 에센셜 오일이 응고되어 표면에 떠 있으면 이것을 조심스럽게 걷어낸다. 샌들우드 부스러기를 좀 넣으면 훨씬 쉽게 걷어낼 수 있고 재스민 에센셜 오일에도 샌들우드 향이 묻어난다. 최소한 1,000년의 전통을 가지고 있는 인도의 향수 카멜리 카 텔Chameli Ka Tel은 재스민 꽃을 참기름에 담가 불려 만든다.

향수와 향수 합성물에 대해 기록한 산스크리트 문헌들은 향을 바르가스vargas로 분류한다. 그중에는 홀리바질·사프란·클로브·너트메그·페퍼·사향·캠퍼를 섞은 혼합물도 있다. 온갖 종류의 향수·파우더·오일 제조법과 향수 파우더를 액체에 적시는 방법인 브하바나Bhavana 등 좀 더 앞선 기술들도 소개되어 있다.

시나몬·카시아·사프란·쥐오줌풀·페퍼 등 인도의 풍부한 천연원료들은 먼 옛날 매우 귀한 교역 상품이었다. 기원전 200년경에는 카다몸·페퍼·너트메그·클로브·시나몬이 케랄라에서 전 세계로 운송되었고, 뱃사람들은 모였다 하면 배가 언제 어떻게 인도의 남서 해안에 도착하는지 이야기 나누었으며, 육지의 향료 냄새들이 바람에 실려 바다 한가운데까지 전해지곤 했다. 내가 인도에서 만난 모든 사람이 케랄라의 코친 저장소에서 흘러나오는 메이스와 여러 향료의 황홀한 냄새에 대해 이야기했다. 1세기경, 로마 제국과 인도 사이의 무역 열기가 정점에 달하여 보석과 비단·금·향목·향수와 함께 고무수지·카시아·시나몬·코스투스·카다몸·클로브·감송·진저·샌들우드 등의 향료가 로마 제국의 시장으로 흘러 들어왔다. 로마와 인도, 두 문명은 서로를 의심하면서도 교역을 계속했다. 로마가 동양의 자원을 개발하면서 상인들은 큰돈을 벌었고, 로마 여성들은 동양 여성처럼 손가락 끝에 헤나를 물들이고 사향으로 몸을 마사지했다.

로즈 오일은 현대 인도인들의 삶에서 매우 중요한 요소로서, 이슬람교도들은 이 오일을 향수 농축액으로 사용하기도 한다. 이들이 특히 좋아하는 것은 샌들우드와 알로에, 심황, 장미, 헤나의 일종인 고벨화, 영묘향을 섞어 만든 향수 파우더 아비abeer다. 결혼식에서는 장미 향수 스프링클러를 돌리고, 세련된 인도 여성들은 사향과 사프란을 뿌리며, 얼굴을 기품 있게 표현해주는 연고에는 샌들우드가 들어간다. 힌두교도들은 가볍고 신선한 노트, 특히 갓 수확한 꽃으로 만든 향을 선호하는 경향이 있다.

오늘날의 힌두교 예배에서도 향수가 사용되고 있다. 예배 의식이 진행되는 동안 향을 태우고 갓 따낸 꽃으로 사원을 덮는다. 크리시나 축제 때에는 붉은 가루를 장미 향수에 녹여 지나가는 사람들에게 스프레이로 뿌리는 전통이 있으며, 결혼식에서는 차양 밑에 성화聖火를 피우고 샌들우드와 에센셜 오일을 계속 불 속에 던져 넣어 꺼지지 않도록 한다.

1986년 카슈미르와 라다크를 여행한 뒤로 인도도 많이 바뀌었다. 그사이, 인도 사회는 더욱 서구화되고 조직화되었지만 결코 변하지 않은 것들도 있다. 인도에 도착하면 제일 먼저 모든 감각, 특히 후각을 공격하는 강렬한 향을 만나게 된다. 불쾌한 냄새와 향기가 공존하며 그 역겨운 냄새들 때문에 향이 더욱 아름답게 느껴지기도 한다. 저수지를 지나갈 때는 정말 고역이다. 물론 재스민과 금잔화로 장식한 화환이라도 걸고 있다면 문제될 것이 없겠지만. 담배 연기와 빈랑나무 즙, 썩은 응유 식품, 버터기름, 쓰레기 등의 독한 냄새가 향긋한 재스민과 고수풀 향, 얼얼한 양파 냄새, 달콤한 토마토 향, 선향incense stick(향료 가루를 가늘고 긴 선 모양으로 만들어 풀로 굳힌 향—옮긴이)과 뒤엉켜 있다. 뜨거운 공기와 흙먼지 속에 이 모든 것이 함께 떠다니고 있지만 그중에서도 가장 강한 것은 인도 향수의 냄새이다. 최음성의 사향과 파출리, 유성油性 샌들우드와 베티베르 향은 어디서나 쉽게 만날 수 있다. 인도에 다녀온 지 일 년이 지났지만 아직도 가방과 여름옷에 인도의 향이 남아 있다. 아마 쉽게 사라지지 않을 것 같다.

나는 마두라이의 사원 거리를 찾았다. 주위는 사원에 바치기 위해 수확한 꽃향기로 가득했다. 순례자와 빈자들의 도시인 마두라이에는 항상 깊은 신앙과 헌신의 기운이 감돌고 있다. 초고층 건물 높이만 한 드라비다 바로크 양식의 첨탑이 하늘을 찌를 듯 솟아 있다.

신발을 벗고 스리 미나크시 사원의 동문으로 들어갔다. 재스민과 금잔화를 산더미같이 쌓아놓고 화환을 만들고 있는 사람들이 보였다. 꽃을 실에 꿰어 목걸이와 팔찌를 만드는 손놀림이 예사롭지 않았다. 그 옆에서는 향수 상인들이 각종 연고와 오일 · 향을 팔고 있었다. 인도의 향수 상인들은 인간과 신 모두를 육체적으로나 영적으로 섬기는 것에 대해 자부심을 가지고 있다.

수도승들이 심벌즈와 북을 연주하며 성소 사이를 누비고 지나가자 이마에 노란 향료를 바른 수천 명의 순례자들이 재스민과 장미 화환을 성소에 바쳤고, 구슬프면서도 광기 어린 음악이 사원 가득 울려 퍼졌다. 진흙 그릇에서 타오르는 향이 진동하고 사프란과 진홍색 안료 가루가 공중에 떠다녔다.

밖으로 나온 나는 잠시 멈춰 서서 인도의 수행자인 사두sadhus

의 행렬을 구경했다. 사프란을 발라 온몸이 노란색으로 칠해져 있었다. 인도 사람들에게 노란색은 성스러운 색이며 사프란도 성스러움을 상징한다.

사프란

사프란은 가장 값비싼 향료로서 가을에 개화하는 라일락 크로커스에서 추출된다. 1킬로그램의 사프란을 얻는 데 최소 10만 개의 수술이 필요하다. 오늘날에는 빠에야paella(쌀과 고기·어패류·채소를 스페인식으로 찐 밥—옮긴이) 같은 음식에 널리 쓰이고 있다. 그러나 그리스 사람들은 제우스가 사프란 밭에서 잔다고 믿었고, 부유한 로마 사람들은 잠자리에 사프란을 뿌리고 말린 사프란 수술로 베개와 쿠션의 속을 채워 넣었다.

로마 시대에는 소아시아 남부의 실리시아 지방에서 재배한 사프란이 가장 많이 사용되었다. 사프란을 넣은 물로 동상을 닦았고, 사프란 향을 뿌린 개울이 도랑을 지나 침실 주위를 돌고 강으로 흘러 들어갔다. 또한 사프란은 냉각 작용을 한다. 힌두교의 마리아타 코담 축제 때에는 사람의 피부에 사프란 향 연고를 바르고 자선을 베푼 사람에게는 샌들우드 가지를 준다.

오늘날 사프란이 들어가는 향수는 딥티크의 '오포네'와 오르몽드 제인의 '타이프', 두 가지다. '오포네'에는 많은 양의 사프란이 들어가고, '타이프'는 대추야자와 핑크 페퍼, 사프란 탑 노트를 가지고 있다. 이 두 향수가 아니었으면 사프란은 향수 원료로서 거의 주목받지 못했을 것이다. 아무래도 부야베스bouillabaisse(생선과 조개류에 향료를 넣어 찐 요리—옮긴이)에 뿌려 맛을 더하거나 주방의 향료 선반에 놓아두고 목에 힘을 줄 만한 값비싼 향신료로 더 많이 사용되고 있기 때문이다.

나는 급속히 발전하고 있는 인도의 화초 원예 산업에 대해 생각해보았다. 8만 헥타르 이상의 땅이 장미와 재스민·금잔화·국화·투베로즈 재배에 사용되고 있으며, 생산량만 해도 매년 30만 톤에 이르는 것으로 추정된다. 1990년대에는 3조 5365억 5300만 루피어치의 로즈 오일과 향수를 수출했다. 인도의 여러 제사 의식에는 많은 꽃이 필요하기 때문에 꽃은 점점 더 많이 재배되고 있다. 우리가 신문을 사듯이 인도 사람들은 매일 싱싱한 재스민 화환을 산다. 트럭 운전사들은 뒷거울에 화환을 걸고, 여자들은 재스민으로 만든 팔찌를 차고 재스민 줄기를 엮어 머리에 드리운다. 약 3,500킬로그램의 재스민 꽃을 실은 비행기가 매일 주요 도시를 오가고 백합은 카슈미르에서, 국화는 벵갈루루, 장미는 마두라이, 투베로즈는 비하르, 재스민은 카르나타카에서 운송된다.

파출리의 짙은 최면성 향은 인도와 히피 문화를 떠올리게 한다. 파출리는 카슈미르 숄과 파시미나에 향을 입히는 데에도 사용된다. 셉티무스 피스G. W. Septimus Piesse는 《향수 제조법The Art of Perfumery》에서 이렇게 말했다. "파출리 에센스는 … 아무것도 섞이지 않은 상태에서는 … 다소 역겹다. 일종의 이끼, 사향내라고 할 수 있다. … 낡은 외투에서 나는 냄새 같다고 말하는 사람도 있다." 하지만 나는 파출리를 좋아한다. 파출리 향을 맡으면 10대 시절이 생각난다. 1970년대, 나는 친구와 소파에 앉아 그레이트풀 데드Grateful Dead(영국의 밴드)의 노래를 즐겨 들었고 함께 해시시를 피우기도 했다.

인도에서 쿠스khus라고 불리는 베티베르 오일은 인도 풀의 뿌리줄기에서 추출한 것이다. 달콤하면서도 톡 쏘는 향을 가지고 있으며 오리스와 몰약 비슷한 냄새도 난다. 베티베르는 고행자나 수도승을 상징하며, 그 오일은 향수뿐 아니라 치료제나 천연 냉각제로도 사용된다. 한여름에는 뜨거운 햇빛의 자극을 줄이기 위해 목욕물에 타서 피부에 바르고 말린 뿌리와 갈대를 일종의 공기 조절 장치로 이용한다. 유기농 허브로 만든 매우 독창적인 장치인 셈이다. 모든 공기 조절 시스템이 이와 같다면 얼마나 좋을까. 베티베르 뿌리를 엮어 만든 바닥 매트와 창문용 스크린은 열기 차단과 실내 냉방에 탁월한 효과를 나타낸다. 낮에는 바람이 불면 서늘한 향이 퍼지도록 가마니 발에 물을 뿌려두는데 고대 왕궁에서도 이런 식으로 실내 온도를 낮추었다. 라자스탄의 성도聖都 나쓰드와라에 있는 슈리나쓰지 사원에는 쿠스 매트가 가득하다. 성지를 참배하는 사람들은 쿠스로 만든 인형 집 모양의 사원 미니어처를 사서 각자의 집에 모셔놓는다.

쿠스 뿌리로 감싼 진흙 주전자도 공기 조절 장치로 쓰인다. 물이 주전자 안에서 식어 작은 진흙 구멍을 통해 서서히 증발하면 쿠스 뿌리가 습기를 빨아들여 그 향기로 실내를 채운다.

말린 뿌리로는 커튼과 블라인드, 차양을 만들 수 있다. 작가 쿠엔틴 크루Quentin Crewe는 그의 인도 기행문에서 공기 조절 장치를 직접 만드는 택시 운전사들에 대해 이야기했다. 그들은 택시 지붕에 베티베르로 만든 매트를 묶어놓는다고 한다. 가끔씩 물을 뿌려주면 잠시나마 더위를 잊게 할 상쾌한 향을 발산하기 때문이다. 이렇듯 신비로운 식물의 오일이니 '평온함의 오일'이라고 부를 만도 하다.

베티베르 에센스는 17세기 영국의 향수 산업 초창기에 많은 사랑을 받았다. 영국 여성들은 식민지인 인도에서 베티베르 향을 손수건에 뿌리곤 했다. 유명한 '무슬린 데 인데스Mousseline des Indes'의 이름은 베티베르 향의 면직물과 모기장, 리넨 제품에서 따온 것이다. '마레샬'과 '부케 뒤 루아'에서도 베티베르 향을 만날 수 있다. 증류시키면 진저 향을 가진 고정제가 되는 베티베르는 오늘날 여러 향수에 사용되고 있다.

나는 인도 여행 중에 친구 프랜시스 프라이의 집을 방문했다. 그는 아버지 제레미와 함께 팔라니 산 근처에서 커피와 카다몸 농장을 경영하고 있었다. 내가 방문한 이후 세상을 떠난 제레미 프라이는 과묵하지만 적재적소의 말을 사용할 줄 아는 사람이었다. 그에게 베티베르에 대해 물었을 때 인도의 풀에 대한 책을 내게 건네주던 기억이 새롭다. 프라이의 집 베란다에 앉아 칵테일을 마시며 커피와 카다몸의 향기에 취해 있는 동안, 문득 내가 야생 베티베르에 대해 알고 싶어했다는 사실이 생각났다.

인도 북부에서 자라는 베티베르는 작은 구멍이 많은 섬유질의 뿌리를 가지고 있다. 씨를 통해 번식하기 때문에 식물학자들은 이를 '시디 베티베르seedy vetiver'라고 부른다. 후각 전문가들은 인도양의 향료 섬인 프랑스령 레위니옹 섬과 자바 섬 · 아이티 섬에서 재배되는 다양한 베티베르에 대해 훤히 알고 있고, 베티베르가 어떻게 향에 깊이 있고 신비로운 기운을 입히는지도 알고 있다. 그러나 야생 베티베르는 오직 인도에서만 사용되고 있으며 재배 품종보다 네 배나 비싸다. 예민한 후각을 가진 사람들은 야생 품종과 재배 품종을 금방 구분한다.

나는 야생 베티베르을 찾기 위해 야간열차를 타고 델리까지 가서 기차를 갈아타고 칸푸르에 간 다음, 다시 택시로 이동해 카나우지에 도착했다. 카나우지는 향수 제조의 오랜 전통이 이어져온 곳이다. 7세기경 카나우지가 무굴 제국의 수도였던 때부터 갠지스 강 유역에서 향수 산업이 발달했다. 택시가 먼지투성이의 아카시아 나무와 맨발로 뛰노는 아이들, 사리를 입은 여인네들, 길가에 매달아놓은 간이침대 위에 축 늘어져 있는 노인들 옆을 지나가던 중, 습지에서 자라는 베티베르를 발견했다. 매우 억세고 빳빳한 풀이어서 가장 이국적인 향을 가지고 있다는 사실이 믿기지 않았다.

베티베르에는 오일이 풍부하다. 과학자들이 베티베르 오일에서 분리해낸 분자 수만 150개가 넘을 만큼, 베티베르 오일은 가장 복잡한 오일 가운데 하나로 알려져 있다. 또한 베티베르의 뿌리에 대해서도 아직 밝혀지지 않은 사실이 많다. 베티베르 뿌리의 미세한 가닥이 흙에 들어 있는 분자를 뽑아내어 도관導管에 흘려 넣으면 도관 시스템이 그 분자를 무수히 늘려 쿠스의 다양한 향을 만들어내도록 한다.

나는 카나우지에서 전통적인 증류 장치를 찾아보았고 몇 번의 시도 끝에, 21세기에 남아 있으리라고는 생각도 못했던 증류소를 발견했다. 그 안에는 몇 개의 증류기가 줄지어 서 있었는데 각 증류기 안에는 454킬로그램의 금잔화가 물에 잠겨 있었다. 증류기 본체 꼭대기에 붙은 대나무 파이프를 통해 본체와 중탕냄비 안에 놓인 수신 증류기가 연결된다. 금잔화 증기가 그 파이프를 통해 수신 증류기 안에 있는 샌들우드 속으로 액화해 들어가 금잔화 향의 샌들우드 오일이 만들어졌다. 오일의 화려한 우디 향을 맡으며 나는 고풍스런 가구들로 가득 찬 대저택을 떠올렸다.

아타왈라(조향사)들은 온도계 없이 일정한 온도를 유지하기 위해 부지런히 불을 지폈다. 온도가 너무 높으면 물이 빨리 증발하여 꽃잎 표면이 그슬리고 샌들우드의 부드러운 크림 향도 잃게 된다. 왈라는 중탕냄비 옆에 서서 물이 너무 뜨거워지지 않도록 지켜보다가 증기의 액화가 원활하게 진행되는 데 필요하다고 생각할 때마다 찬물을 부었다. 이 모든 과정이 매우 조용하고 경건한 분위기 속에서 진행되었다. 금잔화 향이 스며든 샌들우드 오일은 주위를 고요하고 평화스럽게 만드는 힘을 가지고 있었다.

다음 날, 베티베르 오일인 러ruh를 추출하는 데에도 이 장치가 사용되었다. 하지만 러의 경우, 수신 증류기 안에 샌들우드가 없고 대나무 파이프도 연결되지 않는다. 나는 미리 적셔 잘라낸 베티베르 뿌리를 커다란 구리 증류기 속에 넣는 광경을 지켜보았다. 뿌리의 오일 주머니가 서서히 열리면 저압 증류 과정을 통해 더욱 미세한 분자들이 방출된다. 오늘날과 같이 고압의 증류 장치에서는 불가능한 일이다. 증류가 24시간 동안 계속되어 마침내 베티베르 뿌리에서 모든 에센스가 빠져나오고 수신 증류기가 쿠스 오일로 포화 상태가 되면 오일이 물에서 분리되어 수면에 뜨게 된다. 이것을 특수 흡유吸油 브러시로 조심스럽게 걷어낸 다음, 브러시를 짜서 오일을 병에 담는 것이다. 증류소를 떠나면서, 나는 러 한 병을 선물 받았다.

우타르프라데시 주에서 10월에 시작되는 베티베르 재배를 구경하기 위해 시간을 따로 내진 않았지만, 나는 야생 베티베르가 인도의 미개척지에서 광범위하게 자란다는 것과, 우기가 끝나면 아드라시Adrasi(우타르프라데시 지방에서 자라는 베티베르를 재배하는 부족—옮긴이) 부족이 일을 시작하기 전 땅에서 뿌리를 말린다는 사실을 알고 있었다. 아드라시 부족은 몇 달 동안 쿠스 풀로 만든 작은 오두막에서 야영한다. 철기 시대 도구처럼 보이는 수제 장비들을 가지고 그들은 뿌리를 비틀어 잡초 사이에서 뽑아낸 후, 바위에 쳐서 흙을 털어내고 몇 개씩 묶어 다발을 만든다.

몇 주 동안 이 과정이 반복되며, 바이어들이 쿠스를 사려고 몰려들면 쿠스는 소가 끄는 짐수레에 실려 카나우지로 운반된다. 그곳에서 쿠스 뿌리는 대나무 파이프가 달린 전통적인 구리 증류기에서 처리되거나, 아니면 좀 더 현대적인 기술로 처리한다. 하지만 대부분의 베티베르 전문가들은 소량씩 처리하여 훨씬 더 정제된 오일을 얻어내는 과거의 방식이 더 낫다고 말한다. 그들은 쿠스를 한번 보면 재배된 지역과 적절한 시기에 재배되었는지의 여부를 금세 알아낸다.

나는 그때까지 내 맞춤 향수에 뛰어난 고정제인 야생 베티베르를 넣고 싶어했다. 야생 베티베르는 가벼운 탑 노트에서 깊이 있는 베이스 노트까지, 향수의 모든 원료를 통합시켜준다.

헤나 오일은 베티베르 꽃에서 증류되고, 오일의 도시인 러크나우에서는 아가우드와 용연향·사향·파출리·사프란과 섞인다. 케와라는 아직 잘 알려지지 않은 오일이며, 달콤한 과일 향 허브인 다바나, 오일이 함유된 긴 뿌리줄기인 바크의 창포와 버터 나무의 사향내 나는 잎사귀도 오일을 만드는 데 사용된다. 히말라야산맥에서 자라는 인도 나르드인 감송은 성경에도 종종 등장하는 신성한 향이다. 예수의 발에 이 감송을 발랐다고 한다.

며칠 후 나는 삼박 재스민의 콘크리트와 앱솔루트 생산자를 만나기 위해 대륙을 가로질러 남쪽의 코임바토르로 향했다. 도중에 보이는 재스민 농장들을 자세히 관찰했지만 뒤늦게야 대부분의 재스민 농장이 코임바토르의 북쪽에 위치하고 있다는 것을 알게 되었다. 코임바토르는 유칼리유油 생산 중심지인 우티 역에 가는 길에 잠시 지나치는 곳이기 때문에 보통 여행 안내지도에 나와 있지 않다. 레몬 고무, 즉 유칼립투스는 깨끗하고 밝은 초록빛의 몸통과 짙은 향의 잎을 가진 오스트레일리아 나무이다. 아로마 오일을 함유하고 있으며 더 많은 가지를 치도록 벌채해준다. 닐기리 구릉지대에서 상업적 목적으로 재배되며, 잎과 가지는 우티에서 증류된다.

다음 날, 나는 콘크리트와 앱솔루트의 생산자이자 수출업자인 세수라만 씨를 만났다. 우리는 교외에 자리 잡은 그의 농장과 공장으로 차를 몰았다. 아담한 크기의 3층짜리 주택이 보이고 그 뒤에 공장 건물이 있었다. 그의 장모가 힌두교의 전통 스콜람스 scolams(돌차기 놀이 눈금처럼 생긴 분필 표시—옮긴이)로 뒤덮인 문턱에 서서 우리를 맞이했다. 위쪽에서는 갓난아기의 울음소리가 들렸다.

들판의 재스민 숲을 살펴보니 가지를 친 지 얼마 안 된 상태였다. 수확은 6월에 시작하여 12월까지 이어진다. 세수라만 씨는 모든 작물을 유기농으로 키우고 있으며 다년생 식물인 선헴프sunhemp(대마의 일종)로 만든 비료도 모두 녹비green manure(생풀이나 생나무의 잎으로 만들어 완전히 썩지 않는 거름—옮긴이)라고 설명했다. 그의 모든 수확물에는 정성 들여 키운 흔적이 역력했다.

가늘고 호리호리한 인도멀구슬나무가 재스민 숲 옆에서 자라고 있었다. 세수라만 씨는 이 나무 씨의 추출물이 생화학 비료로 사용되고 있으며, 나무는 자연 살충제 역할을 한다고 말했다. 인도 사람들은 멀구슬나무가 악귀를 물리쳐준다고 생각한다. 또한 멀구슬나무 오일은 피부병에도 좋다고 알려져 비누 원료로 들어가고 경구 피임약으로 사용되기도 한다.

사향, 그리고 비버 향에 대하여

사향과 용연향·파출리·베티베르는 인도 사람들이 매우 좋아하는 향이다. 히말라야와 티베트 지역에서는 지금도 사향노루가 간간이 모습을 드러내고 있으며, 중국인들은 수천 년 동안 사향에 대한 지식을 쌓아왔다.

사향노루 사냥은 엄연히 불법이지만 지금도 암시장이 성행하고 있어 사향노루는 멸종 위기에 처해 있다. 사향은 사향노루 수컷의 음경 안에 있는 생식선에서 분비되는 붉은 갈색의 물질로서 영묘향처럼 영역을 표시하는 역할을 한다. 수마일 떨어져 있는 상대에게까지 전달될 정도로 향이 강하다. 사냥꾼들은 호두 열매 크기만 한 이 생식선, 즉 사향주머니를 잘라낸다. 사향주머니 하나를 팔면 수도승이 일년을 지낼 수 있을 만큼 비싼 값에 거래되었다. 생식선은 사슴을 해치지 않고도 자를 수 있지만 불필요하게 사슴을 죽이는 경우가 종종 일어나고 있다. 또한 암수를 구별하기가 쉽지 않기 때문에 많은 암사슴이 희생되고 있다. 중국에서는 현재 합성사향을 만드는 실험이 진행되고 있다. 부디 성공하길 바란다. 진짜 사향을 어떻게 얻는지 알게된 후 심한 혐오감을 느꼈기 때문이다.

아라비아를 거쳐 유럽에 전해지기 수세기 전부터 사향은 인도와 중국, 페르시아에서 사용되어왔다. '무스크musk'라는 단어는 아라비아어 '메스크mesk'에서 파생되었다. 사향은 1189년 이집트와 시리아의 황제였던 살라딘이 로마 제국에 보낸 선물 목록에도 올라와 있다. 중국에서 아라비아의 배에 실려 옮겨져 바그다드 칼리프들의 찬사를 받았지만 값비싼 물건이 여러 사람의 손을 거쳐 전달되는 과정에서 다른 물질과 섞여 품질이 떨어지곤 했다.

사향 가운데 최고로 치는 것은 티베트와 중국이 원산지인 통킨 사향이다. 아삼과 네팔 사향은 향이 가장 진하고, 러시아 사향은 품질이 안 좋다. 사향 향수는 냄새를 추출하기 위해 사향을 한 달 동안 알코올에 담가 불려 팅크제 형태로 만든다. 그리고 희석시킨 다음 다른 향수와 섞는다.

사향은 가까이 있는 모든 것에 스며든다. 약간 배설물 냄새 같기도 한 끈끈한 느낌이다. 화학적으로, 인간의 테스토스테론 호르몬 냄새와 매우 비슷하다고 한다. 그 짙은 사향내로도 가릴 수 없는 향이 바로 캠퍼와 비터 아몬드 향이다. 사향내가 너무 강했기 때문에 동인도 회사는 한동안 사향을 홍차와 같은 배에 싣지 않았고, 다른 선박들도 화물에 온통 사향내가 밸 것을 우려하여 사향 운송을 거부했다. 하지만 선원들은 사향의 최음성과 마취 성분을 은근히 즐겼다고 한다.

또한 사향내는 지속성이 뛰어나다. 손수건에 한 번 뿌리면 거의 40년 동안 향이 지속된다. 코임바토르 플레이버즈 앤드 프레이그런시즈는 1996년, 천연사향과 비슷한 암브레톨리드ambrettolide를 소개했다. 이는 랙 수지를 만들어내는 벵골 지역 곤충에서 추출한 혼합물 알레우리틱 산에서 얻어낸 것이다.

입생 로랑의 향수 '오피움' 등에 쓰인 인공사향 대체물은 아무리 잘 만들어내더라도 진짜와 겨룰 수 없다. 진짜 사향은 종종 여성들에게 우울증을 일으켜서 빅토리아 시대에는 악마의 향으로 낙인찍히기도 했다. 19세기 유진 리멜Eugène Rimmel은 저서《향수 백과Book of Perfumes》에서 신경이 예민한 사람들은 정신을 자극할 수 있는 사향보다는 꽃 추출물을 사용하라고 경고했다. 프랑스 작가 에드몽 드 공쿠르Edmond de Goncourt가 쓴《셰리Chérie》의 여주인공은 마약처럼 사향내를 맡으며 오르가슴을 느낀다. 조제핀은 나폴레옹이 떠나갈 때 자신을 잊지 않도록 하기 위해 두 사람이 함께 살던 말메종 궁 안에 사향과 영묘향을 가득 뿌렸다.

나는 영화 제작자인 리처드 테일러 씨를 만나러 갔다. 그는 사향과 녹용에 대한 다큐멘터리를 제작한 적이 있다. 극동 지방에서는 이 두 가지가 일종의 비아그라로, 전통 약제의 원료로 사용되고 있다. 예를 들어 사향은 400개의 약제 원료로 사용되고 있지만 중국의 사향노루 농장의 규모를 보면 애처롭기까지 하다. 사향노루의 뿔이 완전히 성장하면 잔인하게 베어 가루로 만들어서 수요가 많은 최음제를 만든다. 그 뿔에서 나는 피는 따로 모아 병에 담고 정력제로 속여 판다.

야생 노루는 포획되는 즉시 체중이 줄기 시작한다. 그리고 극도의 공포감 속에서 더이상 사향을 만들어내지 못한다. 이는 자신의 영역을 표시하는 동물의 필수 능력을 상실했음을 의미하는 것이다. 러시아에서는 사향주머니를 노린 사냥꾼에 의해 희생되는 사향노루의 비율이 사향노루의 전체 사망률 가운데 80퍼센트를 차지한다. 몽골의 사향노루 개체수도 급격히 줄어 과거의 5분의 1에 불과한 실정이다. 진짜 비극은, 동물을 죽이지 않고서도 사향주머니를 떼어낼 수 있다는 사실, 즉 불필요하게 죽이고 있다는 사실이다.

내 향수에 들어갈 사향이 어떤 식으로 얻어지는지 알 길은 없다. 설령 내가 직접 나서서 사향주머니를 어떻게 떼어내는지 확인한다 하더라도, 사향을 내 향수에 넣는다는 사실이 영 마음에 걸렸던 나는 결국 사향을 제외하기로 결정했다.

UN 야생 동식물 종의 국제 거래에 관한 협약(Convention on Trade in Endangered Species, CITES)이 사향노루와 멸종 위기에 있는 다른 동물들을 보호하기로 결정한 이래, 사향노루의 상업적 매매는 국제적으로 금지되어왔다. 그럼에도 불구하고 제재가 미미하여 불법 거래가 판을 치고 있다. 이러한 불법 행위를 주도하는 유럽 국가는 바로 서양 향수 산업의 중심지인 프랑스이다.

캐나다와 시베리아의 비버 모피 무역의 부산물인 비버 향은 비버의 복부 주머니에 있는 달걀 모양의 생식선에서 얻어진다. 원래 상태에서는 악취가 나지만 팅크제로서는 남성적인 향을 가지고 있다. 현재 비버 향과 모피 거래 역시 금지되어 있다.

세수라만 씨가 가지고 있는 재스민 숲은 30에이커에 불과하지만 그 숲에서 얻는 꽃은 350~450킬로그램에 달한다고 한다. 1킬로그램의 콘크리트를 추출할 수 있는 양이다. 우리는 노두露頭(암석이나 지층이 흙이나 식물 등으로 덮여 있지 않고 지표에 직접적으로 드러나 있는 곳―옮긴이)로 둘러싸인 들판에 서 있었다. 노두가 어찌나 매끈한지, 콘스탄틴 브랑쿠시나 헨리 무어 같은 조각가들이 이것을 보고

영감을 얻은 것이 아닌가 하는 생각마저 들었다.

나는 재스민 향이 나지 않는다는 사실에 적잖이 당황했다. 세수라만 씨가 재스민이 물 없이도 2, 3년은 살 수 있지만 꽃이 피려면 반드시 물이 있어야 한다고 설명해주었다. 벌써 3년째 비가 오지 않아 우물이 말라버린 상태였다. 절대적으로 물이 부족함에도 불구하고 그들은 가까스로 수확을 해왔다. 수확 철이 되면 일꾼 스무 명이 새벽 4시에 모여 해가 뜨기 전까지 꽃을 딴다고 한다. 재스민도 장미처럼 이슬에 젖어 있는 상태에서 따야 한다. 그러면서 세수라만 씨는 늦은 밤까지 계속되는 위성방송 때문에 일꾼들을 새벽에 불러내는 일이 점점 어려워지고 있다고 하소연했다.

우리는 다시 공장으로 들어가 세수라만 씨의 사무실에서 마주 앉았다. 로즈 오일과 합성 오일 병이 빼곡히 들어찬 진열장이 줄지어 있었다. 그는 자신의 장인이 삼박 재스민을 처음으로 판매한 진취적인 사람이었으며, 코임바토르 플레이버즈 앤드 프레이그런시즈는 인도에서 삼박 재스민을 증류시킨 최초의 회사라고 말했다. 그리고 재스민 그랜디플로람Jasmine grandifloram은 삼박에 비해 부드러운 편이며, 동물성 향을 가진 삼박은 결혼식을 비롯한 여러 행사에 두루 사용되어 가격이 점점 상승하고 있다는 이야기도 들려주었다.

나는 왁스와 오일로 만든 재스민 콘크리트를 피부에 발라보았다. 섬세한 향은 아니지만 가장 인도 향수 같은 강렬하고 친숙한 느낌을 불러일으켰다. 그때 세수라만 씨의 친척 여성이 재스민 꽃과 봉오리가 담긴 큰 접시를 들고 들어왔고, 나는 그 향을 들이마셨다. 비가 그친 후에 나는 냄새 같았다. 증류된 사탕수수 알코올로 콘크리트에서 앱솔루트를 추출한 후 왁스를 제거하여 앱솔루트오일을 얻는다. 프랑스 회사들은 주로 콘크리트를 사서 직접 앱솔루트로 만든다. 콘크리트는 상온에서 3, 4년까지 보관할 수 있다.

재스민 그랜디플로람 콘크리트 1킬로그램을 만들려면 300~400킬로그램의 꽃이 필요하며, 삼박 재스민은 600킬로그램이나 필요하다. 세수라만 씨는 각자의 기술에 따라 차이는 있지만, 일꾼 한 사람이 두 시간에 보통 2~3킬로그램의 재스민 꽃을 딴다고 말했다.

재스민 꽃을 따낸 직후 대나무 바구니에 담아 추출 장치로 옮긴다. 꽃을 따고 몇 시간 안에 추출하지 않으면 시들어 향을 잃게된다. 세수라만 씨가 나를 바깥의 추출 장치로 데려갔다. 일꾼들이 열심히 기계를 손질하고 있었다. 꽃이 추출 장치 안에서 섞이게 되면 강한 향이 약한 향을 가려버릴 수 있다고 한다. 꽃에서 향을 추출하는 데에는 휘발유의 부산물인 헥세인이 사용되었다.

들판에서 딴 꽃이 추출 장치로 옮겨지면 즉시 원통 모양의 체처럼 생긴 트레이에 올려놓는다. 이 트레이를 추출기 안에 겹겹이쌓아올리는 것이다. 꽃을 넣고 뚜껑을 닫으면 용매와 꽃이 고온에서 두 시간 동안 반응을 일으키면서 꽃이 오일을 흡수하게 된다. 400리터의 오일이 응축되어 80리터가 되면 헥세인을 제거한다. 헥세인은 재생되고, 다 쓴 꽃은 비료로 사용되므로 버리는 것은아무것도 없다. 모든 과정이 끝나면 냉각수를 흘려 넣어 응축기를식힌다.

세수라만 씨에게 다른 꽃도 재배하냐고 묻자 그는 바닐라 크림에 담갔다 꺼낸 달콤한 백합 향이 나는 투베로즈 콘크리트 샘플 하나를 내게 주었다. 샘플은 너무 달콤해서 자꾸 손이 갔고 결국 며칠 만에 다 써버리고 말았다.

코임바토르 플레이버즈 앤드 프레이그런시즈는 작은 회사이지만 100퍼센트 천연제품만 생산한다. 재스민 수확 철이면 전 세계의 아로마세러피스트들이 회사를 방문하여 그들의 오일 제품을 사간다. 세수라만 씨는 약간 격앙된 목소리로, 미국 사람들은 코임바토르 플레이버즈 앤드 프레이그런시즈의 오일의 품질이 떨어진다고 생각하면서도 실제로는 프랑스 제품과 구분하지 못한다고 말했다.

힌두교 신전 안에 있는 여신의 성소에는 주로 재스민을 바친다. 따라서 신전은 세수라만 씨의 영원한 고객인 셈이다. 그리고 모두에게 가장 필요한 것은 바로 비였다. 떠나기 전 세수라만 씨는 작은 유리병에 든 재스민 앱솔루트와 오일 샘플들을 선물로 주었다. 그에게 감사 인사를 하고 주위의 바짝 마른 땅을 쳐다보며 나는 어서 비가 내리길 바란다고 말했다.

홀리바질

힌두교도들은 툴시tulsi, 즉 바질을 신성한 허브로 여기며 떠받들고 비슈누 신과 그의 화신인 크리슈나 신을 모신 신전에서 사용한다. 바질이 가족을 지켜준다고 믿는 모든 힌두교 가정에는 바질 나무가 심어져 있다. 그러나 인도에서는 바질을 요리에 사용하지 않는다.

빅토리아 시대 식물학자인 조지 버드우드George Birdwood 박사는 "가장 신성한 풀은 툴시, 즉 홀리바질이다. '툴시'라는 단어는 크리슈나의 사랑을 받아 그에 의해 아름답고 향기로운 풀로 변한 요정 툴시의 이름에서 따왔다. 힌두교의 다프네Daphne(그리스 신화에서 아폴론에게 쫓기어 월계수로 변한 요정—옮긴이)인 셈이다. 바질은 비슈누에게도 바쳐졌고, 따라서 그를 따르는 무리들은 바질의 줄기와 뿌리로 만든 목걸이와 묵주를 몸에 지녔다. 힌두교도들은 바질에 매일 물을 주고 경배한다. 가족을 보호하는 상징으로서 바질이 힌두교 가정과 불가분의 관계가 된 것은 말라리아균이 전파된 공기를 살균하고 정화시키는 성질 때문이기도 하다."라고 기록했다.

인도에서는 통킨 사향과 바닐라 · 제라늄 · 톨루 · 오렌지 꽃 · 카시 · 재스민 · 투베로즈와 홀리바질을 섞어 가장 기품 있는 향을 만들어낸다.

오늘날의 조향사들은 바질을 가벼운 시트러스 향수 원료로 즐겨 사용한다. 조 말론의 '바질', 바질과 타임, 베티베르 혼합물인 딥티크의 '버지글리오', 바질과 로즈, 블랙커피의 혼합물인 메트르 파퓨뮈르에 강티에의 '보메' 등이 그 예이다.

나는 택시를 타고 마이소르로 향했다. 가는 길에 주홍 · 분홍 ·

노란색 사리를 입은 여인들이 땡볕 아래 줄지어 서 있는 모습을 보았다. 힌두교도들은 아무리 가난하더라도 언제나 깨끗이 세탁한 옷을 입는다. 매일 목욕하는 것이 힌두교의 관습이기 때문에 강가에서 사리를 빠는 여성들을 흔히 볼 수 있다. 남자들의 흰 도티가 그들의 갈색 피부와 묘한 대조를 이루었다. 고원지대에 내리니 덩굴손이 달린 거대한 반얀 나무와 타마린드, 자카란다 나무, 넓은 들판과 옅은 파란색으로 칠해진 촌락이 보였다.

차로 일곱 시간을 달려 우리는 화려한 왕궁 도시 마이소르에 도착했다. 분홍과 흰색이 섞인 인도-사라센 풍 궁전과 부속 건물들로 유명한 도시다. 우리는 친환경 호텔이라는 그린 호텔에 짐을 풀었다. 연못에는 모기 유충을 먹는다는 민물고기가 가득했고, 태양 에너지가 전력을 공급하고 있었으며, 세탁은 전통 빨래터인 도비가트에서 이루어졌다. 밤이 되면 숲의 꼬마전구 장식이 정원의 나무와 화단을 밝게 비추고 탁자 위에는 촛불이 놓여졌다. 아담하고 조촐하지만 평화롭기 그지없는 곳이었다.

다음 날 아침, 인력거를 타고 데바라자 시장에 갔다. 상점 판매대에 놓인 커다란 바나나 묶음을 보니 백조의 목이 떠올랐다. 과일과 채소를 쌓아올린 노점상의 솜씨는 신기에 가까웠고 곳곳에 진홍색과 청록색 안료, 샌들우드 비누, 헤나, 제사 때 쓰는 진흙 사발이 산더미같이 쌓여 있었다.

나는 작은 향수 가게를 발견하고 샌들우드 향수와 아홉 가지 꽃이 들어간 향수, 장미 꽃잎으로 만든 그린 로즈 향수를 조금씩 샀다. 화려하면서도 종종 저속해 보이는 서양 향수병과 달리 인도의 향수 갑은 매우 단순하다. 병에 든 향수를 작은 용기에 따라 붓고 마개로 틀어막은 다음, 향수 이름을 적은 라벨을 붙인다. 그리고 꼼꼼하게 자른 신문지로 낱개씩 포장하고 색 끈으로 묶는다.

나는 차이chai(인도식으로 조리해서 마시는 홍차─옮긴이)를 마셨다. 방명록에 서명하는 동안 가게 주인은 계속 내 팔에 향수를 뿌려댔다. 샌들우드 향은 앞서 여행한 인도의 그것처럼 기름지고 풍부한 우디 향이었지만 한편으로는 시큼해서 눈물이 나려고 했다.

시장에서 나는 호텔의 친절한 영국 여성이 말했던 곳으로 가보았다. 어린 남자 아이가 진짜 에센셜 오일을 파는 고급 향수 가게를 찾는 사람들을 안내하고 있었다. 아이는 나이답지 않게 아는 것도 많고 외국어도 여러 개 구사하였다. 그는 나를 선반마다 향수가 가득한 상점 안으로 안내했다.

오일 단지를 관리하던 잘생긴 한 젊은 연금술사가 단지의 마개를 열자 오후의 무더위 속에서 치자나무, 파출리, 열대성 워터멜론, 샌들우드, 베티베르 향이 흘러나왔다. 이 모든 향이 한데 얽히고설켜 묵직한 마취성 연기를 만들어냈다. 마치 앞을 볼 수 없는 엄청난 증기에 휩싸인 것 같았다.

호텔로 돌아오는 길에 어느 꽃 시장에 들렀다. 커다란 노점에는 메도스위트와 온갖 종류의 꽃이 판매되고 있었다. 그 향에 도취된 나는 영국의 숲 속에 피는 블루벨을 떠올렸다.

샌들우드

향수 원료로 사용되는 샌들우드의 85퍼센트는 마이소르에서 재배된다. 샌들우드 나무는 기생식물로 매우 앙상한 편이다. 구아바나 대나무 같은 이웃한 나무와 식물의 뿌리를 흡수하여 기를 빨아들인다. 다 자란 샌들우드 나무는 즉시 베어내며 제일 오래된 나무, 즉 보통 30~50년 된 나무의 오일 품질이 가장 좋은 편이다. 샌들우드는 서늘한 최음성 향을 가지고 있다. 또한 뛰어난 고정제로서 향수에서 미들 노트로 사용된다.

샌들우드 나무의 몸통과 뿌리를 빻아 가루로 만들고 부스러기는 증류시킨다. 심재心材(나무줄기의 중심부에 있는 단단한 부분—옮긴이)와 뿌리에서 나오는 것이 최고의 오일이다. 첫 번째 증류 과정에서는 깔때기에 있는 오일을 빨아들여 재증류시킨다. 화학물질을 사용하지 않고 증기 증류법을 쓰기도 하지만, 이 경우 시간이 나흘이나 걸린다. 증류 후에는 오일을 커다란 원통형 용기에 넣어 끓이고 사이펀으로 빨아들여 물과 분리시킨 다음 유리병에 따라 붓는다. 샌들우드가 증류될 때 구리 솥에서 나오는 달콤한 향은 진정 효과가 뛰어나다고 한다.

샌들우드 가루 1,000여 킬로그램으로 얻을 수 있는 오일의 양은 불과 55리터 정도이다. 이 오일 원액은 액체 상태의 적금赤金과 비슷하게 생겼다. 방향제나 비누 등에는 보통 샌들우드가 들어가지만, 관능미를 물씬 풍기는 최고급 향수에는 종종 확장성이 뛰어난 에센셜 오일이 사용된다.

샌들우드는 수세기 동안 찬사를 받아왔다. 그 오일이 기원전 500년경부터 인도 문헌에 언급되었고 고대에 이미 인도와 지중해 국가들 사이에 샌들우드 교역이 시작되었다. 인도의 고급 매춘부들은 테스토스테론과 비슷한 스테로이드를 함유한 샌들우드 연고를 가슴에 발랐다. 샌들우드 연고는 훈증 소독과 귀족의 시신을 향유 처리하는 데에도 사용되었다. 소비량이 엄청났기 때문에 공자는 동양에서 가장 큰 샌들우드 숲이 고갈되어가고 있다고 기록하기도 했다. 샌들우드가 부족하기는 오늘날에도 마찬가지다. 나무를 베어내면서 다시 심지 않기 때문에 샌들우드 공급이 점점 줄어들고 있다. 지나친 벌채를 막기 위해 현재 샌들우드 나무는 보호 종으로 지정되어 있다. 마이소르의 샌들우드 나무에는 모두 품질 인증 도장이 찍혀 있고, 현재 샌들우드 오일을 구하려면 5년을 기다려야 한다.

샌들우드는 수년 동안 향을 유지하기 때문에 인도의 가구 제작자나 장인들은 지금도 샌들우드로 장식품 등을 만든다. 카슈미르에는 완전히 샌들우드로 만들어진 부처상이 있다. 또한 이스라엘의 솔로몬 왕은 시바 여왕의 방문으로 많은 향료를 선물 받은 후 사원 기둥과 하프, 수금 등을 샌들우드로 만들 것을 명령했다.

오후 늦게 나는 아가바티agarbathi(향료) 가게를 찾아 나섰다. 그런데 미로 같은 길을 돌고 돌다가 지친 상태에서 한 소년을 만나

게 되었다. 여덟아홉 살 정도밖에 안 되어 보이는 아이였다. 선향線香을 한 묶음씩이나 들고 있던 소년은 아가바티 가게를 찾는다는 내 말을 듣고 어머니가 선향을 하루 1,000개씩 만든다며 같이 가자고 했다. 결국 같이 시장을 떠나는데 마치 우리가 피리 부는 사나이라도 되는 양 맨발 벗은 아이들이 떼 지어 따라오고 있었다. 순간, 두려운 마음이 들었다. 소년의 어머니를 만나러 가는 게 아니라 뭔가 덫에 걸려든 느낌이었기 때문이다.

나는 휙 뒤돌아서서 마음이 바뀌었다고 말했다. 그러자 소년은 그날 벌이를 해야 한다며 선향을 사라고 애원했다. 나는 아이가 들고 있던 선향을 모두 산 다음, 뒤따라온 무리에게 더이상 돈이 없음을 확인시키느라 애를 먹었다. 소년은 사람들 틈으로 사라졌고 다른 아이들도 뿔뿔이 흩어졌다. 나는 놀란 가슴을 진정시키며 시장으로 돌아왔다. 이처럼, 인도는 예측불허의 나라이다. 시끄럽고 요란하고 악취가 나다가도 갑자기 모든 상황이 해결되기도 한다. 현세의 고통과 구원, 신비가 공존하는 곳, 경이로움으로 가득한 곳이다.

아가바티

마이소르는 감각의 천국이다. 매일 만들어지는 수십만 개의 선향에서 샌들우드와 장미 · 재스민 향이 흘러나온다. 선향은 인도인들의 삶에서 없어서는 안 될 요소이다. 인도에서는 빈부 차와 상관없이 모든 사람이 선향을 사용하며, 네루는 짧은 샌들우드 선향을 손에 들고 다니기도 했다.

아가바티 산업은 가내수공업으로 이루어진다. 여자와 아이들도 집에서 만들지만 절반 이상은 인도 정부가 책임지고 있다. 샌들우드 나무의 60퍼센트는 정부가 심은 것이며, 마이소르에서는 매일 1만 개의 선향이 생산되고 있다. 선향을 만들려면 대나무 막대와 샌들우드 나무토막, 샌들우드 잎, 툴시 같은 허브, 그리고 쿠민과 코리안더, 카다몸 같은 향료가 필요하다. 선향 제조자들은 이 향긋한 나무껍질과 뿌리, 허브로 반죽을 만들고 기다란 대나무 조각으로 만다. 여기서 대나무 조각은 2~3일 후 향료 반죽이 마를 때까지 일종의 거푸집 역할을 하는 것이다. 그 결과 파출리와 베티베르 뿌리, 암브레트 시드, 인도 몰약과 비슷한 구갈, 시나몬, 샌들우드 나무껍질 같은 뿌리, 허브, 수지 오일의 혼합물이 만들어지지만 사실 100가지가 넘는 원료가 사용될 수도 있는 것이다.

아가바티 산업은 전통적인 장인의 기술과 현대적 경영 방식을 접목시켰다. 이 전형적인 농가 중심의 산업은 도로 포장 산업으로 발전해 나가고 있다. 선향을 거주지 앞의 포장도로 위에서 롤러로 늘이기 때문이다. 약 5,000명의 사람들이 이 산업에 종사하며 하루 1파운드의 일당을 받고 있다. 주로 부녀자와 아이들로 이루어진 이러한 저임금 노동자들이 일 년에 1470억 개의 선향을 만들어내는 것이다. 금액으로 따지면 70만 루피에 이르는 양이다.

한 에센셜 오일 상점에서 대나무 조각으로 샌들우드 접합제를 말고 있는 모습을 보았다. 그 대나무 조각을 향수에 담갔다 꺼내 그늘진 판판한 지붕에 펼쳐 말린다. 모든 과정이 매우 민첩하게 이루어졌다. 마치 스시를 만드는 일본 요리사의 신들린 손놀림 같았다.

계속 그 소년 생각을 하며 시장을 걷다가 길에서 한 남자와 부딪쳤다. 그는 자신을 틴틴이라고 소개했다. 틴틴은 사진사로 머천트 아이보리Merchant Ivory(인도의 영화사) 사의 영화 〈인도에서 생긴 일Heat and Dust〉과 〈코튼 메리Cotton Mary〉의 스태프로 일한 적이 있었다. 내가 인도에 온 이유를 설명하자 그는 아버지의 친구가 최음제를 만들어 납품한다며 내게 소개해주겠다고 말했다. 그리고 다음 날부터 며칠 동안 틴틴은 나를 엔필드 자동차 뒷자리에 태우고 마이소르 이곳저곳으로 안내했다. 적어도 영국인의 기준으로 보았을 때, 난폭 운전사가 따로 없었다.

그는 나를 나빈에게 소개시켰다. 자신이 판매하는 진주 가루를 성기에 뿌리면 정력이 강화된다는 나빈의 말에 나는 화제를 바로 재스민으로 돌려버렸다. 나빈은 40년 동안 향수 판매를 했다고 한다. 그리고 나처럼 고대의 향수 제조법을 재현하고 싶어했다. 나는 내 시그너처 향수를 만들기 위해 좋은 원료를 찾고 있다고 말하고는 품질이 가장 좋은 재스민이 무엇인지 물었다.

나빈은 재스민이 300개의 성분으로 이루어져 있기 때문에 어떤 것이 최고의 재스민 에센스, 또는 오일인지 정확히 알기 어렵다면서, 과일 향이 나는 것이 좋은 재스민 같다고 말했다. 내 생각도 그러했다. 나는 농익은 배 냄새가 나는 것도 괜찮은 품질이라고 말했다. 나빈은 다양한 삼박 종種에 대해 설명하기 시작했다. 그는 삼박이 동물성 향이라고 생각한다고 말했다. 또한 삼박 재스민과 허브, 파출리를 즐겨 섞는다고 덧붙였다. 그렇게 섞은 향을 들이마시면서, 나는 인도 외에는 어느 곳에서도 만날 수 없는 향이라고 생각했다. 재스민과 파출리가 서로를 완벽하게 보완해주었다.

나빈은 인도에는 남녀용 향수가 따로 없다고 말했다. 남녀 구분 없이 모두가 재스민·샌들우드·베티베르 에센스와 헤나 꽃 오일을 사용한다.

인도 여행을 마치고 집에 돌아갔을 때 나는 트렁크 안에서 재스민 앱솔루트가 샌 것을 발견했다. 그 향이 수개월 동안 침실 안에 진동했다. 지금도 트렁크를 열 때마다 재스민 향이 밀려와 스리랑카와 인도 여행이 생각난다.

재스민과 샌들우드·파출리 향을 맡으면 언제나 인도에 대한 기억이 물밀듯 밀려온다. 축축한 열대 우기의 아침과 까마귀 울음소리, 그리고 끝이 보이지 않는 지평선.

나는 공책을 펼쳐 너트메그 샘플이 있는 페이지를 찾았다. 그리고 바로 옆에 있는 재스민 향을 맡으면서 너트메그 향 덕분에 플로럴 재스민이 더욱 신비롭게 느껴진다는 사실을 깨달았다. 어서 나만의 향수가 완성되어 그 향을 맡아보았으면 좋겠다.

러 병을 자세히 살펴보니 그 짙은 갈색 시럽에서 어떤 향이 흘러나오고 있었다. 그 향을 음미하며 나는 흙내가 물씬한 뿌리와 축축하게 젖은 숲, 그리고 하늘을 찌를 것 같은 너도밤나무 주위에 핀 송로버섯에 대한 기억 속으로 빠져들었다. 러는 내 향수에 향기로운 아로마의 기운을 불어넣었고, 공항까지 타고 갔던 택시의 지붕위에 실려있는 베티베르 매트가 에어컨 역할을 해 향수를 차게 만들어주었다.

이제, 최초의 향수라 할 수 있는 유향과 몰약을 찾아 예멘으로 떠날 차례이다.

The Scent Trail

8장

성스러운 느낌의 유향, 목가적인 느낌의 몰약

○

예멘과 용혈수의 섬
소코트라

몰약 한 다발은 내 연인과 같다.
밤새도록 내 가슴에 품고 있을 것이다.

《솔로몬의 노래Song of Solomon》

2,000년 전 홍해를 건너던 한 뱃사람을 상상해보았다. 지금은 예멘인 유향과 몰약의 땅을 지나면서, 그는 바닷바람에 실려 바다 한가운데까지 전해진 유향과 몰약 나무의 꽃향기를 들이마셨을 것이다. 오늘날에는 만나기 힘든 감각의 경험이다.

존 밀턴은《실낙원》에서 이렇게 말했다.

북동풍이 축복 받은 아라비아의 향기로운 해안에서 사바의 향기를 옮겨 나른다.

기원전 1세기경 역사가 디오도루스 시쿨루스는 아라비아 전체가 신비로운 향을 내뿜고 있다고 기록했고, 기원전 2세기 그리스의 역사가이자 지리학자였던 아가타르키데스는 향수가 감각을 자극하는 방식이 매우 성스럽고 거룩하다고 말했다.

'동양의 황금'으로 알려져 있던 유향과 몰약은 모두 고무수지로서 소량의 휘발성 오일을 함유하고 있으며, 이 오일이 바로 향의 근원이다. 유향보다는 몰약에 훨씬 더 많은 오일이 있다. 기원전 10세기부터 1세기까지 약 1,000년 동안, 소합향stacte이라는 최고급 오일을 얻기 위해 몰약에서 오일을 추출하는 기술이 개발되었다. 올리바눔이라고도 불리는 유향은 향연香煙을 일으키는 뛰어난 원료이다. 휘발성이 없기 때문에 향이 장시간 지속되며 묵직한 느낌을 주는 올리바눔은 향수의 베이스 노트로 아주 좋다. 또한 이슬람교과 불교, 힌두교 등 여러 종교의 예배 의식에서 사용된다.

향료는 휘발 작용, 즉 열에 의한 급속 증발에 의해 향긋한 연기를 발산한다. 고무와 수지, 향신료로 만들어 불에 땐 석탄에 뿌리거나 연고 형태로 몸에 바르기도 한다. 유향은 일종의 테레빈 나무에서 나오는 삼출물질이다. 이 나무는 주로 남부 예멘과 에리트레아(아프리카 북동부, 홍해에 임한 공화국―옮긴이) 지역 일부에서 발견된다. 몰약 역시 아라비아 전역에서 재배되는 발삼 나무의 삼출물이다. 유향과 몰약은 위에 언급한 나무들 외에, 예멘령 소코트라 섬과 오만의 최대 농업 지역인 도파르, 그리고 소말리아에서 자라는 볼품없고 왜소하며 땅딸막한 나무에서도 얻어진다. 몰약은 소코트라 누자드 평원에서 자라는 코미포라 오르니폴리아 나무에서도 얻는다. 유향과 몰약으로 만든 향료는 고대 사회 전반에 널리 사용되었고, 20세기에 유정油井이 페르시아 만 연안 8개국을 세계 최대 부국으로 만들었듯이, 풍성한 수확과 수출로 아라비아 경제 발전에 크게 기여했다.

아라비아 남부는 시바의 여왕이 다스린 고대 사바 왕국이었다. 이 지역의 비옥한 토양 때문에 철학자이자 역사학자인 스트라본은 이곳을 행복한 아라비아라는 뜻의 '아라비아 펠릭스Arabia Felix' 라고 부르기도 했다. 사바 사람들의 삶과 세계 최초의 댐인 마리 브는 뗄려야 뗄 수 없는 관계였다. 거대한 수문이 특징인 이 댐은 기원전 10~1세기에 이루어진 위업으로 손꼽힌다. 마리브 댐과 정교한 관개시설 덕분에 예멘의 농업은 크게 발달했다.

이집트 사람들은 기원전 1500년경부터 몰약을 모아들였다. 그들은 홍해를 따라 내려가 소말리아 남부의 몰약 재배 지역인 랜드 오브 펀트까지 가서 몰약 묘목을 구해왔지만 이집트에서는 나무가 잘 자라지 않았다. 하는 수 없이 펀트에서 몰약을 계속 공급받을 수밖에 없었다. 미라를 향 처리하는 데 몰약이 사용되었고, 카르나크부터 니네베까지 사원마다 향 연기가 피어올랐다. 기원전 1200년경에는 테베에 있는 아몬 사원에서만 189개의 향료 단지와 304개의 부셸 용기가 사용되었다.

그리스 사람들은 대중 행사와 축제 때 막대한 양의 향료를 사용했다. 향 바구니를 든 테살리아 처녀들이 에페소스의 아르테미스를 기리며 행진했고, 제사 때에는 델포이의 신탁을 찬양했다. 기원전 278년, 프톨레마이오스 2세가 주관한 알렉산드리아의 어느 퍼레이드에서는 승리의 여신 빅토리아의 의상을 입고 황금 날개까지 단 여인들이 9피트 높이의 줄 달린 향로를 운반했고, 자주색 겉옷을 입은 남자 아이들이 유향과 몰약이 담긴 황금 접시를 들고 행진했다. 코끼리와 얼룩말이 이끄는 전차는 364킬로그램의 유향과 몰약·사프란·카시아·아이리스·시나몬을 싣고 소년들을 뒤따랐다. 에트루리아(이탈리아 중서부에 있던 옛 나라—옮긴이) 사람들은 창 자루처럼 생긴 기다란 향 스탠드에서 향료를 태우곤 했다.

로마 시대에는 유향과 몰약의 공급이 수요량을 따르지 못해 값이 천정부지로 뛰어올랐으며 한때 금값에 버금가기도 했다. 동방 박사들이 아기 예수께 드린 선물이 황금과 유향, 몰약이었다는 사실에서도 당시 유향과 몰약의 가치가 어떠했는지 짐작할 수 있다. 《신약 성서》에는 막달라 마리아가 예수님의 발에 감송을 바르는 내용이 나온다. 회개한 이 매춘부는 조향사들의 수호성인이 되었다. 몰약은 화장품 원료로, 또 상처 치료를 위한 습포제 원료로 널리 사용되었다. 로마 사람들은 지나칠 정도로 많은 유향을 사용했다.

로마가 향수와 향료의 최대 소비국이 되면서 유향 수입은 로마 제국의 재정을 뒤흔드는 주요 원인이 되었다. 로마 사람과 그리스 사람들은 매년 3,000톤 이상의 유향을 수입했고, 로마 제국 시대에 제사 의식 같은 성스러운 목적으로 사용되던 아라비아 향료들은 점차 인간의 욕망을 위한 사치스럽고 퇴폐적인 용도로 쓰이게 되었다. 예를 들어 부유한 사람들의 장례식에서는 꼭 향료를 태웠다. 네로 황제는 임신 중이던 아내 포파에아 사비나의 배를 발로 차 죽게 만든 후 극심한 죄책감에 사로잡혀 화장용 장작에 엄청난 양의 유향을 태우도록 명령했는데, 이때 사용된 양이 거의 일 년 치 유향 수입량이었다고 한다. 그날 로마 제국 안은 온통 유향 연기로 가득했을 것이다. 그 후 카이사르는 시민들의 사치와 방종을 막기 위해 향수 판매 금지 칙령을 발표하기에 이른다.

기원전 10~1세기의 향수는 시나몬과 페퍼 같은 향료가 충분히 들어가서 지금보다 훨씬 더 향이 강하고 날카로웠다. 오늘날에는 보통 향료와 향신료를 구분하지만, 과거에는 상당 부분 중복되고 뚜렷한 차이도 없었다.

인도와 아라비아, 아프리카 동부, 아시아에 이르는 광대한 지역이 향료의 무역 경로에 포함되었다. 이른바 '인센스 로드incense road'는 아라비아 남부의 샤브와에서 시작하여 넓은 사막을 거쳐 요르단의 페트라, 시리아의 팔미라까지 이어졌으며, 레반트 지역과 유럽으로도 뻗어 나갔다. 페트라나 팔미라 같은 대상隊商 도시들은 향수와 연고의 판매 수익으로 부를 축적하였지만, 사막을 가로지르는 상인들의 여정은 매우 고달프고 위험했다. 대상들은 종종 베두인 산적들의 공격을 받았고, 화물선은 해적에게 포획당하기 일쑤였다. 이러한 여정은 보통 몇 달 정도 걸렸지만 육로나 항로를 이용하는 경우에 따라서 적절한 계절과 풍향 등을 고려하느라 간혹 몇 년까지 걸리기도 했다.

로마 제국의 멸망 후 유향과 몰약의 교역이 쇠퇴하였지만 비잔티움 성당 내부는 항상 짙은 향으로 가득 찼다. 10세기에는 유향과 몰약의 소비량이 엄청나서 시리아 성직자들은 개인적인 용도로 사용하기 위해 10제곱마일에 이르는 땅에 유향나무를 심기도 했다. 예멘의 호데이다와 아덴 항구에서는 지금도 소말리아나 소코트라 섬에서 들어오는 유향과 몰약을 볼 수 있다.

외무부에서는 꼭 필요한 경우가 아니면 절대 예멘에 가지 말라고 경고하였지만, 스티븐과 나는 비행기를 타고 예멘의 수도 사나에 들어섰다. 여자 혼자 예멘을 여행하는 것은 다소 무리여서 스티븐에게 진작 부탁해놓은 터였다. 사나는 아라비아 바로크 양식의 고층 주택들이 빽빽이 들어선 도시로, 한때 무하마드가 지상의 낙원이라고 표현했으며, 현재는 세계 문화유산으로 지정되어 있는 곳이다. 외무부의 경고가 자꾸 신경 쓰였지만 우리는 드디어 입국 라인에 줄을 섰다. 까마귀 몇 마리를 제외하고 공항은 텅 비어 있었다. 나는 두바이 공항에서 산 검은 스카프로 머리를 감싸 묶고 택시를 잡아탔다. 택시는 양털과 붉은 벨벳 커튼, 자질구레한 장신구와 번쩍거리는 금속 조각으로 꾸며져 있었다.

내가 예멘을 처음 찾은 것은 1982년이다. 어머니와 함께 왔던 나는 유향과 몰약 나무를 찾는 데 실패하고 이 책을 구상하게 되었다. 사실 이번 예멘 여행도 어머니에 대한 추억의 여행이었다. 나의 어머니는 여러 차례 예멘에 와서 발굴 작업에 참여하다 정체를 알 수 없는 바이러스에 감염되어 돌아가셨다.

택시가 중세의 성벽 도시로 돌진할 때 즈음, 나는 예멘의 건축물과 풍습 · 자동차 · 의상 등이 모두 그 신비롭고 독창적인 문화를 대변한다는 사실을 다시 한 번 느꼈다. 대부분 매부리코를 가지고 있는 예멘 사람들의 용모는 당당하고 용맹스러운 인상을 준다. 그들은 곡선 모양의 칼날을 가진 잠비야라는 단도를 지니고 다니며, 터번과 허리띠에 수를 놓아 장식하면서도 핸드폰을 사용하고, 잘빠진 서양식 재킷을 걸치기도 한다. 여자들은 히잡, 예멘식 표현으로는 시타라를 쓰고 다닌다.

그날 오후 차를 타고 지나간 거리는 텅 비어 있었다. 매일 오후, 예멘 사람들이 휴식을 취하면서 흥분제 성분이 들어 있는 카트qat 잎을 씹는 '빅 츄big chew' 시간이 되면 나라 안의 모든 것이 정지 상태가 되기 때문이다. 우리는 16세기에 지어진 한 여관에 들어갔다. 카트를 씹은 주인의 뺨이 발갛게 부어올라 있었다. 위층으로 올라가는 계단이 너무 가팔라서 노르만 식 성채 같은 느낌을 주었다. 방에 들어서니 스테인드글라스 창문을 통해 태양 여광기가 형형색색의 빛으로 벽을 감싸고 있었다. 마치 무지개 끝에 서 있는 기분이었다. 나는 곧 깊은 잠에 빠져버렸고 아침 기도 시간을 알리는 소리를 듣고서야 눈을 떴다.

스티븐과 나는 흰 석고로 칠해진 높은 고급 주택들의 샛길을 걸었다. 건물 정면에는 손으로 쓴 기도문이 걸려 있었다. 보름달이 뜨자 마치 거미들이 별과 초승달로 인광성 소벽을 짠 것처럼 석고가 반짝거렸다. 매우 환상적이었지만 그때 예멘에서는 모든 현실과 비현실의 경계가 모호했다.

예멘 사람들이 세상에서 가장 친절하고 따뜻하다는 무하마드의 말이 맞는 것 같다. 다음 날 아침, 한 사나 사람이 우리에게 아침을 같이 먹자고 말했다. 중세 시대 한 여행객은 예멘 사람들의 통찰력이 가장 뛰어나다고 말했다. 때때로 그들이 내 마음속을 꿰뚫어보는 것 같은 기분이 든다.

애석하게도, 향료 원료가 자라던 예멘의 고대 화단은 카트가 차지하고 있었다. 스티븐과 나는 유향과 몰약이 지금도 자라고 있는 소코트라 섬으로 가기 위해 비행기를 탔다. 고대인들은 소코트라 섬을 '디오스코리다Dioscorida'라고 불렀다. 산스크리트어 '드리파 사카드라Drippa Sakhadra'에서 유래한 이름으로 '환희의 섬'을 뜻한다. 소코트라에 해당하는 아랍어는 좀 더 이해가 쉽다. 수크suq는 시장을, 카트라qatra는 액체 한 방울을 의미한다. 면적은 코르시카 섬과 비슷하며, 소말리아 해안에서 좀 떨어진 지점에 아프리카 대륙 북동부와 일직선상으로 위치하고 있다. 인도양과 홍해·아랍해에는 스피너돌고래와 자이언트거북·홍학 등이 서식한다. 소코트라 섬 남쪽에는 남극 대륙만 있다고 생각하니, 마치 세상 끝에 온 것 같은 기분이 들었다.

소코트라에 공항이 생기기 전인 2001년, 섬 전체가 몬순 계절풍 때문에 6개월 동안 세상과 차단되었다. 바다가 너무 거칠어 항해할 수 없었고 비행기는 바람 때문에 중심을 잡지 못했다. 하늘에서 내려다보니 섬은 황무지같이 보였으며, 화강암 산인 해기어는 거대한 회색 성당처럼 폭풍우 치는 하늘을 찌를 듯이 솟아 있었다.

계절풍에 대해서는 익히 들어 알고 있었다. 비행기에서 내려 강풍을 맞는 순간, 내 검정 시타라가 그대로 날아가 버렸다. 예멘의 풍습을 따르고 싶어서 산 것이기도 했지만 시타라를 쓰면 무엇보다 예멘 사람들의 호기심 어린 눈빛으로부터 보호받는 느낌이었다. 공항 안에도 강풍이 들이닥쳤다.

맨발 벗은 소코트라 사람들 몇 명이 우리를 소코트라의 작은 빈민가인 하디보로 안내했다. 여자들은 한 명도 보이지 않았고, '리츠'라는 레스토랑이 딸린 여관 하나만 눈에 띄었다. 점심을 먹는 동안 벨리니스도 웨이터도 없었고, 오로지 염소들만 통로 아래쪽으로 내려가 바람을 피하고 있었다.

나는 운전기사 겸 안내인을 찾아야겠다고 생각했다. 4만 명의 섬 주민들이 사용하는 소코트라어는 고대 구전 언어로서 오늘날의 아랍어와는 전혀 달랐기 때문이다. 스티븐과 나는 바람을 맞아 비틀거리며 여행자 게시판을 찾아보았다. 바람이 관목들을 잡아 흔들고 석유 드럼통이 이리저리 날아다니기까지 했다. 관광객 안내소에서 우리는 한 영국인 자원봉사자를 발견했다. 그는 유향과 몰약 농장의 위치를 묻자 매우 당황하는 표정이었다. 하지만 다행히도 무하마드라는 운전기사를 고용하게 되어 그의 차에 올라타 하디보를 빠져나왔다.

흩날리는 먼지가 보일 만큼 대기는 투명했다. 암벽 면마다 기이한 형태의 지층이 눈에 띄었고, 캄브리아기 이전의 고원지대에는 조개껍데기가 흩어져 있었다. 그 땅이 전前캄브리아대에 해저였다는 증거다. 나는 5,000피트 높이로, 섬의 등줄기를 형성한 이래 한 번도 물에 잠기지 않은 산봉우리가 세상에서 가장 오래된 지표면일 거라고 생각했다.

소코트라 섬에는 900여 가지의 식물 종이 있으며, 그중 300가지는 소코트라 자생종이다. 거의 일 년째 비가 오지 않았음에도 불구하고, 구근식물인 히아신스와 냄새가 고약한 카랄루마스 · 바이올렛 · 베고니아 · 깃털로 덮인 아카시아 · 등대풀 · 석류 등이 무성하게 자라고 있었다. 흔들리는 덩굴손과 몸통을 가진 사막장미 · 오이나무도 잘 자랐다. 가장 특이한 것은 원자구름처럼 생긴 용혈수龍血樹였다. 가까이 다가가 살펴보니 가지들이 부채꼴을 이루며 사방으로 뻗어 있었다.

우리는 용혈수와 사막장미가 가득한 고원지대에 도착했다. 무하마드는 소코트라 사람들이 사막장미를 '병나무'라고 부른다고 말했다. 그러고 보니 건기 때 물을 저장해두는 줄기의 부푼 모양새가 병을 닮아 있었다. 어린 염소치기가 용혈을 사라고 매달렸다. 그것은 붉은 벽돌색의 유리구슬 같았다.

불과 몇 달 전, 피렌체의 한 약국에서 용혈을 본 적이 있다. 용혈은 용혈수의 몸통 틈에서 새어 나오는 작은 물방울이 햇빛을 받아 단단해져 붉은 구슬같이 된 것을 말한다. 여기에 물을 부으면 그 안에 있던 붉은 송진이 짙은 붉은빛의 염료를 만들어낸다. 용혈수의 학명은 드라카에나 시나바리Dracaena cinnabari로서 '두 형제의 피'를 의미하며 바이올린 광택제로 많이 쓰인다. 중국의 가구 제작자들은 용혈이 들어 있는 주홍색 래커를 사용한다. 용혈은 립스틱의 원료이기도 하며, 한때 영국의 10파운드 지폐 색조로 사용되기도 했다. 중세의 서기들은 용혈을 잉크로 사용했고, 로마 군인들은 상처를 치료하기 위해 용혈을 날랐다. 오늘날 아덴에서는 용혈이 녹 방지제로 사용되고 있으며, 소코트라 섬에서는 화분이나 향로를 장식하는 데 쓰인다.

우리는 계곡으로 차를 몰았다. 반짝이는 화강암과 석회암 절벽이 깎인 듯이 보일 만큼 계단이 가파른 원형극장이 계곡 전체의 모양새를 지배하고 있었다. 한때 향료 숲의 경계를 이루었던 벽은 이끼로 뒤덮여 있었고, 페나인 산맥에 위치한 나의 오두막집 창문에서 보이는 벽이 생각났다.

이 세상에는 모두 25종의 유향이 있고 그 가운데 9종은 소코트라가 원산지다. 우리는 이 계곡에서만 수백 그루의 유향나무를 보왔다. 가장 오래된 것은 300년 정도 되어 보였는데 구부정하게 서 있는 모습이 마치 요통으로 고생하는 노부인 같았다. 반면, 어린 나무의 구불구불한 물결 모양 가지는 유연하고 매력적인 팔다리를 연상시켰다. 군데군데 말라비틀어진 나무껍질이 밀랍처럼 갈라져 있었다. 그 갈라진 틈 아래로 새어나오는 녹색의 수액을 손에 살짝 발라보니 유칼리유칼리油 같기도 하고 소나무 숲에서 부는 따스한 바람 같기도 한 향이 퍼졌다. 나무껍질에 상처가 생기면 우윳빛의 액체가 스미어 나오고 햇볕에 말라 단단해지면서 수지가 된다. 숲 위쪽에서는 일꾼들이 작은 도끼로 나무줄기를 가볍게 때리고 있었다. 이는 수지가 나오도록 하기 위해 15일의 간격을 두고 3개월 동안 계속되는 작업이다. 단, 나무껍질에서 나중에 제거할 부분만 두드리는데 그 시기는 우기가 언제 시작하느냐에 달려 있다.

조각칼처럼 생긴 작은 도구로 나무줄기를 두드리면서 일꾼들은 강렬한 리듬에 맞추어 노래를 불렀다. 나무를 몇 번 치자 피스타치오의 그린색 나무진이 보이고 이어서 작은 방울이 밑에 받쳐둔 통 속으로 천천히 떨어졌다. 마치 엉겨버린 녹색 크림 덩어리 같았다. 무하마드는 일꾼들이 그 작업을 '타우키tawqi'라고 부른다고 가르쳐주었다. '낙타의 등을 벗겨낸다.'는 뜻이다.

껍질이 아니라 진짜 나무 몸통 부분을 자르지 않도록 조심해야 하지만 같은 부분을 계속 두드리면 송진이 더 많이 나온다. 한때 동량의 금값과 맞먹었을 만큼 값비싼 수지는 일 년에 두 번, 즉 봄과 가을에 얻을 수 있는데 가을에 분비되는 수지에서 더 좋은 품질의 유향을 얻을 수 있다. 수지를 다 모으면 동굴 바닥에 펼쳐놓고 3개월 동안 건조시킨다.

플리니우스는 아라비아 남부에서 어떻게 유향을 모으는지 자세히 설명했다.

유향을 팔 기회가 별로 없었던 옛날에는 일 년에 한 번 모으는 것이 보통이었지만, 오늘날에는 많은 교역이 이루어지면서 또 한 번의 수확이 필요하게 되었다. 첫 번째 수확 시기는 무더위가 절정에 달하는 한여름, 별 가운데 가장 밝은 시리우스가 떠오를 때쯤이다. 보통 여름에 유향나무 열매를 수확한 후 가을에 추출해내야 가장 깨끗하고 맑은 빛깔의 유향을 얻을 수 있다. 겨울에 나무껍질에 상처를 내면, 봄에 두 번째 수확이 이루어진다. 숲이 구획별로 분명히 나뉘고 소유주들이 상호 신뢰 관계를 형성하고 있기 때문에 서로 침범하는 일은 없다. 나무에 상처를 낸 후 아무도 감시하지 않지만 흘러나오는 수액을 훔치는 사람은 없다.

반면, 유향이 판매되는 알렉산드리아의 상황은 최악이다. 공장을 지키기 위해 이중 삼중의 감시, 관리가 철저히 이루어지고 있다. 인부들은 작업복에 도장을 찍고 머리에 그물망과 함께 마스크를 써야 한다. 또한 공장에서 나가려면 옷을 모두 벗고 점검을 받아야 한다.

오늘날에는 암묵적으로 나무 가까이 사는 가족이 유향나무를 소유하여 대대로 그 나무를 관리한다. 이러한 관리 전통은 1세기경 플리니우스가 위의 글을 썼던 때와 마찬가지로 오늘날에도 그대로 남아 있다.

타마린드 고목 아래 앉아 있으니 수지 향에 머리가 맑아졌다. 나뭇가지가 땅바닥까지 늘어져 마치 지팡이처럼 나무줄기를 지탱하고 있는 것 같았다. 산기슭에 이르니 기온이 더 떨어지고 바람도 잦아들었다. 독수리들이 달려들어 먹이를 찾는 모습이 보였다. 그들은 소코트라 섬의 모든 찌꺼기를 먹어치우는 청소부들이다.

우리는 바싹 마른 개울가를 따라 되돌아왔다. 우기가 끝나는 10월쯤이 되어야 개울은 다시 세차게 흘러넘친다. 해기어 산 주위는 벌써 구름이 몰려들어 축축한 느낌이었지만, 하디보로 돌아와보니 완전히 모래 폭풍이 불어대는 황진 지대였다. 아프리카 해안가에 부는 바람을 맞으니 마치 용광로 옆에 서 있는 기분이었다. 모래바람이 휘몰아치고 매트가 요술 카펫처럼 하늘로 날아올랐지만 여관 주인과 직원은 전혀 개의치 않고 모기장 밑에서 카트를 씹고 있었다. 선풍기 정도로는 턱도 없을 만큼 무더웠다. 참다못한 우리는 침대에 물을 뿌리고 흠뻑 젖은 타월로 몸을 둘둘 말고 잠을 청했다. 다음 날 아침, 셔터가 창문에 부딪치는 소리에 눈을 떠보니 온몸이 땀으로 젖어 있었다.

우리는 먼저 일어나 기다리던 무하마드와 함께 다시 차를 타고 해안 도로를 달렸다. 3미터 높이의 파도가 수많은 동굴로 구멍투성이인 해안가 절벽에 부딪쳐 쏟아져 내렸다. 어부들이 동굴 안에 웅크리고 앉아 차를 마시고 있었다.

하디보 바깥 지역은 근대적인 생활 방식과는 거리가 먼 곳이다. 어부들을 제외하면 소코트라 사람들은 대부분 반유목 목축민들이며, 산에 사는 사람들의 일부는 동굴에 거주한다. 소코트라에서 자라는 식물들과 달리, 주민들은 모두 이 지역 토박이들이다. 조상이 언제 이 섬에 정착했는지 아무도 모른다. 알려진 것이라고는, 사바 사람들이 소코트라 섬을 다스리던 600년경, 에티오피아에서 네스토리우스Nestorius(네스토리우스가 창시한 기독교의 한 파. 그리스도의 신성과 인성의 불일치를 주장하여 이단시되었으나 교리는 페르시아를 거쳐 인도와 중국에까지 퍼짐—옮긴이) 교도들이 몰려왔다는 사실이다. 그러나 9세기 무렵 종교가 무너지면서 그들은 해적으로 전락하고 말았다. 1204년 마르코 폴로는 소코트라 사람들이 거의 반나체로 살아가는 것을 관찰했고, 1507년 카르멜 수도회의 빈센초 신부는 이 섬 주민들이 달을 신성시할 뿐 아니라, 기독교와 이슬람교의 성격이 혼합된 제사 의식을 올린다고 발표했다.

우리는 자밀이라는 젊은 통역사를 만나게 되었다. 그는 영어를 아주 잘하고 예의바르며 친절했다. 자밀은 외교관이기도 했다. 혹시라도 남자들이 악수를 거부할 때 기분 나빠하지 말라고 귀띔했다. 이슬람교의 전통을 지키는 그들이 여성과의 악수를 꺼리는 것은 당연하기 때문이다.

소코트라 섬에서는 인간과 자연이 완벽한 조화를 이루고 있다. 물 한 방울, 새 한 마리, 모든 곤충과 식물에는 각각의 역할이 주어져 있다. 대부분의 식물과 나무들이 수액과 즙·수지·고무 등으로 끈끈하다. 소코트라 섬이 하나의 거대한 약재상이 될 수밖에 없는 이유이다. 야트로파 나무의 흰 유액은 지혈제로, 용혈은 안

질환과 출혈의 치료제로 쓰이며, 즙이 많은 비터 알로에는 상처와 화상·습진에 효과적이다. 등대풀 즙은 제모제로 사용된다.

출산을 축하하기 위한 여성들의 모임인 타프리타tafrita에서는 유향을 태운다. 또한 유향 오일을 배에 발라 산통을 완화시키고 아이를 낳은 후에는 유향 연기로 공기를 정화시킨다. 자밀은 아기의 안전을 빌고 질병을 쫓기 위해 유향을 태운다고 설명했다. 고대 로마 시대와 마찬가지였다. 오늘날에는 향수와 향료 연기가 무더운 기후에서 흔히 만나게 되는 역겨운 부패 냄새들을 가려주고, 파리 같은 해충을 쫓아내는 데 쓰인다. 가장 효과적인 향은 유향과 몰약으로 만든 것이다. 향료는 화장火葬할 때 나는 냄새도 가려준다. 이집트 사람들이 미라의 붕대를 향료 처리한 반면, 로마 사람들은 시신에 직접 향료를 뿌려 화장했다.

의학적으로 볼 때 유향은 두통 같은 모든 부위의 통증과 코피나 중풍·통풍·경련·기침을 비롯한 모든 종류의 질병에 효과를 나타낸다. 또한 영혼을 씻어내며 어두운 기운을 쫓아낸다고 알려져 있다. 사나에서는 시바 여왕의 향료로도 알려진 유향을 아침에 태우면 그 연기가 모든 악귀를 쫓아내고 천사를 안내할 것이라고 말한다.

오늘날 예멘 사람들은 질병 치료를 위해 음료에 유향을 넣어 마신다. 유향으로 음료를 정화시키고 달콤한 맛을 가미하는 것이다. 또 손님에게는 향로를 대접하여 옷을 훈증 소독할 수 있게 한다. 유향은 방취제로도 사용되고, 샴푸에도 들어가며, 화분이나 팬의 갈라진 틈을 막는 데에도 쓰인다. 유향의 다양한 종 가운데 한 소코트라 종은 씹으면 집중력을 높여준다고 한다. 참깨 · 올리브 · 아몬드 오일에 유향과 몰약을 넣어 고약과 향 연고를 만들고, 나아가 성상聖像을 닦는 데에도 사용된다. 유향 연기가 석고에 붙은 먼지를 서서히 녹여 없애기 때문이다. 한때 왕들이 주고받은 선물이었던 몰약은 오늘날 치약 첨가제로 가장 많이 사용되고 있다.

다음 날, 우리는 자밀과 함께 연구 여행을 떠났다. 지프차가 계속 미끄러져서 관목지까지 걸었다. 염소와 양 떼, 작은 암소 몇 마리가 풀을 뜯고 있었다. 대부분의 가축과 아프리카의 당나귀는 야생이다. 마음대로 돌아다니고 주민이나 목동의 부름에만 반응한다. 우리는 한 야생 고양이가 휙 지나가는 것을 보았다. 자밀의 말로는 에티오피아에서 수입된 사향고양이라고 한다.

영묘향

10세기경 아랍 사람들이 처음 발견한 영묘향은 영국에서 매우 귀하게 여겨졌다. 영묘향은 에티오피아 고양이의 생식선에서 나오는 분비물로, 그 덩어리는 사향과 똑같이 하수구 냄새 비슷한 악취를 풍긴다. 한때 에티오피아 여인들은 고양이를 잡아 새장에 가두고 막대기로 콕콕 찔러 성나게 만들었다. 사향고양이가 화난 상태에서 많은 양의 분비물을 만들어내기 때문이다. 사람들은 미끈미끈한 이 분비물을 지방에 적신 주걱으로 고양이 항문에서 긁어내었다. 열흘에 한 번씩 이 과정을 반복한 후 고양이를 풀어주었다. 그리고 영묘향이 굳어서 변색되기 전에 아기의 변과 섞어 혹소의 뿔에 넣은 다음 가죽으로 밀봉하여 수출했다.

영묘향 농장은 예멘과 에티오피아, 그리고 아프리카와 인도 일부 지역에 있었지만 CITES가 체결된 이래, 영묘향과 사향고양이의 상업적 거래가 금지되었고, 위와 같은 잔인한 방법도 사라져갔다.

영묘향을 희석시켜 다른 향과 섞으면 신비스럽고 관능적인 동물성 향이 만들어진다. 영묘향은 향에 동물적인 기운을 불어넣지만 희석되지 않은 상태에서는 매우 역겨운 배설물 냄새를 풍긴다.

영묘향은 17세기 유럽에서 널리 사용되었다. 《로빈슨 크루소》의 작가 다니엘 디포는 글을 쓰기 전, 사향고양이를 사육했다고 한다.

그러나 오늘날 서양에서는 영묘향의 사용량이 점차 줄어든 반면, 이슬람권에서는 여전히 많은 양을 사용하고 있다. 오만의 향수 회사 아무아주는 향수 '아무아주'에 합성 영묘향을 사용하는데 약간 주방세제 같은 냄새가 난다. 최신 향수에는 영묘향이 들어간 것을 본 적이 없지만 진짜 영묘향이 사용된 경우라면 주로 베이스 노트 역할을 한다. 다른 향들을 위해 무대를 만들어놓는 것이다. 고정제이기도 한 영묘향은 향의 지속성을 높여준다.

사향고양이 젖이 칼라민 로션과 비슷한 특성을 가지고 있다고 들은 적이 있는데, 과연 소코트라 사람들도 아이들이 홍역에 걸렸을 때 사향고양이 젖을 피부에 펴 발라 가려움을 완화시키고 있었다. 또한 여자들은 사향고양이 젖과 크림의 혼합물을 귀 뒤에 발라 은은한 향을 발산했다.

나는 소코트라 섬에서 각 부족의 영토를 넘나드는 것이 매우 비즈니스적인 일이라는 것을 곧 깨닫게 되었다. 부락의 연장자들은 우리를 환영하였고, 소코트라 부족의 연장자들이 서로 코를 비비고 왼손을 흔들어 인사할 때 환영을 뜻하는 '살람 알라이쿰Salam Alaikum'의 합창이 울려 퍼졌다. 돌로 지은 집에서 아이들이 벌 떼처럼 몰려나와 우리를 구경했고, 처음 보는 사람이라 무서운지 울면서 도망가는 어린아이들도 있었다.

우리는 마을에서 가장 큰 집에 초대받았다. 신발을 벗고 뜸으로 덮은 바닥에 올라섰다. 안에는 염소 가죽으로 만든 러그와 커다란 쿠션 외에 별다른 것이 없었다. 집은 깨끗이 정리되어 있었고 1층의 환기 구멍으로 공기도 조절되었다. 지붕은 창사골 모양의 큰 가지를 잘 껴 맞추어 만들었다. 알고 보니, 이런 식의 집에 살지 않는 사람들은 모두 동굴에서 살고 있었다.

주인이 보온병에 담긴 달콤하고 기름진 차를 유리잔에 따라 붓고 잔이 빌 때마다 다시 채웠다. 작은 집은 아이들로 가득 찼고 여자들은 문틈으로 안을 들여다보았다. 사람이 모이자 곧 그들의 모국어가 흘러나오기 시작했고, 나는 신기한 나머지 그 낯선 언어에 귀를 기울였다. 배 밑에서부터 끌어올리는 듯, 어떤 소리는 물이 콸콸 쏟아질 때 나는 소리 같았다.

잠시 후, 주인이 시큼한 염소 우유와 밥을 들고 나와 짚으로 엮은 둥근 매트에 올려놓았다. 나는 그들이 하는 대로, 밥을 굴려 공 모양으로 만들어 우유에 담가 먹었다. 해가 지자 등유 램프에 불을 붙였고, 남은 우유는 쭉 돌려 나누어 마셨다. 영국의 건강 보조 식품 상점에서 비싸게 팔리는 요구르트와 맛이 비슷했지만 이 염소 우유는 소코트라 사람들이 안에 바람을 불어넣어 부풀린 염소 가죽으로 싸여 있었다.

소코트라 사람들은 매우 친절하고 호의적이다. 우리가 마을에서 하룻밤 묵어야 한다는 사실에도 전혀 놀라지 않았고 심지어 사례비로 건넨 돈조차 돌려주었다. 그렇게 가난하면서도 말이다. 하지만 옆 마을에서 열리는 결혼식에 가보자는 무하마드와 다음 날 아침이면 그곳에 유향과 몰약 샘플이 있을지도 모른다는 자밀의 말에, 나는 다시 지프에 짐을 실었다. 결혼식을 구경할 기대감에 잔뜩 부푼 무하마드는 거칠게 차를 몰았다. 도로가 종종 끊겼다가 다시 나타나더니 갑자기 어딘가에 쿵 하고 부딪치는 소리가 들렸다. 타이어가 펑크 난 것이다. 내가 횃불을 들어 비춰주는 사이, 무하마드가 타이어를 갈아 끼웠다.

마을에 도착하기 한참 전부터 북 치는 소리가 들려왔다. 드디어 마을에 다다르자 커다란 천막 하나가 보였다. 그 주위를 밝히는 등유 램프들이 마치 반딧불이처럼 보였다. 내가 앉은 여자 쪽 좌석에서는 헤나 물감으로 물들인 신부의 발만 보였다. 갓 결혼한 남녀의 행복을 빌며 누군가 달걀을 문의 상인방돌에 던졌고, 여자 좌석에서는 유향 냄새가 넘쳐났다. 처음에는 소나무, 레몬 노트와 어우러져 강렬한 느낌을 주더니 곧 좀 더 신비롭고 묵직하며 사색적인 향을 발산했다. 그 향기에 취해 무아지경의 상태에 빠져들 것만 같았다. 신부가 신랑을 기다리는 동안 나도 다른 여자들과 함께 자리를 지켰다.

이윽고 신랑이 도착했다. 너무 어려 보였다. 신랑과 그의 남자 형제들, 아버지는 모두 격자무늬 사롱을 두르고 있었다. 의식은 그렇게 딱딱하지 않았고, 남자들이 신부 주위를 돌다가 신랑이 신부 옆에 앉게 되는 식으로 진행되었다. 그때까지도 서로 모르는 사이지만 신랑은 결국 신부의 얼굴을 슬쩍 쳐다보게 된다.

몇 시간 동안 북소리와 노래가 울려 퍼졌는지 모르겠다. 눈을 떠보니 아직 한밤중이었고, 나는 매트리스 위에 누워 있었다. 자밀이 나를 눕힌 것이다. 모든 의식이 끝나 주위는 쥐죽은 듯 고요했다. 스티븐은 아직까지 천막 안에서 남자들과 어울리고 있었다.

아침에 일어나보니 열여섯 명의 아이들이 나를 가만히 쳐다보고 있었다. 내가 하는 행동 하나하나, 심지어 양치질 하는 것까지 뚫어져라 바라보는 것이었다. 빗이나 칫솔 같은 물건을 처음 본 듯했다. 우리 일행은 촌장의 오두막집으로 안내되었고 거기서 유향 연기를 맡아볼 수 있었다. 그 환각, 최면 효과에 마치 향이 나를 덮치는 듯한 기분을 느꼈다. 순간, 나는 부모님과 종종 방문했던 르네상스 시대 교회의 차갑고 축축한 복도에 서 있었다.

촌장은 토파즈 색상의 유향 결정체와 루비 색의 작은 용혈 덩어리, 그리고 탄력 있는 흰 몰약도 꺼내 보였다. 유향 연기에 둘러싸여 그처럼 목가적인 곳에 앉아 있으려니 유향이 한때 매우 귀한 사치품이었다는 사실이 떠올랐다. 향에 대한 기호도 변하게 마련인 것이다. 로마 제국이 멸망한 후 유향 수요량은 급감하였고, 이제는 향으로서보다 종교 의식과 관련된 신성한 물질로 인식되고 있다. 유향이 대중적으로 인기를 얻지 못하는 것도 바로 이 점 때문일 것이다. 나는 종교와 문화가 1,000년에 걸쳐 확장되는 과정에 항상 유향과 몰약의 교역이 있었던 점과 함께, 대추야자와 염소 우유를 먹고 살아가는 오늘날의 소코트라 사람들이 그들의 섬에 넘쳐나는 아로마 고무수지로도 왜 가난에서 벗어나지 못하는지 생각해보았다.

자밀은 한 파키스탄 사람이 소코트라 섬을 눈여겨보다가 유향과 진주를 사고 싶어했다고 말했다. 또한 소말리족들은 소코트라 섬의 유향에 독점권을 가지고 그 섬에서 재배했다고 한다. 그러나 아쉽게도 유향과 몰약·용혈은 이제 더이상 국제적으로 거래되지 않는다. 지리적으로 너무 멀다는 이유로 소코트라가 수출하지 않았기 때문이다.

수지 무역이 발달할 가능성은 충분히 있지만 소말리아와 에티오피아·예멘·오만의 생산 규모와 수지의 시장성에 대한 최신 정보가 부족한 것이 현실이다. 그러나 영국 식민지 법규의 기록이 당시 고무와 수지의 집산지였던 아덴에 남아 있다. 소코트라의 알로에와 고무는 아덴에서 거래되었는데, 유향과 몰약에만도 수백 가지 등급이 있고 고무도 여러 종류로 나뉘기 때문에 이 거래는 숙련된 기술을 요하는 매우 복잡한 과정이었다. 이탈리아나 영국 등 세계 각지로 운송되기 전에 모든 분류를 끝내야 했다.

1875년에는 유향 300톤과 몰약 70톤을 포함한 수지 600톤이 아덴 무역업자의 손을 거쳐 수출되었다는 기록이 남아 있다. 1913년에는 아덴의 몰약 수출이 1,000톤을 넘어섰지만 그해를 기점으로 수출이 감소했다. 오늘날에는 유향과 몰약의 수요량을 가늠하기가 힘들다. 그러나 생산국 사이에 많은 비공식적 거래가 있을 것으로 보고 있다. 중국은 유향의 최대 시장이다. 전통 약재에 아직도 유향을 사용하기 때문이다. 가장 많이 사용되는 수지는 에리트레아 유향이지만 그 외의 많은 유향과 몰약이 질병 치료에 사용된다.

1987년 남아메리카와 유럽의 가톨릭, 동방 정교회는 유향과 몰약 500톤을 수입했다. 아프리카도 비슷한 양을 수입했는데 대부분 카트 같은 환각제로 사용되었다. 중동 지역, 특히 사우디아라비아는 소말리아의 최고급 유향을 수입하여 향료로 사용하는데, 오늘날에는 샌들우드 같은 다른 향료의 인기가 점점 유향을 앞지르고 있다. 유럽 사람들은 1987년에 에센셜 오일과 향수로 사용할 약 50톤의 유향과 몰약을 수입했다. 최대 소비국은 역시 프랑스였다.

소말리아와 에티오피아는 유향과 몰약의 최대 재배, 생산국이다. 그중 소말리아는 전 세계 몰약의 대부분을 공급하고 매년 약 900톤의 유향을 수출한다. 그들은 최고급 마이디Maidi, 즉 보스웰리아 프레레아나Boswellia frereana라는 유향 등급을 수출한다. 소말리아 북부에서 쉽게 찾아볼 수 있는 종이다. 에티오피아와 수단은 가장 널리 거래되는 에리트레아 유향을 생산하고 있는데, 1990년대 후반에는 매년 약 2,000톤을 수출했다. 최근의 기록은 찾아볼 수 없거나, 아니면 서양 사람들에게 공개되지 않는다. 기후 변화도 중요한 요소이다. 예를 들어 심각한 가뭄이 계속되면 나무의 수지량이 줄어든다는 사실을 짐작할 수 있다.

순수한 유향과 몰약을 발견하는 경우는 매우 드물다. 오만의 향수 회사 아무아주 외에 이 오래된 향을 탑 노트와 미들 노트로 사용하는 향수들이 몇 가지 있다. 딥티크의 '로 트루아'와 오르몽드 제인의 '참파카'는 모두 달콤한 몰약 향기를 풍기고, 런던의 향수 전문점 레 상퇴르에서 판매하는 '로즈 데 옴므'에선 몰약과 삼나무 향이 느껴진다. 현재 시판되는 향수들은 유향을 거의 사용하지 않는다. 지금까지 내가 본 향수 가운데 유향이 들어간 것은 오르몽드 제인의 '톨루'와 레 상퇴르의 '아포제'뿐이었다. 유향과 몰약이 모두 들어간 향수가 딱 하나 있긴 하다. 바로 잉글랜드 북서부 호수 지역에서 만들어진 '아바나'이다.

모험하기 좋아하는 소수의 아로마세러피스트들이 최고 품질의 수지를 찾으러 돌아다니기는 해도, 조향사들이 예멘과 오만, 에리트레아의 유향과 몰약 농장을 직접 찾는 경우는 별로 없다. 대개 프랑스를 통해 오일을 구한다. 오만의 향수 회사 아무아주도 프랑스로 결정체와 수지를 보낸다. 프랑스에서 증류와 추출 작업이 끝나면 다시 오만의 수도 무스카트로 옮겨져 다른 원료와 고르게 섞인 다음 넉넉한 크기의 유리병에 담긴다.

우리는 결혼식이 열렸던 마을을 떠났다. 무하마드는 우리를 차에 태우고 소코트라 섬 남부의 누자드 평원으로 달렸다. 몰약나무, 즉 코미포라 오르니폴리아Commiphora ornifolia가 5제곱마일의 땅에서 자라는 곳이다. 소코트라 섬에서만 자라는 몰약나무에는 네 가지 종이 있다. 위풍당당하게 늘어선 몰약나무 숲이 장관을 이루었다. 몰약나무는 키가 작은 삼나무처럼 생겼다. 유향나무보다 잎이 많으며 그 잎들이 수평으로 뻗어 있다. 자밀은 누자드 부족은 일부러 몰약을 모으려 하지 않고 베리를 즐겨 먹는다고 말했다. 한번 맛을 보았다. 쌉쌀하면서 덜 익은 사과 맛에 나는 적잖이 실망했다. 누자드 부족의 미뢰는 분명 나와 전혀 다르게 단련되어 왔음에 틀림없다.

수액과 우윳빛 흰 아교 향이 몰약 나무껍질에서 새어나왔다. 나는 나무줄기에서 수액이 결정화된 작은 구체를 발견했다. 모양도 냄새도 캐러멜과 비슷했다.

향 이야기

고대 사바 왕국은 그리스와 로마 사람들에게 마법을 걸었다. 중앙 아라비아의 사막지대 남쪽에 위치한 지역은 이국적인 향료와 향신료를 수출하여 신비롭고 환상적인 곳으로 주목 받아왔다. 사바 사람들은 그 신비로운 이미지를 한껏 활용하고 더욱 고조시켰다. 유향과 몰약 숲을 철통같이 지키면서 날개 달린 네발 동물과 뱀들이 숲을 지킨다는 소문을 퍼뜨렸다. 이와 함께, 시나몬은 불사조의 둥지에서 구한 것이고 카시아를 뽑으려고 하면 박쥐가 눈동자를 빼낸다는 등, 아라비아 향수와 인도 향료에 대한 흥미진진한 이야기들이 등장했다. 이와 같은 이야기는 사바 사람들의 의도대로, 향료 값을 올리고 침입자를 막아주는 효과를 가져왔다.

기원전 2000년경, 사람들은 영원한 삶을 위해서는 향료가 필요하다고 생각했다. 영의 세계로 들어가는 관문이라고 여긴 것이다. 기원전 450년경 헤로도토스는 아라비아가 유향과 몰약, 시나몬을 생산하는 유일한 지역이라고 기록했다. 3,000가구에서 비밀리에 나무를 돌보고 향료를 모았는데 이러한 폐쇄적인 작업 방식은 향료 가격을 높이는 데 도움을 주었다. 나무줄기를 절개하는 남자들은 신성하게 여겨져 그 작업 기간 동안에는 여자를 만나거나 장례식에 참석할 수 없었다.

향료는 영적 세정제로서뿐만 아니라 초기 형태의 위생제로도 사용되었다. 그리스의 역사학자 스트라본은 정화를 위해 향료를 태우는 아시리아의 성교 후 풍습에 대해 언급한 바 있다. 고대의 여러 지역에서 성적 흥분을 일으키기 위해 향료를 사용했고, 사포나 오비디우스 같은 시인은 향료의 관능미를 노래했다. 몰약 연기로 질을 훈증 소독했던 이집트 여인들처럼, 오늘날 예멘 여성들도 선 채로 치마를 걷어 올리고 향료 연기를 쐰다고 한다.

스키타이 사람 가운데에는 향에 중독된 사람들이 많았다. 헤로도토스는 "스키타이 여인들은 유향을 빻아 물을 조금 붓고 끈기가 생길 때까지 치댄다. 달콤한 향기가 풍기는 이 반죽을 피부에 바르면 피부가 더욱 부드럽고 깨끗해 보인다."라고 기록했다. 그들은 이 유향 반죽 덩어리와 대마 씨를 뜨거운 돌 위에 던져 그때 발생하는 증기로 목욕을 즐기기도 하였다.

그리스 사람들은 몰약나무 수지가 사이프러스 왕의 딸인 미르라의 눈물에서 나오는 것이라고 생각했다. 그리스 신화에서 미르라는 아버지를 사랑하여 그가 만취한 틈을 타 동침한 후 아도니스를 낳았지만 후에 분노한 아버지에게 쫓겨 달아나다 몰약나무가 된다.

몰약은 놀라운 효과가 있는 것으로 알려져 있다. 사람들은 그 향기가 초자연적인 힘과 액운을 쫓는 능력을 가지고 있다고 생각해 사악한 기운이 집에 들어오는 것을 막기 위해 주니퍼와 몰약을 채운 향로를 문지방에 올려두곤 했다.

플리니우스는 몰약을 일 년에 두 번, 유향과 같은 계절에 두드린다고 했지만 절개는 뿌리부터 가지까지 전체적으로 이루어진다. 나무를 두드리기 전, 뿌리에서 흘러나오는 스택티stacte 즙은 수지 가운데 최고로 평가되고 있다.

라틴어 '미르라myrrha'는 '쓰다'는 뜻의 히브리어 '무르murr'에서 유래했다. 유향처럼 몰약도 대부분의 향수 합성물에 들어갔다. 테오프라스토스는 《향에 관하여Concerning Odours》에서 몰약 향기가 거의 10년 동안 지속된다고 말했다. 사실 스택티 오일은 어떤 향수보다 더 지속적인 향을 가지고 있다. 메갈루스라는 한 그리스 조향사는 와인과 몰약 혼합물을 만들어 '메갈레이온Megaleion'이라 이름 붙였다. 길레아드 발삼 역시 몰약으로 만든 귀한 향수로, 성서 시대부터 진정과 치료 효과가 있다고 알려져 왔다. 방향 고무와 비슷한 것 같기도 하지만 길레아드의 어떤 식물과도 같다고 볼 수 없다. 이것이 팔레스타인에서 전해진 일종의 유향수지 마스티케mastiche, 또는 함유수지 피스타치아 렌티스쿠스Pistacia lentiscus라고 밝힌 자료들도 있다. 몰약은 지금도 향수와 선향 원료로 각광받고 있다.

그날 밤 묵을 곳을 찾던 우리는 한 누자드 부족 마을에 들렀다. 나는 여자 숙소로 안내되었는데 여자들은 베일을 벗고 아름다운 갈색 얼굴과 호기심으로 반짝이는 눈을 드러내놓고 있었다. 나는 그들의 재촉에 못 이겨 아들이 하나 있는데 세 살이라는 이야기를 손짓 발짓으로 전했다. 그들은 내 발톱의 금색 매니큐어를 유심히 관찰했고, 나는 그들의 목걸이에 달린 버클에 눈이 갔다.

이제 막 걸음마를 익힌 아기들의 턱받이에 몰약 주머니가 달려 있었다. 질병을 막기 위한 것이었다. 휴대용 요람인 미잡은 지붕에 매달려 있었다. 요람은 허리에 감는 천인 사롱으로 만들어 밧줄로 묶은 것이었다. 아기들은 요람 안에서 쌔근쌔근 잠자고 있었다. 간혹 파리 때문에 깨면 한 여자가 향로불을 피워 유향 연기가 아기 쪽을 향하도록 해주었다. 그러면 파리가 날아가고 아기는 울음을 그쳤다.

나는 그들에게 이전에 받은 하얀 몰약을 보여주며 이것을 좀 줄 수 있겠느냐고 물었다. 그리고 그들이 몰약을 여성적이라고 생각하는 반면, 고환과 닮은 유향 덩어리는 남성적이라고 생각한다

는 사실을 깨달았다. 미끈미끈한 몰약은 하디보에서 산 음식 포장
제에 싸여 있었고, 유향 결정체는 낡은 플라스틱 통에 들어 있었
다. 과거에는 대상들이 결정체가 부서지지 않도록 유향과 몰약을
새장처럼 생긴 바구니에 넣어 운반하곤 했다.

여자들이 몰약에 불을 붙이자 달콤 쌉싸래한 연기가 퍼졌다. 염
소 냄새, 차 향기, 바닥에 깔린 골풀의 곰팡내, 사람들의 땀 냄새
등, 이미 오두막 안에 여러 냄새가 있었기 때문에 몰약 향만 분리
시키는 것은 불가능했다. 하지만 몰약 연기가 실내를 가득 채우자
정말 다소 누그러지면서 여성적인 분위기가 연출되었다. 확실히
남성적인 유향보다 약하게 느껴졌다. 문득 레몬과 로즈메리 향이
진동하는 산골짜기가 연상되었다. 유향의 성스러운 이미지에 반
해 몰약은 전원적이고 목가적인 느낌의 향을 가졌다고 평가받고
있다.

소코트라 섬은 진짜 향이 모여 있는 마지막 보고이다. 내가 사
나에서 산 소말리아산 유향 냄새는 소코트라에서 재배될 때 나는
진짜 냄새와 전혀 다르다. 화학물질이 첨가되었기 때문이다. 이제
향을 맡을 때 나는 교회의 축축한 돌 냄새가 아니라 유향 계곡과
몰약 숲의 수지 연기를 실어 나르는 따스한 미풍을 떠올린다.

향수 원료로 사용되는 1등급 소말리아 유향은 킬로그램당 약
6달러에 팔리고 있다. 나무 한 그루당 대개 1~3킬로그램의 수지
를 얻을 수 있지만 가뭄일 때에는 채집하지 않는다. 가축을 돌보
는 것이 더 중요하기 때문이다. 대부분의 에센셜 오일과 달리, 몰
약과 유향은 종류가 너무 많아서 지금까지 체계적인 연구가 이루

어지지 못했다.

 엄격히 말해서, 레지노이드를 알코올로 추출하여 앱솔루트를 얻어야 하지만 유향과 몰약의 경우에는 먼저 레지노이드를 만들지 않고 알코올로 앱솔루트를 직접 추출한다. 앱솔루트는 가열하거나 냉각 처리해서도 추출할 수 있지만 각각 다른 후각적 결과가 나타난다. 유향의 에센셜 오일은 이산화탄소 추출법, 조직 추출법, 용매 알코올 추출법 등 모두 서로 다른 방법으로 얻어진다. 이러한 과정을 통해 얻어진 오일은 에센셜 오일, 앱솔루트, 화향유, 콘크리트 중 하나이다. 일부 유향은 인도의 코친에서 증류되기도 하지만 재배된 나라에서 직접 증류되는 경우는 거의 없다. 재배국 대부분이 후진국이기 때문이다.

 유향 고무수지는 5~9퍼센트의 휘발성 오일과 50~70퍼센트의 가용성 수지로 이루어져 있다. 유향의 에센셜 오일 성분은 200개 이상의 화학물질로 이루어져 국지적인 미세 기후와 함께 토질과 재배 시기에 조금씩 변화를 준다. 재배자와 상인들은 원료의 냄새만 맡고도 이 모든 미세한 차이를 감지해낸다고 한다. 몰약에는 많은 종이 있다. 플리니우스는 그 가운데 '케이브드웰러cave-dweller' 종이 가장 달콤한 향을 가진 몰약이라고 말했다.

 소코트라에 오기 전, 사나의 수크 거리에 들렀다. 몇 년 전 어머니와 함께 걸었던 길이다. 나는 예민한 코 덕분에 그 복잡한 수크 안에서 금세 향료 상인들을 찾을 수 있었다. 길바닥까지 차지하고 있는 물건들 때문에 그들은 거의 끼어 있다시피 했다. 바구니와 나무 상자에는 유향과 몰약 결정체가 넘쳐났고, 금방이라도 무너져 내릴 것 같은 선반 위에는 향 버너와 오일 병·향료 단지들이 늘어서 있었다.

나는 한 상인의 가게 앞에 멈춰 섰다. 다소 험상궂은 인상을 가진 대부분의 예멘 사람들과 달리 그는 비교적 온화해 보였다. 가장 품질이 좋은 유향을 보여달라고 하자 그는 오만에서 가져온 하식Hasik 결정체를 한 줌 꺼내 보였다. 소코트라산 유향이나 몰약이 있냐고 물어보았지만 예상대로 없었다. 유향과 몰약 오일도 없었다. 증류 시설이 오만에 있기 때문이다. 그는 예멘은 아직 향수를 만들 만한 능력이 안 된다고 말했다.

나는 선반 위에 놓인 작은 병들은 무엇인지 물어보았다. 라벨에는 모두 '메이드 인 호데이다'라고 쓰여 있지만 사실 스위스 제품이라고 그가 말했다. '스워드'라는 향수는 성스러운 느낌이지만 향이 너무 강해서 사용하기 어려울 것 같았는데 나중에 보니 목욕용으로 아주 좋았다. 그곳에 있던 향수 중에서는 투베로즈가 최고였다. 내가 인도에서 찾았던 것만큼이나 향이 좋았다. 투베로즈 향은 매우 부드러우면서 정열적이기 때문에 다른 향과의 배합 없이도 완벽한 분위기를 연출한다.

유향이나 몰약을 사지는 못했지만 내 트렁크 안에 이미 최상급의 유향과 몰약 결정체가 차고 넘치도록 있었다. 영국에 돌아가는 즉시 추출해야겠다고 생각했다.

영국에 도착하면서 세관원이 분명 내가 교회 몇 곳을 털기라도 한 걸로 생각할 것 같았지만 어쨌든 충분한 양의 유향과 몰약을 가져오게 되어 너무 기뻤다. 2년이 지난 지금까지도 매일 밤 유향을 화로에 던져 넣고 교회 양초에 몰약 방울을 떨어뜨릴 수 있기 때문이다. 다시 소코트라 섬으로 돌아간 것 같았다.

유향과 몰약이 누리던 과거의 영화는 사라졌지만 소코트라 섬에서 이 두 향료의 중요성은 여전하다. 먼 나라의 이 고대 향과 사랑에 빠지면서, 나는 태고의 신비와 향에 눈을 떠갔다. 피어오르는 향료의 연무와 바람에 날리는 소나무 향기는 마치 전혀 딴 세상의 것 같았다. 속세를 초월한 정기, 바로 내 향수에서 느끼고 싶은 것이다.

영국으로 떠나기 전, 마지막 여행 구간은 매우 짧았지만 가장 신비하고 특별했다. 나는 스티븐·자밀과 함께 소코트라에 남아 가장 귀한 향수 원료라는 용연향을 찾기 시작했다.

The Scent Trail

9장

지속성이 뛰어난 신비의 용연향

○

현실과 마법 세계를 오가는 곳,
소코트라 섬

열심히 손과 굳은 발바닥을 움직이는
암낙타의 모습을 본 일이 있는가?

낙타는 자신이 태어난 곳에 드워프 타마리스크 향을 남겨
용연향을 태울 사람을 찾는다.

알 무타나비

한 예멘 사람에게 소코트라 여인들은 성적으로 매우 개방적이며 몸에서 용연향 냄새가 난다는 말을 들은 적이 있다. 나는 소코트라라는 섬 이름을 그때 처음 들었다. 그는 용연향의 최음성과 카트의 환각 성분 때문에 소코트라 여인들은 보통 남자들보다 성적 욕구가 강한 편이라고 말했다. 소코트라의 용연향을 직접 보고 싶다는 생각이 들었을 즈음, 이 책의 출간이 결정되었고, 드디어 그 기회를 얻을 수 있었다.

1294년, 마르코 폴로는 용연향을 향유고래, 피세테르 마크로케팔루스Physeter macrocephalus에서 얻는다는 사실을 서양인으로서는 최초로 기록했다.

향유고래는 많은 양의 용연향을 가지고 있다. 용연향은 향유고래의 위 분비물로서 매우 값비싼 교역품이다. 사람들은 한번 꽂히면 절대 빠지지 않는 철제 창살을 고래에게 던진다. 바다에서 고래가 죽었을 때 어느 지점인지 알 수 있도록 창살에 부표를 달아

두며 긴 줄을 연결시켜 놓는다.

용연향은 정말 진기한 물질이다. 병에 걸린 고래의 배에서 발견되거나 해안가로 밀려 들어오지만 일부러 찾아내기는 정말 어렵다. 구하기 어려운 만큼 신비로운 이미지가 강하며, 그 자체로서보다는 향수의 수많은 원료을 하나로 묶어주는 고정제로 많이 사용된다. 하지만 너무 귀하고 값도 비싸기 때문에 실제 용연향을 사용하는 조향사는 극소수이다. 아무것도 섞이지 않은 상태에서 나는 그 독특한 냄새는 그리 매력적이지 않지만, 휘발성이 강한 다른 향과 섞일 때 용연향은 금세 사라지는 향들을 붙잡아 오래 지속되도록 만든다.

또 처음엔 매우 독하고 날카로운 냄새가 나지만, 바다에서 몇달, 몇 년 동안 풍화작용을 거치면 숙성되어 훨씬 부드러워지고, 조향사의 실험실에서 몇 달 동안 알코올에 담가두면 점차 부드럽고 복합적이며 강하면서 지속성이 뛰어난 향으로 발전한다. 거의 300년까지도 지속된다고 한다. 몇 번을 씻어내도 향은 사라지지 않으며 오래 남아 있을수록 더 부드러워진다. 종이나 책에 용연향 팅크제를 한 방울 떨어뜨리면 향이 거의 40년 동안 지속된다.

많은 국제 해양 보호 조약이 발효된 이래, 벌써 몇 년째 용연향 거래가 금지되고 있다. 그러나 1973년 이후부터는 미국만이 해변에 밀려온 용연향 채취까지 금지시키고 있다. 용연향은 향유고래의 주식인 오징어 찌꺼기로 만들어지며 콜레스테롤 파생물질인 앰브레인이 80퍼센트를 차지한다. 해양 탐험가 자크 쿠스토Jacques

Cousteau는 오징어의 살이 씹을 필요가 없을 만큼 부드럽고 연하기 때문에 향유고래가 오징어를 한 번에 삼킨다는 것을 알아냈다. 하지만 오징어 부리는 예외이다. 앰브레인은 소화되지 않은 오징어의 일부이거나, 아니면 오징어의 날카로운 부리 때문에 신경이 날카로워진 고래의 창자에서 나온 분비물일 것으로 보고 있다. 화학자들은 용연향에 알코올과 산기酸基의 합성물인 벤조 에스테르가 들어 있다고 주장한다.

향유고래는 용연향뿐 아니라 경뇌유鯨腦油라는 귀한 물질도 제공한다. 고래 머리에서 발견되는 우윳빛처럼 하얀 물질로 처음엔 고래의 정액으로 오인되기도 했다. 경뇌유는 순수한 왁스를 형성한다. 이 왁스는 1748년 제이콥 로드리게스 리베라가 발명한 무연 양초의 원료가 되었던 물질이다.

용연향은 고래의 창자 속에서는 악취 나는 검은색 점성액이지만, 햇빛과 공기에 노출되면 곧 산화되어 대리석 무늬의 말랑말랑하고 투명한 방향성 물질로 굳어버린다. 그 안에 오징어 부리가 박혀 있는 경우도 많다. 용연향, 그리고 물푸레나무와 향수박하의 수지인 앰버는 색으로 구분된다. 용연향을 뜻하는 '앰버그리스 ambergris'의 '그리gris'(회색을 뜻하는 프랑스어—옮긴이)에서 볼 수 있듯이, 용연향은 회색이기 때문에 구별이 용이하다. 랍다눔이라고도 불리는 앰버는 종종 용연향 대신 쓰인다. 클라리 세이지 · 오크모스 · 다양한 균류로 만든 합성물을 용연향 같은 취기제臭氣劑로 바꿀 수 있고, 용연향의 냄새도 화학물질로 만들어낼 수 있다. 그러나 진짜 용연향의 복잡 미묘한 냄새 때문에 이는 매우 어려운 작업이다.

　말랑말랑한 성질 때문에 용연향이 해수면에서 떠돌던 젤라틴 성분의 벌집에서 나왔다는 의견도 있었지만, 용연향은 향유고래의 토사물이다. 일단 용연향이 게워져 나오거나 고래가 죽은 후 부패되면서 빠져나오면 바다 위를 떠다니면서 자연적으로 불순물이 제거된다.

　그러나 때로는 작살이 박힌 고래에서 직접 용연향을 뽑아내기도 한다. 허먼 멜빌의 소설 《모비딕》에 이 장면이 생생하게 묘사되어 있다.

> 그는 두 손을 밀어넣고 알맞게 숙성된 윈저 수프, 또는 치즈같이 생긴 물질을 한 움큼 꺼내었다. 미끈미끈하면서 향긋했다. 손가락으로 누르면 쑥 들어가고 노랑과 잿빛 중간쯤 되는 색이다. …
> 사향 향수를 뿌린 아가씨가 치맛자락을 흔들며 걸어갈 때처럼, 향유고래 꼬리의 움직임을 따라 은은한 향이 퍼진다.

　용연향은 알렉산더 대제의 신하가 오만의 해안가에서 발견하면서 서양에 알려졌다. 고대 그리스 사람들은 용연향이 바다 근처의 샘에서 왔을 거라고 믿었다. 그들은 포도주를 마실 때 용연향을 맡으면 알코올의 효과가 올라간다는 사실을 발견했다. 플리니우스는 로마 사람들이 연체동물과 뼈오징어를 가루로 만들어 향수 제조에 사용했다고 기록했다. 이러한 바다 생물들은 모두 향유고래의 먹이에 속한다.

고대 중국인들은 용연향을 용의 타액이라고 표현했다. 바다 옆 바위 위에 늘어져 잠자던 용의 침이라고 생각했기 때문이다. 그들은 용연향이 성적 충동을 일으키고 생명력을 불어넣는 묘약이라고 여겼고, 아시아에서는 지금도 최음제로 많이 사용되고 있다. 일본인들은 고래의 배설물을 최음제로 사용한다.

아랍 사람들은 용연향을 '안바르anbar'라고 부르고 심장이나 뇌 질환에 치료제로 사용했다. 또한 영국에서 아이들의 건강을 위해 간유肝油를 먹이는 것처럼 성장기 어린이들에게 용연향을 먹인다. 그리스 사람들과 마찬가지로, 용연향이 바다 근처 샘에서 나온다고 믿었던 아랍 사람들은 낙타에게 그 냄새를 찾아내는 훈련을 시키기도 했다.

10세기 여행가이자 역사학자였던 알리 이븐 알 마스오디Ali Ibn al-Mas'udi는 아프리카 동부에서 멀리 떨어진 중국해의 용연향이 최고라고 주장했다. 그는 이곳의 용현향에 엷은 푸른빛이 돌며 한 덩어리의 크기가 타조 알만 하다고 하면서 "바다가 요동치면 앰버 부스러기들이 바위처럼 쌓이고 그것을 삼킨 물고기가 질식해서 해수면에 떠다니게 된다. 중국 사람들은 배를 타고 가서 작살로 물고기를 찌르고 해안가로 끌고 와 칼로 가른 다음 용연향을 꺼낸다."라고 기록했다.

초기 서양 역사가들은 용연향이 물고기나 고래의 정자, 아니면 신비로운 새의 똥에서 나온 것이라고 생각했다. 또는 연하고 달콤한 냄새 때문에 바다 근처의 벌집에서 나왔다고 믿기도 했다. 용연향의 기원은 수세기 동안 베일에 싸여 있었다.

17세기에 쓰인 포메트Pomet의 《약물의 역사Compleat History of Drugs》에는 용연향이 프랑스 최고의 귀중품으로 분류되어 있다. 포메트는 "용연향은 리스본에서 전해진 것으로 바위에서 바다 속으로 떨어진 벌집 덩어리다. 바다에 떠 있던 이 벌집은 해수나 태양 광선의 영향으로 액체가 되어 바다에 떠다니게 된다."라고 기록했다.

1481~1483년에 쓰인 《더 하워드 하우스홀드 북스The Howard Household Books》는 용연향을 '임버-그레스Imber-gres'라 부르며 그 의학적 치료 효과를 언급했고, 일부 작가들은 용연향을 '앰버그리즈ambergrease'로 부르며 일종의 채소 또는 버섯 향 때문에 폭풍에 뜯겨 나간 심해 버섯이라고도 생각했다. 존슨 박사Dr. Johnson는 1755년에 쓴 저서 《영어 사전Dictionary of the English Language》에서 포메트와 마찬가지로 용연향이 매우 귀한 향수 원료라고 말했지만 어디서 나오는 것인지 밝혀내는 것은 실패했다.

1783년 식물학자 조셉 뱅크스Joseph Banks는 당시 영국에 거주하던 독일 의사 프란츠 자비어 슈베디아버Franz Xavier Schwediawer가 쓴 논문을 영국 왕립학회에서 발표했다. 이 논문은 모든 논란을 잠재우고 이 신비로운 물질이 사실 향유고래 창자에서 나온 분비물이라는 사실을 밝혀냈다. 또한 1820년 두 명의 프랑스 화학자 피에르-조제 펠르티에Pierre-Joseph Pelletier와 조제-비에네메 카방투Joseph-Bienaimé Caventou는 앰브레인을 분리시켜 그 특성을 관찰하고 용연향의 가장 중요한 성분임을 확인했다.

카사노바는 소량의 용연향을 초코 무스에 즐겨 넣었고, 엘리자베스 1세는 용연향과 함께 동양의 향, 특히 '센티드 곤틀리트 scented gauntlet'을 매우 좋아했다. 엘리자베스 여왕은 햄프턴 궁전 식당의 나무 벽에 용연향을 뿌린 것으로 유명하다. 분명, 지금도 그 향이 남아 있을 것이다. 14세기 이슬람의 위대한 여행가이자 작가였던 이븐 바투타Ibn Battuta는 바그다드 사람들이 용연향이 가미된 해시시 빵을 마구 먹어대는 모습을 보고 크게 놀랐다. 오늘날 용연향은 주로 중동 지역의 수크에서 판매된다. 이곳 사람들은 지금도 용연향을 최음제로 사용하고 있다. 모로코 사람들은 주로 용연향 약탕을 마시는데 한때는 용연향을 태워 그 연기를 즐기기도 했다.

용연향은 부석浮石, 또는 조약돌처럼 생긴데다 아주 가벼워서 특히나 더 알아보기 힘들다. 그러나 소코트라에서 줄곧 우리의 안내인이자 통역사 역할을 해준 자밀은 어부인 자신의 아버지가 용연향을 찾은 적이 있다고 말해주었다. 소코트라 주변 해안에는 고래와 돌고래, 특히 향유고래와 들쇠고래가 많다고 한다. 소코트라 섬의 남자들은 대부분 어부로 상어나 민어·참치 등을 잡아 소금에 절이거나 건조시킨다. 내가 방문한 시기는 우기였기 때문에 어부들도 일손을 놓고 있었고 덕분에 그들과 많은 이야기를 나눌 수 있었다.

우리는 자밀 아버지의 친구인 한 어부를 만나러 하디보 밖의 해안가를 따라 걸었다. 들쭉날쭉한 해안선은 날카로운 암초로 덮여 있었다. 압둘라는 닻 위에 앉아 있었다. 오랜 세월 비바람에 시달려온 피부가 마치 가죽 같았다. 그는 다리를 꼬고 앉아 수상쩍다는 듯이 우리를 바라보았다. 적잖이 경계하는 태도였다. 그리고 용연향을 좀 가지고 있지만 판매용은 아니라고 처음부터 아예 못을 박았다.

하지만 자밀은 뛰어난 통역사였다. 우리가 그저 섹스에 미친 서양 사람쯤으로 보였는지, 압둘라가 다른 최음제 하나를 보여주며 화제를 돌리려 했지만 자밀은 끈덕지게 향유고래에 대해 질문을 퍼부었다. 결국 압둘라는 우리의 진심을 깨닫고 향유고래에 여러 종류가 있는데 소코트라에서는 히하드라 고래에서 용연향을 얻는다고 말해주었다. 또 모든 향유고래에 용연향이 있는 것은 아니지만 병든 고래의 경우, 용연향이 가득 차 있을 가능성이 높다고 덧붙였다. 즉, 너무 많이 먹으면 토하게 되는데 이 토사물이 바로 용연향이 되는 것이다. 압둘라는 몇 년 전 커다란 용연향 덩어리를 발견하여 곧바로 아라비아 반도 최고의 도시인 하드라마우트 지역으로 가져갔다고 말했다. 용연향은 높은 값을 부를 수 있기 때문에 주로 오만이나 사우디아라비아 사람들에게 팔린다.

압둘라는 용연향이 오일에 저장되거나 크고 아름다운 조개껍데기 속에 보관되곤 했으며, 예멘이 통일되기 전에는 재떨이 크기 정도 되는 한 덩어리가 30만 실링에 거래되었다고 말했다. 옆에서 자밀이 약 2만 1,000달러 정도 되는 금액이라고 귀띔해주었다. 실로 엄청난 금액이 아닐 수 없다.

향유고래와 용연향 : 비용

향유고래는 이가 있는 고래 가운데 몸집이 가장 크다. 아니, 지구
상에 존재하는 치아 동물 가운데 가장 크다고 할 수 있다. 영어명 '스
펌 웨일sperm whale'은 향유고래의 머리 부분에서 나오는 경뇌유, '스
퍼마세티spermaceti'를 따서 지은 것이다. 향유고래는 또한 '카먼 캐셜
럿Common Cachalot'으로도 불려왔다. 캐셜럿cachalot은 '머리'를 뜻하
는 포르투갈의 구어적 표현이다.

18세기 크리스토퍼 후세이Christopher Hussey라는 낸터킷 고래잡
이 어부가 작살을 던져 잡은 것이 최초의 향유고래 사냥이다. 1750년
까지는 고래를 해안가 작업장으로 옮겨 공정을 거쳤지만, 포경선 안
에 트라이 워크스Try-Works(고래 기름에서 오일을 추출하는 경유 정제소—옮
긴이)가 설치되면서 일꾼들은 바다에서 작업하고 곧바로 다시 고래를
잡을 수 있게 되었다. 미국의 향유고래 사냥은 1750년에서 1850년 사
이에 성행했다. 《모비딕》에서도 묘사된 고래잡이의 전성기다.

여러 가지 기록을 통해 1761년에서 1920년 사이에 거의 4만 마리
의 향유고래가 죽었음을 알 수 있다. 1918부터 지금까지도 포획량은
계속 증가하여 연간 3만 마리에 이르렀다. 1916년 무렵에는 고래 한
마리에서 약 6만 달러어치의 용연향이 추출되곤 했는데, 기록된 것
가운데 가장 큰 용연향은 1953년 서든 하비스터라는 포경선이 남극
지방에서 잡은 향유고래에서 발견된 것으로 442킬로그램에 육박한

다. 1962년에는 킬로그램당 평균 100달러에 팔리던 용연향이 합성원료의 개발로 값이 급속도로 떨어졌다. 물론 합성원료에는 진짜 용연향의 신비로운 기운과 지속성이 부족하다는 사실이 알려지면서 다시 그 가치를 회복하긴 했다.

그 희소성과 공급의 어려움 때문에 용연향은 항상 높은 가격을 유지하여 '바다의 보물'이라 불리기도 했다. 1691년 아일랜드 슬라이고 해안에서 발견된 52온스의 용연향 덩어리는 그 자리에서 20파운드에 팔렸고 다시 런던으로 옮겨져 100파운드에 팔렸다. 2년 후, 독일의 동인도 회사는 티도레Tidore(인도네시아 몰루카 제도에 있는 화산섬─옮긴이) 왕에게 1,000탈러thalers(독일의 옛 3실링 은화)를 내고 182파운드의 용연향을 사들였고, 토스카나 군주는 용연향에 5만 크라운crown(5실링 은화)을 지출했다.

고래잡이들은 해안가나 죽은 고래의 배 속에서 용연향 덩어리를 발견하여 큰 부자가 되는 꿈을 꾼다. 경험이 많은 어부들은 남아메리카 서해안이나 북대서양, 아프리카 서해안, 아라비아 해, 일본 해역, 오스트레일리아 서해안, 그리고 오스트레일리아와 뉴질랜드 사이의 태즈먼 해에 향유고래가 많다는 것을 안다. 향유고래의 움직임을 연구하던 해양 생물학자들은 고래들이 보름달이 떴을 때 떼 지어 몰려다니고 달이 지면 흩어진다는 사실을 발견했다. 이것은 향유고래의 주식인 오징어의 움직임과도 일치하는 것이다.

다음 날 아침, 우리는 백색 모래 언덕에서 빛이 튀어 오르는 모습을 보며 해변을 걸었다. 문득 그리스의 해안가가 떠올랐지만, 반은 모래에 잠긴 황폐한 마을을 보니 정신이 번쩍 들었다. 이윽고 깨끗한 물과 대추야자·파파야 나무가 있는 마을에 이르렀다. 잠시 마을에 들러 파파야 열매로 목을 축이자는 자밀의 말에 마을에 들어서니 대나무로 만든 우리 안에 가축과 낙타가 보였다. 뛰어난 솜씨로 엮어 만든 가축의 우리는 앤디 골즈워디Andy Goldsworthy(영국의 환경주의 예술가—옮긴이)의 조형물을 떠올리게 했다. 회반죽으로 만든 주택 단지와 암초에서 모은, 연체동물과 말미잘로 뒤덮인 산호 화석도 있었다.

원시적인 형태의 주거지는 일종의 그로토grotto(조가비 등으로 아름답게 장식한 작은 동굴—옮긴이) 같았다. 나는 이 초가집의 석고 벽에서 알렉산더 포프의 명각銘刻을 발견하거나, 아니면 베르길리우스의 시를 읊어대는 수행자들을 만나지 않을까 은근히 기대했지만 거주자들은 대부분 펑크족 록커 같았다.

그들은 수줍은 미소를 지으며 우리 주위에 모여들었다. 밝은 오렌지 빛 머리카락이 있는 대로 헝클어져서 텁수룩해 보였다. 자밀은 그들의 머리가 헤나 물감으로 염색한 후 햇빛과 소금물 때문에 오렌지색으로 탈색된다고 설명했다. 우리는 그들과 파파야 열매를 나누었고, 자밀은 용연향에 대해 물어볼 틈을 노렸다. 천연자원이 풍부한 소코트라 섬이지만, 용연향은 그중에서도 가장 귀한 물질이다. 그래서인지 이 가난한 섬 주민들이 왜 그 신비롭고 귀중한 자원의 비밀을 내게 알려주는지 의아했다. 마을 촌장인 셰이크가 사람들이 둘러앉은 원 한가운데로 들어와 앉아서는 입을 열었다. 매우 위엄 있고 당당한 태도였다. 주름이 깊이 팬 얼굴은 마치 히말라야 산맥의 입체 모형 지도 같았다.

그는 자신의 고조할아버지가 소코트라 섬에서 고래를 잡았으며 사촌 가운데 한 명은 죽은 고래에서 많은 용연향을 발견해 오만에서 부유한 상인이 되었다고 말했다. 그러면서 새와 게들이 해안가에 수없이 몰리면 근처에 용연향이 있다는 표시이긴 하지만 실제 용연향을 찾는 것은 거의 불가능한 일이라고 덧붙였다.

그는 용연향을 발견한 사람은 그 3분의 1을 용연향을 찾은 후처음 본 사람에게 주어야 한다고, 그렇지 않으면 죽거나 미치게 된다고 말해주었다. 또한 악마가 바다 깊은 곳에서 자라는 붉은 나무를 지키면서 향유고래만 그것을 먹을 수 있도록 허용했다고 말했다. 그 나무 열매를 먹은 고래가 토할 때 토사물은 검은색이지만 서서히 해수면에 떠오르면서 검은색이 사라지고 용연향이 된다는 것이었다. 그 이야기를 들으면서 유향과 몰약 숲을 지키는 사람들이 날개 달린 네발짐승과 뱀이 숲을 지킨다는 이야기를 퍼뜨리듯이, 용연향이 발견되는 특수한 환경이 흥미진진한 이야기들을 만들어내고 있다는 생각이 들었다.

《모비딕》의 주인공 이스마엘은 용연향에 대해 이렇게 말한다.

용연향은 매우 진기한 물질이다. 부드럽고 연하며 향이 좋아 향수와 선향, 고급 양초, 머리 분, 포마드 원료로 널리 쓰인다. 터키 사람들은 용연향을 음식에 넣고 또 메카 신전에 봉향한다. 일부 포도주 상인들은 클라렛claret(보르도 레드와인의 영국식 이름)에 용연향을 몇 방울 떨어뜨려 풍미를 더했다. 고귀한 신사 숙녀들이 병든 고래의 창자에서 나온 물질을 즐기게 될 줄 누가 생각이나 했겠는가!

한 마을 소녀가 해변에서 발견했다는 용연향 한 덩이를 우리에게 내밀었다. 내가 미심쩍어하면서 타르 같은 것이 아닐까 생각하고 있는데 옆에서 스티븐이 호의의 의미로 생각하고 사라고 부추겼다. 섬사람들이 거의 극빈층이었기 때문이다. 나는 그 덩어리에서 한 조각을 떼어내어 자세히 살펴보았다. 그리고 회색 · 갈색 · 노란색 · 흰색의 층과 해초류 · 해수 · 바닷가 공기를 상기시키는 독특한 향 등 용연향의 특성을 찾아보았다. 또 손에 쥐고 있으면 부드러워지는지 시험해보았지만 그렇진 않았다. 용연향을 확인하는 한 가지 확실한 방법이 있다. 물에 집어넣어 녹지 않으면 용연향이 분명하다. 또한 뜨거운 알코올에서 녹는지 살펴보는 것도 한 방법이지만 섬에는 술이 한 방울도 없었다.

우리는 그 '용연향'을 샀다. 지프차로 돌아오면서 자밀은 장난스럽게 웃으며 플라스틱 병을 하나 꺼냈다. 아무리 술 생각이 간절한 사람이라도 못 마실 정도로 상한 사과주였다. 우리는 용연향 덩어리를 거기에 넣고 작은 화로에 얹어 끓였지만 녹지 않았다. 술이 뜨거워질 때까지 좀 더 기다려보기로 했다.

다음 날 우리는 고래가 종종 나타난다는 섬의 남서쪽으로 향했다. 그리고 늦은 오후, 우리는 소코트라 섬의 남서쪽 끝에 위치한 마지막 마을에 도착했다. 절벽 아래를 쳐다보니 높이가 한 300피트는 됨직했다. 우리는 도로 끝, 소코트라 섬의 끝자락에 와 있었다. 마치 지구 끝에 서 있는 느낌이었다.

소코트라 섬 남서쪽에 사는 부족들은 올리브와 비슷한 황갈색 피부와 곧게 뻗은 머리카락을 가지고 있었다. 500년 전 그 섬에 정착한 포르투갈 사람들의 눈에는 아마 라틴계로 보였을 것이다. 혹시 아리스토텔레스가 소코트라 섬에 보냈던 그리스 이민자들의 후손이 있는지 궁금했다. 그 부족은 현대 문명에 어느 정도 익숙하고 또 세속적인 편이었다. 소코트라 섬의 기준에선 집이 매우 큰 것만 봐도 알 수 있었다. 경사지에서 흘러내리는 물도 풍부했고, '모니카 르윈스키'라는 애칭을 가진 마을 전용 지프차도 있었다. 자밀은 보통 뚱뚱한 이집트 여배우들의 이름을 따서 지프차의 이름을 짓는다고 알려주었다. 이 섬사람들이 빌 클린턴의 섹스 스캔들에 대해 알고 있다는 사실이 매우 놀라웠다. 그들이 바깥세상과 소통할 수 있는 장비라고는 라디오뿐이었으니까. 그러고 보니 하디보에서도 TV를 못 본 것 같았다. 어느 주민은 소코트라 섬이 세계에서 가장 안전한 곳이라고 자신 있게 말했다. 정말, 이곳에서는 단 한 번도 위험에 처한 적이 없었다. 이럴 줄 모르고 스티븐에게 여자 혼자 이 지역을 여행하기 무서우니 같이 가자고 한 것이다.

주민들은 주로 3, 4월에 고래가 나타난다며 10년 전 고래 한 마리가 누자드 평원의 해변에 밀려왔는데 그 고래의 배 속에 커다란 용연향 덩어리가 있었다고 말했다. 최근에는 군도의 버려진 섬인 압둘 쿠리에서 발견되었단다. 이로 인해 소코트라 섬은 국제적인 관심을 얻게 되었지만, 얼마 안 되는 주민들은 낚시로 근근이 생계를 유지하고 있다. 그곳에서 용연향을 찾을 수 있을 것 같았지만 계절풍이 너무 심해서 배를 탈 수가 없었다.

마을 촌장은 섬 주민들이 처음에 용연향을 타르로 착각하여 방수제로 쓰고, 아니면 회반죽인 줄 알고 집 짓는 데 사용했던 이야기를 들려주었다. 방수가 잘 안 되고 건물이 자꾸 무너지면서, 그 물질이 용연향임을 알게 되었다고 한다.

또한 주민이 용연향을 발견하더라도 그것을 찾으러 온 외지 사람이 있을 경우엔 비밀에 부치도록 하고 있다고 말했다. 촌장의 말에 따르면, 용연향에는 검은색과 흰색이 있는데 흰색의 품질이 더 좋다고 한다. 용연향은 소코트라 섬 사람들에게 꼭 필요한 의약품으로서 복통과 고열, 심지어 소아마비와 중풍 치료에도 사용된다. 아이들은 기ghee(버터기름)나 따뜻한 우유와 섞어서 마시지만, 용연향 연기를 직접 쬐거나 냄새를 맡는 것은 절대 금물이다. 용연향에 마취 성분이 있기 때문이다.

땅거미가 질 무렵, 우리는 등유 램프 주위에 모여 앉았다. 마을 주택지에 드리워진 그림자를 보니 중국의 그림자 인형 극장이 떠올랐다. 분위기가 무르익자 마을 사람들의 입에서 자연스럽게 소코트라 원주민 언어가, 소코트라의 시가 튀어나왔다. 많은 남자들이 페르시아 만 지역에서 일자리를 얻기 위해 섬을 떠나고 있다고 한다. 그러나 소코트라 섬을 항상 마음 한가운데 간직하고 있는 그들의 시는 주로 그리운 섬으로 돌아가고픈 마음을 노래한 것들이다. 자밀이 시 하나를 해석해주었다.

당신과 나를 사랑하기에

슬퍼도 고통스럽지 않아요.

소코트라가 그리울수록

아소칸에서의 외로움도 커져갑니다.

저녁식사가 끝나자 촌장이 나를 마을 아래 나무숲으로 불렀다. 그곳은 샤워장이었다. 바닥에는 널빤지가 깔려 있고 물이 가득 담긴 양동이들이 나뭇가지에 걸려 있었다. 모래 먼지를 씻어낸 물은 정원으로 흘러 들어간다. 한 방울도 그냥 버려지지 않는 것이다. 나는 비누 대신 놓여 있는 조그만 유향 덩어리로 온몸을 깨끗이 닦았다. 이제까지 했던 샤워 중 단연 최고였다.

어느덧 밤이 되었고 우리는 염소 가죽으로 만든 러그에 누워 등유 램프에 부딪치는 나방의 날갯짓에 귀를 기울였다. 포효하는 바다 저편에서, 세이렌 요정의 노랫소리도 들리는 것 같았다. 온 갖 신비로움으로 가득 찬 소코트라 섬, 나는 이미 이 섬의 주문에 걸려버렸다.

·-◦◦◦◦-·

소코트라: 현실과 마법 세계를 오가는 곳

소코트라 섬은 주위를 둘러싼 거친 바다로 인해 오랫동안 외부 세

계와 차단되어 있었다. 항구가 없기 때문에 세계에서 가장 멀고 접근하기 어려운 곳이다. 따라서 개발자들의 탐욕스러운 눈빛을 피해간 몇 안 되는 지역 가운데 하나이면서도 항상 전략적 요충지로 꼽혀왔다. 지난 수세기 동안 많은 나라가 이 섬을 차지하고자 투쟁해왔다. 1963년부터 지금까지, 섬의 한 자리를 차지하고 있는 녹슨 영국 탱크는 과거 강대국 식민지 정책의 단면을 보여준다.

600년경, 소코트라 사람들은 그 섬에 난파된 성 토머스를 통해 기독교를 받아들였지만 10세기 무렵 소코트라의 기독교가 붕괴되면서 그들은 해적으로 전락했고, 오늘날에도 대부분의 항로도가 뱃사람들에게 소코트라 인근 해역을 피하라고 경고하고 있다. 게다가 남예멘이 아랍권에서 유일한 공산주의 국가가 되면서 예멘령인 소코트라는 더 큰 오명을 쓰게 되었다. 1977년 남예멘이 소코트라를 소련의 군사적 거점으로 양도하면서부터, 그 광대한 석회암 동굴 안에 지하 시설과 무기가 있다는 소문이 퍼져 나갔고 소코트라 섬으로의 접근도 금지되었지만, 1990년 통일 이후 소코트라 섬은 다시 예멘에 귀속되었다.

소코트라 섬은 무려 1,000년 동안 인간의 상상력을 훈련시켜왔다. 판타지를 탄생시키는 매개체이면서 동시에 천연자원으로 가득한 섬이었다. 아리스토텔레스도 알렉산더 대왕에게 유향과 알로에가 풍부한 이 천혜의 섬을 정복해야 한다고 설득했다 한다. 소코트라 섬은 이국적 색채를 찾는 여행자와 진귀한 물건을 원하는 상인들, 그리고 인간의 기원과 에덴동산의 실제 위치를 궁금해하는 사람들의 호기심을 자극하고 낭만적인 공상을 불러일으켜왔다.

소코트라 섬은 지금보다 중세 유럽 사회에 더 잘 알려진 곳이었다.

유향과 몰약뿐 아니라 당시 알로에와 용혈, 용연향으로 유명했기 때문이다. 중세 시대 작가들은 이 섬을 비밀스러운 이미지로 포장하여 보호하기 위해 이곳에 침입하는 배들이 흔적도 없이 사라졌다고 기록했다. 사실, 계절풍에 의해 난파된 배들이 대부분이었다.

섬의 원주민들은 마술사로 알려져 있었다. 마르코 폴로는 소코트라 사람들이 바람을 마음대로 불러낸다며, 이들을 세계 최고의 마법사라고 불렀다. 13세기 여행가이자 지리학자였던 이븐 알 무자위르 Ibn al Mujawir는 "도파르Dhofar 여자들은 소코트라 섬 가까이 살기 때문에 모두 마법에 능하다. 그들은 도파르에서 자바까지, 500마일에 이르는 거리를 하룻밤 사이에 달려간다."라고 기록했다.

다음 날 하디보로 돌아온 우리는 식물학자 압둘라 이사Abdulla Issa를 만나러 유엔 개발 프로젝트 본부를 찾아갔다.

바깥 온도는 43도까지 올라갔지만 에어컨이 가동되고 있는 실험실 내부는 매우 서늘했다. 압둘라는 우리를 그의 사무실로 안내했다. 책상 위에는 저장된 곤충과 카멜레온, 뱀 항아리와 석엽蜡葉 표본 등이 잘 정리되어 있었다. 우리가 해양식물에 대해 묻자 압둘라는 소코트라 사람들은 용연향이 엘리에소르라는 해양식물에서 나온다고 믿고 있으며, 용연향에는 여러 종류가 있지만 그 중 최고는 고래 창자의 산酸 성분이 들어간 것이라고 말했다.

압둘라는 소코트라 사람들이 아직 미신을 믿고 있다고 말했다.

그의 아버지도 용연향을 찾으면 염소 세 마리를 제물로 바쳤다고 한다. 용연향을 발견했을 때 그 3분의 1을 처음 만난 사람에게 주는 풍습도, 행운은 나누어야 하고 그렇지 않을 경우 악마의 저주가 내린다고 믿은 데서 비롯된 것이다.

압둘라는 창문 너머로 바다를 바라보았다. 마침 계절풍이 불어 산더미 같은 파도가 일고 있었다. 그는 미소를 지으며 바람은 모든 불순한 것을 날려 보내어 세상을 깨끗하게 하므로 꼭 필요한 것이라고 말했다. 우기 동안, 소코트라 사람들은 산에 들어가 명상을 하고 우기가 끝나면 바람으로 인해 수정같이 맑아진 공기를 들이마시게 된다. 오늘날 수많은 종種이 세계 곳곳에서 사라지고 있지만, 소코트라에는 지난 150년 동안 멸종된 것이 하나도 없다. 그러나 2001년 국제공항이 생긴 이래, 지난 100년 동안 있었던 일들보다 더 많은 변화가 일어나고 있다고 한다. 압둘라의 음성이 가늘게 떨렸다.

압둘라는 고래의 먹이인 해양식물이 있는 마을로 가는 길을 알려주었다. 우리는 해변을 따라 서쪽으로 걸었다. 발밑에서 산호와 조개가 오도독 부서지는 소리가 들렸다. 마을은 산골짜기에 위치해 바람의 영향을 받지 않았고 푸른 빛깔의 이슬람교 사원이 햇빛에 반짝이고 있었다.

우리가 안내 받은 곳은 마을에서 제일 커 보이는 집이었다. 안에는 덩굴나무와 비슷하게 생긴 해초식물이 있었는데 무슨 무대 소품 같은 느낌이 들었다. 주민들은 바다에서 끌어올린 지 일 년이나 되었는데 아직까지 향기가 난다며 기념품으로 가져도 좋다고 말해주었다. 신이 난 내가 장식용 옷걸이로 쓰면 되겠다고 혼자 생각하고 있는데, 스티븐이 옆에서 세관을 통과할 수 없다며 말렸다. 괜히 지기 싫었던 나는 어떻게든 가져갈 거라고 우겨댔다. 소코트라 사람들이 호의의 표시로 주는 선물을, 그들의 친절을 무시하고 싶지 않았던 것이다. 나는 사롱으로 선물을 쌌다.

그 부족은 6세기경 소코트라 섬에 정착한 에티오피아 네스토리우스 교도의 후손인 아비시니아 혈통으로, 뚜렷한 얼굴 윤곽에 곱슬곱슬한 검은 머리를 가지고 있었다. 모직으로 만든 사롱을 허리에 꽉 매고, 티셔츠와 은색 선글라스로 한껏 멋을 낸 어부는 용연향이 어디 있는지 이제 더이상 모른다고 말했다.

자밀은 소코트라 사람들이 더 격렬한 낚시법을 사용하기 위해 보트에 모터를 달기 시작하면서 용연향에 대해 많이 잊어버렸다고 설명해주었다. 천천히 노를 저을 때는 그만큼 용연향을 찾을 시간적 여유가 있었지만 이제 그들의 삶에 점점 속도가 붙은 것이다. 자밀은 모터의 엔진 소리가 고래를 비롯한 바다 생물을 자극하고, 보트가 지나갈 때의 힘 때문에 해안가를 떠다니는 용연향이 오히려 먼 바다로 휩쓸려가기도 한다고 말했다. 또한 새로운 낚시법 덕분에 바다 멀리까지 나갈 필요가 없어졌다는 이야기도 꺼냈다. 이렇듯, 생활 방식이 바뀌면서 가끔씩 발견되던 소량의 용연향도 찾아보기 어렵게 되었다.

한 어부에게 용연향 냄새가 어떠냐고 묻자, 그는 처음에는 배설물 냄새 같지만 태우면 향이 난다고 대답했다. 내가 가지고 있던 용연향 샘플을 꺼내 냄새를 맡아보게 하자 그들은 크게 웃으며 용연향이 아니라 타르라고 말해주었다. 나는 별 놀라는 기색 없이 그것을 모래에 던져버렸다. 그때 늙은 어부 한 사람이 자밀에게 다가와 귓속말을 했다. 길게 늘어뜨린 회색 머리와 삼지창처럼 생긴 작살이 마치 인어를 연상케 했다.

궁금해진 표정으로 자밀을 바라보았다. 노인은 그 마을에 용연향이 조금 남아 있다고 알려준 것이었다. 35년 정도 된 것으로 75달러에 팔 수 있다고 말했다. 우리는 가짜 용연향에 속은 기억 때문에 다소 망설였지만 노인은 벌써 물건을 가지러 가고 없었다. 그는 회색 덩어리 하나를 들고 돌아와 살살 벗겨낸 알갱이들을 향로 속에 남아 있던 시나바 우드 위에 뿌렸다.

향로 주위에 빙 둘러 앉은 것이 영락없이 다 같이 마리화나를 피우는 듯한 모양새였다. 알갱이가 녹아 거품이 일면서 연기가 피어올라 천장까지 서서히 감겨 올라갔다. 마침내 진짜를 만난 것이다.

처음에는 냄새가 너무 진했지만 서서히 증발하면서 부드럽고 짭짤하며 활기 있는 향이 느껴졌다. 그 향도 용연향만큼이나 뭐라 딱히 표현하기가 힘들었다. 문득, 빈티지 샴페인을 뿌린 장미꽃 생각이 났다. 바다 내음 가득한 오존성 다시마 향을 가진 용연향은 기분을 전환시키고 활력을 불어넣는 데 효과적이다. 언뜻, 햇볕에 그을린 내 피부 냄새 같기도 했지만 민트와 백합 향이 가미된 말린 해조류, 트뤼플 과자와 버섯류, 양치류, 균류를 떠올리게 하는, 그보다 훨씬 더 신비로운 향이었다. 축축한 지의류, 또는 곰팡이 같기도 했다.

용연향은 허리를 자극한다고 한다. 이것이 최음제로 쓰이는 이

유이다. 연기의 끝자락이 공기 중에 사라져가는 것을 보며 나는 회상에 빠졌다. 왜 용연향이 담배나 버섯에 비유되는지 갑작스레 이해가 되었다. 할아버지의 서재를 가득 메우곤 했던 담배 연기가 생각났고, 환각 성분이 들어간 버섯을 먹고 도취감을 느꼈던 기억이 되살아났다.

우리가 맡은 냄새도 좋지는 않았지만, 향유고래의 배 속에서 금방 나온 용연향 냄새는 정말 지독할 거라고 모두가 생각했다. 많은 사람이 이것을 배설물로 생각하고 버린다고 한다. 자밀은 용연향을 찾기가 매우 힘들기 때문에 사람들은 설령 발견했다 하더라도 절대 그 장소를 알려주지 않는다고 말했다. 또 용연향과 따뜻한 우유를 섞으면 며칠 동안 은은한 향이 지속된다고 알려주었다. 해수면에 떠다니는 용연향은 신기하게도 종려나무 줄기처럼 생겨서 해변에 떠밀려오기도 전에 물고기에게 먹히는 경우가 많다.

용연향을 조금 사고 싶었지만, 처음에 나의 의심 때문에 마음이 바뀐 노인은 이 기적의 물질에 값을 매기는 것은 불가능하다며 마을을 지켜주는 보물로서 그냥 간직하겠다고 말했다. 모든 질병을 고쳐주는 용연향을 차마 팔아버릴 수 없었을 것이다.

그날 저녁 우리는 진주조개잡이들을 만나러 갔다. 이들은 자이언트거북도 관리하고 있었다. 태양이 자줏빛 바다 아래로 사라지자 금세 어둠이 몰려왔다. 해변은 온통 진주 굴조개로 뒤덮여 있었고, 오두막 주위에는 소금에 절인 생선들이 산처럼 쌓여 있었다. 오두막 안을 밝혀주는 것은 달랑 연기 나는 양초 하나뿐이었다. 모래 위 여기저기 던져진 자루들을 의자 삼아 앉아 보석처럼 빛나는 별들이 수평선을 향해 흘러가는 모습을 바라보았다. 온 세상이 고요했다.

얼마나 시간이 흘렀을까. 진주조개잡이들이 거북을 잡으러 나섰다. 그들은 자이언트거북이 보금자리를 만들 때 밤을 새며 감시한다. 20분쯤 지나 그들이 횃불을 들어올렸다. 거북을 발견했다는 뜻이란다. 우리는 자밀의 뒤를 따라갔다. 모래 위로 커다란 발자국이 보이는가 싶더니 갑자기 횃불 아래, 거대한 거북이 뒤뚱뒤뚱 걷는 모습이 보였다. 진주조개잡이들이 거북에게 달려들었다. 등껍데기를 붙들고 길이를 재보니 1미터 가까이 되었다. 거북이 미친 듯이 모래 속으로 파고들어 알을 낳기 위해 깊은 둥지를 만들었다. 알은 모두 60개였다. 탁구 공만 한 크기에 하얗고 끈끈하며 반들반들 광택이 났다.

바다거북은 먼 거리를 헤엄칠 수 있다. 꼬리표tag(거북에 꼬리표를 달아 그들의 섭식/번식지를 파악하고 거북의 규모와 둥지를 트는 습성을 추정함―옮긴이)가 붙여진 거북들을 보고 어부들은 거북 한 마리가 오만까지 헤엄쳐 간다는 사실을 알게 되었다. 장장 60마일에 해당하는 거리다. 어미 거북이 알을 다 낳자 어부들은 꼬리표를 다는 까다로운 작업을 시작했다. 거북을 거꾸로 뒤집어 흰 배를 보이게 하자 거북이 버둥거리면서 발을 너무 세차게 움직이는 바람에 어부들 몇 명이 나뒹굴기도 했다. 그들은 큰 찍개처럼 생긴 것으로 꼬리표를 붙이고 거북을 제자리에 놓아주었다. 사납게 불어대는 바람 속에서, 그들은 거북이 알을 어디에 낳아 묻어두었는지 적고 그림을 그렸다. 거북은 엿새 후면 돌아와 알을 찾는다. 부화 시기와 딱 맞물리는 것이다.

우리는 바람에 휘청대며 차를 마시려고 고기잡이 막사로 들어 갔다. 주전자가 오래된 화로 위에서 지글거리는 동안, 진주조개잡 이들은 바다에서 용연향을 찾아 순식간에 큰 부자가 된 행운의 인 물 몇 명에 대한 이야기를 들려주었다. 차를 마신 후, 우리는 비제 의 오페라 〈진주조개잡이The Pearl Fishers〉의 이중창을 흥얼대며 강 풍을 헤치고 돌아왔다. 바다거북을 돌보는 어부들의 정성에 감동 한 나는 잠시 목이 메기도 하였다.

소코트라 섬에서의 마지막 날 밤, 나는 아주 특별한 경험을 했 다. 푼두크(여관)의 한 탁자 위에 소코트라 자원 보존 기금(Socotra Conservation Fund, SCF) 광고지가 있어서 읽어보았더니, 놀랍게도 SCF의 본부 위치가 내가 사는 지역이었다. 이 매혹적인 섬의 주문 呪文이 페나인 산맥에까지 뻗친 것일까.

결국 우리는 용연향을 얻지 못하고 소코트라를 떠났다. 강풍으 로 9월까지, 6개월 동안 섬에 갇히기 전에 서둘러 빠져나와야 했 다. 결코 그곳이 싫어서가 아니다. 나는 이미 소코트라 섬의 원시 적 아름다움과 순박하고 친절한 주민들에게 푹 빠져 있었다.

사나에서 마지막으로 한번 용연향을 찾아보려고 수크에 갔다. 오일 수크에서 한 상인이 내민 시럽같이 끈끈한 앰버 병을 보고 우리가 고개를 젓자 그는 조카를 수크 깊숙이 들여보내고는 산더 미같이 쌓인 헤나와 향료·유향·고약 뒤에 서서 우리를 향해 미 소를 지었다. 잠시 후 상인의 조카가 들고 온 작은 병에는 엄지손 톱만 한 양의 용연향이 들어 있었다. 지갑이며 주머니를 다 털어

보니, 마지막 남은 지폐 몇 장까지 합하여 딱 100달러였다. 마침내 100달러에 용연향을 손에 넣을 수 있게 된 것이다.

용연향은 최소한 10년 동안 알코올에 담가두어야 한다. 오래 둘수록 더 좋다. 알코올 속에 오래 있을수록 오존성의 바다 내가 진해지지만 냄새가 너무 강하면 현기증을 일으킬 수도 있다. 회색의 용연향을 감싼 알코올이 마치 뿌옇게 낀 구름 같았다.

지금도 딥티크의 '탐 다오' 등 일부 향수에는 진짜 용연향이 사용되고 있지만 용연향 자체가 귀하기 때문에 향수도 매우 비싸다. 따라서 용연향을 대체할 합성물질을 개발하게 되었는데, 클라리세이지, 시스-아비에놀, 무색의 화학 성분인 투존 추출물로 만든 암브록스 등이 바로 그 결과물이다. 앞으로도 합성 용연향의 수요는 점점 늘 것으로 보인다.

나는 용연향을 영국으로 가져가 조향 연구소에 보냈다. 맞춤 향수에 용연향이 들어가는 것을 보면서, 처음으로 용연향의 고정성을 발견한 고대 아랍 사람들이 기대했던 것처럼, 나 역시 그 바다 향기가 내 향수에서 고정제 역할을 해줄 거라고 생각했다.

여행을 마치고 집으로 돌아온 후부터 나는 가끔씩 용연향 냄새를 들이마신다. 심장이 튼튼해지고 기력이 회복되는 느낌이다. 내 기억 속에 영원히 남을 소코트라 섬처럼, 병 속에 든 이 작은 용연향 덩어리도 내가 살아가는 동안 계속 숙성되어갈 것이다. 엘리에 소르, 즉 앰버 나무는 그것을 빼앗으려는 영국 세관원의 시도에도 불구하고 무사히 페나인 산맥을 통과하여 지금은 내 거실에 세워져 있다. 습한 영국의 기후 속에서 멀고 먼 소코트라 해안의 상큼한 공기를 뿜어주는 고마운 나무이다.

한참 동안 여행에서 가져온 많은 향에 둘러싸여 지냈다. 이제, 한 가지 일만 남았다. 나는 모든 원료를 아나스타샤에게 가져가 조향 연구소에 보내달라고 부탁했다.

The Scent Trail

○

나의 맞춤 향수:
여정의 끝자락

독자여,
탐욕스런 쾌락을 느끼고자
어둠 속에서 사원의 푸른 향을, 달콤한 사향을
천천히 들이마신 적이 있는가?

샤를 보들레르
《악의 꽃Les Fleurs du Mal》 중 〈향수The Perfume〉

마침내 내 여행이 결실을 맺는 순간이 찾아왔다. 지금까지 발견하고 모아온 원료들이 하나의 향수로 탄생하게 되는 것이다.

모든 원료는 이미 실험실에 보내놓은 상태였다. 소코트라에서 구한 유향과 몰약, 인도의 베티베르와 재스민, 터키의 로즈 오일, 그라스의 미모사 앱솔루트, 모로코의 네롤리와 페티그레인, 토스카나의 오리스 버터, 스리랑카의 너트메그 오일, 그리고 가장 어렵게 구한 아라비아 해의 용연향까지, 모든 원료가 실험실에서 일정한 공정을 거치게 된다.

그리고 얼마 후, 나는 런던의 코노트 호텔에서 아나스타샤와 만나기로 약속했다. 그녀는 출산한 지 얼마 안 된 상태였고 나도 둘째 출산일을 눈앞에 두고 있었다. 그런 상황에서도 우리는 만나자마자 그녀가 에센스를 넣어온 커다란 검은 가방부터 열어젖혔다. 어디선가 아로마 향이 풍기자 호텔 안의 사람들이 이리저리 고개를 돌렸다.

아나스타샤는 히말라야 재스민 병을 꺼내고는 추출된 유향과 몰약을 찾기 위해 가방을 뒤적거렸다. 추출물 형태로 아나스타샤의 압지 위에 떨어뜨리자 소코트라 섬에서 내가 맡았던 향긋한 연기와 전혀 다른 약품 냄새가 났다. 아나스타샤는 유향을 상징하는 보라색이 유향을 가장 쉽게 찾아볼 수 있는 장소인 교회도 상징한다고 설명했다. 땅에 심어진 유향나무는 붉은색이지만, 하늘로 증발하는 수지 성분의 연기는 하늘을 상징하는 파란색이고, 또 이 파란색과 붉은색을 섞으면 보라색이 된다. 나는 영적인 분위기를 조성해주는 이 수지가 마음에 들었다. 유향이 천천히 피부에 스며들면서 정신이 맑아지는 것을 느꼈다. 아나스타샤는 정제되지 않은 상태의 고대 유향과 몰약의 냄새가 그녀가 맡아본 것 가운데 가장 훌륭했다고 말했다.

아나스타샤는 미리 전화상으로 용연향을 베이스 노트로 사용하기로 한 원래 계획과 달리 탑 노트로 쓰면 어떻겠냐고 물었다. 나는 그러자고 했지만, 그녀가 꺼낸 회색 용액 병 속에 작은 알갱이들이 떠다니는 것을 보자 무슨 약품 같다는 생각이 들었다. 내가 사나 수크에서 직접 산 것은 아니었지만, 그것이 정말 용연향임을 알아볼 수 있었다. 내 생각을 읽었는지, 아나스타샤는 용연향도 와인처럼 오래될수록 좋기 때문에 10년 동안 숙성시킨 것을 사용할 거라고 설명했다. 용연향은 먼저 몇 년에 걸쳐 팅크제가 되고, 그 다음 알코올이 천천히 증발하면 그 알코올을 흡수해 덩어리 형태가 되는데, 이를 흔히 용연향의 캐비어라고 부르기도 한다.

그녀는 보라색 거즈에 금색 실로 묶인 크리스털 유리병 안에 용연향 스무 방울을 떨어뜨리고, 핀셋으로 용연향 결정체 하나를 집어 역시 유리병 속에 넣었다. 좀 많은 양이긴 했지만, 그때 나는 어느 향수에나 좀 많이 들어가는 원료가 있게 마련이라고 생각했다. 용연향은 수십 년에 걸쳐 신비로운 향을 발하며 숙성되어갈 것이다.

아나스타샤가 미들 노트를 미모사와 오리스·장미 등으로 하면 어떻겠냐고 물었다. 이 향들은 모두 사향의 친척뻘이라면서 검은 가방에서 합성사향이 든 은색 양철통을 꺼내어 내 코밑에 갖다댔다. 냄새가 지독하면서도 관능적이었고 사람을 끌어당기는 묘한 매력이 느껴졌다. 그러나 동물의 목숨을 담보로 얻은 향의 모조품까지 향수에 넣고 싶지는 않다고 말하자 아나스타샤도 동의했다. 그리고 용연향 채취는 향유고래에 어떠한 피해도 주지 않으며, 전통적으로 용연향은 저절로 발견하거나 서로 주고받을 뿐이지 결코 상업적으로 거래되지는 않는다고 말했다. 주로 왕족이나 특권층 사이에서만 오가는 귀한 물건이었다. 포유류에서 얻은 용연향은 향수에 본능적이고 원초적인 기운을 불어넣고, 피부 본래의 냄새를 더 분명히 느끼게 해준다.

드디어 내 맞춤 향수가 공개되는 순간이 다가왔다.

흥분을 억누를 수 없었던 나는 향을 맡는 순간, 깜짝 놀라고 말았다. 내가 예상한 것과는 전혀 달랐던 것이다. 오리스의 강렬한 향기가 느껴지는 가운데, 탑 노트가 시트러스 계열과 너트메그임을 가까스로 분간할 수 있었다. 아나스타샤는 너트메그의 짜릿한 기운이 시트러스 향을 더욱 돋보이게 만들기 때문에 너트메그를 최저 탑 노트로 사용했다고 설명했다. 그리고 손목에 향수를 살짝 바르더니 화학자이자 후각 전문가인 노르베르트 비자올리가 탑 노트의 강도를 조금 낮추어 부드럽게 만들었다고 덧붙였다. 나는 향수에 오일 성분이 많다는 것을 알아차렸다. 그것은 알코올이 전혀 들어 있지 않은 최고급 향수를 의미한다. 아나스타샤가 베이스 노트는 좀 기다려야 맡을 수 있으니 조금만 참고 기다리라고 말했다.

이윽고 사바 왕국의 향이 스며 나오기 시작하였다. 엘레우시스 제전(농사의 여신 데메테르를 받드는 신비적 의식─옮긴이) 동안, 여신의 제단에서 피어오른 고귀한 여사제의 영기靈氣가 내 향수에서 흘러나왔다. 아이리스는 가장 두드러진 노트였다. 아나스타샤는 내가 신성한 사원의 향과 함께, 성스럽고 고아한 꽃향기를 원했던 점을 상기시켜주었다. 장미는 묵주를 상징하고, 재스민은 힌두교 결혼식과 관련이 있다.

처음엔 노르베르트가 왜 아이리스를 가장 주된 향으로 골랐는지 의아했지만 곧 그가 내 어린 시절의 기억 속에 있는 향을 골랐다는 사실을 깨달았다. 매년 5월, 보랏빛으로 뒤덮인 아이리스 꽃밭과 침실 발코니 아래 물 양동이 안에 둥둥 떠 있던 벗겨진 뿌리들. 내 향수에는 달콤하면서도 차분하고 평화스러운 무언가가 있었다. 가루같이 매끄러운 느낌이었다. 그 달콤한 향의 정체는 바로 미모사였지만 재스민이나 베티베르 향은 아무리 맡아도 느껴지지 않았다.

아나스타샤는 향수가 많은 층으로 이루어져 있기 때문에 그 두꺼운 층이 펼쳐져 나타나려면 몇 시간이 걸린다고 설명했다. 정말 그랬다. 내 향수를 온전하게 느끼는 데에는 시간이 필요했다. 향수를 알아가는 것 자체도 하나의 여정인 셈이다. 페티그레인의 엷은 노란 연기가 레몬과 네롤리 향을 뿜어내는 순간, 나는 어느새 모로코 한복판에 서 있었다. 그리고 이탈리아 남쪽 칼라브리아를 거쳐 터키의 국경까지 내달렸다.

용연향이 10퍼센트를 차지하고 있어서인지, 향수는 은근히 중독적이었다. 우리는 또 한 번 뚜껑을 열어 손목에 몇 방울을 뿌렸다. 아가우드는 향수에 넣을까 고민하던 향인데 너무 둔탁하고 동양적인 느낌 때문에 결국은 마음을 접었다. 또한 전 세계적으로 아퀼라리아 나무가 몇 그루 안 남아 있는 상황에서 아가우드를 사용하는 것은 너무 경솔한 행동 같았다. 물론 아가우드 냄새를 모방한 인조향료를 구할 수도 있었지만, 사향의 경우와 마찬가지로 자연환경을 파괴시키면서 얻는 향은 설령 모조품일지라도 쓰고 싶지 않았다. 아나스타샤조차 향수에 넣은 용연향이 속삭이는 반면, 아가우드는 울부짖는다고 표현하지 않았던가.

아나스타샤는 내가 고른 것들이 고대의 신비로움과 여러 상징성을 지닌 고가의 아주 귀한 원료들이라고 알려주었다. 예를 들어, 아이리스는 홍수와 가뭄에도 잘 견디고 인돌릭 재스민은 아이리스의 강하고 냉랭한 성질을 중화시켜 음악으로 치면 피아노의 '가운데 도' 음에 해당된다고 한다. 그러나 아무리 기다려보아도 향수에 상쾌함을 불어넣는 베티베르의 그 금욕적인, 절제된 향은 느낄 수가 없었다.

그날 저녁, 나는 시 낭송회에 참석했다. 그리고 사람들이 내게 모여드는 것을 느끼며 향수의 위력을 실감했다. 아나스타샤의 말대로 베이스 노트는 서서히 모습을 드러내는 중이었고 어느 순간 인가 베티베르 향을 느낄 수가 있었다. 사람들이 이런 향은 처음 맡아본다고 입을 모았다. 오늘날 시판되는 향수 가운데 용연향이 나 아이리스 피오렌티나가 들어간 것은 거의 없기 때문에 사람들 은 이러한 향에 익숙하지 않다. 언젠가 내가 고래 토사물과 바싹 마른 뿌리로 만든 향수 원료도 있다고 말하자, 박장대소하던 사람 들이 생각난다.

맑고 투명한 아이리스와 수성水性을 가진 용연향은 내 향수의 정수이다. 내가 가장 좋아하는 곳이 '피렌체'와 '바다'라는 사실에 서, 조향사가 '아이리스'와 '용연향'이라는 힌트를 얻은 것 같았다.

노르베르트 비자올리를 만날 수 있냐고 묻자 아나스타샤는 너 무 내성적이라서 말을 잘 못할 거라고 대답했다. 정말 아쉬웠지 만, 이 향수가 내게 걸어놓은 주문에서 벗어나기 싫다면 그를 만 나지 않는 것이 더 좋을 수도 있겠다는 생각이 들었다.

다음은 그가 맞춤 향수를 만드는 데 사용한 최종 공식이다.

맞춤 향수를 위한 피라미드형 조향 공식

탑 노트

네롤리 시트러스: 무겁지만 상쾌한 느낌

시트론 페티그레인: 싱그러운 아로마 향, 약간 씁쓸한 냄새

너트메그: 쏘는 짜릿한 향, 사향내, 남성적

용연향: 상쾌한 도취감, 오존성의 바다 내,
햇볕에 그을린 피부를 떠올리게 함

미들(하트) 노트

미모사: 흙냄새, 가루같이 부드러움, 꽃향기

다마스크장미: 사향내, 꽃향기

아이리스: 뿌리 냄새, 여름날 비 갠 후의 공기 냄새

삼박 재스민: 관능적이고 이국적인 향, 따스하고 달콤함

베이스 노트

베티베르: 흙냄새, 서늘하고 축축함

유향: 처음에는 소나무, 또는 레몬 향이 나지만
점점 달콤하면서 톡 쏘는 향이 강해짐

몰약: 깊은 숲 속을 떠올리게 하는 향,
레몬과 로즈메리 향이 느껴지는 달콤한 기분

참고 자료로 이 책의 마지막 부분에 내 맞춤 향수의 각 원료를 싱글 노트로 하여 만들어진 향수 목록을 첨부하였다.

하루 동안 사용해보니 이 향수에는 일종의 최면성이 있었다. 마치 꿈속에서 아무 연관 없는 사건들이 자연스럽게 연결되는 것처럼, 알레포 수크 거리의 향긋함과 비에 젖은 정원의 흙냄새가 차례로 이어졌다. 그림으로 보면, 내 향수는 부셰와 와토의 작품에 등장하는 도발적인 창부의 이미지보다는 신비롭고 순수하며 영적인 피에로 델라 프란체스카의 화풍에 더 가까웠다.

완성된 향수를 보면서, 그렇게 먼 곳을 여행할 만한 가치가 있었는지, 솔직히 확신하기가 어려웠다. 마리 앙투아네트처럼 말이다. 그녀는 프랑스 혁명을 피해 파리를 떠나는 와중에도 다 쓴 향수를 다시 채우러 갔다. 그럴 가치가 있는 향수였을까? 훗날 평민으로 변장했음에도 불구하고 그녀가 잡힌 것이 그녀의 우비강 향수 냄새 때문이었으니 말이다. 나는 내 향수가 너무 푸석푸석하거나 메마른 것은 아닌지, 내가 표현하고 싶은 요소를 충분히 전달하고 있는지 계속 고민했다. 하지만 이 모든 것이 지나친 고민일 수도 있었다. 대부분의 경우, 첫인상이 가장 정확하기 때문이다. 적어도 맞춤 향수에서 내가 느낀 첫인상, 즉 신비롭고 경이로운 느낌에는 아직 변함이 없었다.

나는 지난 2년 동안의 여행과 내가 지나간 수천 마일의 거리를 생각해보았다. 그 시간과 거리가 이 작은 유리병 안에 압축되어 있는 것이다. 고대 이집트의 왕과 사제들, 칼데아(바빌로니아 남부 지방의 고대 왕국—옮긴이)의 왕자, 로마의 원로원 의원, 중국인 첩들에게 귀한 향료를 전하기 위해 뜨거운 사막을 가로질러 여행하던 향수 상인들의 모습, 그리고 인간의 역사만큼이나 오래되었다는 장미의 도시 '페트라'까지 이어진, 유향을 찾기 위한 2,000마일의 여정에 대해서도 생각했다.

나만의 맞춤 향수를 갖게 된 것은 얼마나 큰 행운인지 모른다. 많은 사람이 자신만의 향수, 즉 시그너처 향수를 원하고 있다. 향수 상인과 고객 모두 좀 더 신비스럽고 영적인 향을 지향하고 있는 가운데, 합성향수를 찾는 사람은 점점 줄고 있다. 또한 여러 가지 향이 인체에 미치는 심리적이고 생리적인 효과를 연구하는 아로마콜로지에 대한 관심이 커지고 있다.

내 향수에는 여러 장소에 대한 독특하고 분명한, 그리고 소중한 기억이 스며들어 있다. 그 기억 덕분에 나는 가만히 앉아서도 사랑하는 나라들을 계속 방문할 수 있다. 영국의 이 시골집을 떠나지 않고도 잠들어 있던 그 사랑의 감정에 다시 불붙일 수 있는 것이다. J. K. 위스망스Joris Karl Huysmans(프랑스의 작가)의 소설 《거꾸로À Rebours》의 주인공 데제생트가 생각난다.

재스민 향을 맡으면 사원의 무더위와 라자스탄의 라나크푸르 마을의 제사 오일이 타오르는 냄새가 느껴진다. 다마스크장미에서는 아나톨리아 평원을 가로지르는 폭풍 구름과 함께 리키아의 소나무 숲에서 불을 뿜는 키마이라가 생각나고, 헤스페리데스 노트는 나를 아틀라스 산맥과 오렌지 밭의 비탈진 계곡으로 데려간다. 그곳에서는 여자와 아이들이 사다리 위에 올라서서 꽃을 따고 있다. 그때쯤, 미들 노트가 스멀스멀 피어올랐다. 맨 처음 미모사 향을 맡으니, 레스토랑 탁자에서 생 빅투와르 산을 내다보며 소테른 포도주와 크렘 브륄레crème brûlée(프랑스식 디저트―옮긴이)를 먹는 내 모습이 그려진다. 세잔의 작품 주인공이 된 듯하다. 그 다음, 아이리스 향은 나를 다시 어린 시절로 잡아끈다. 그 기억 속에서 나는 반질반질한 테라코타 지붕을 가로질러 빌라를 옮겨 다니며 녹색 덧문을 통해 비치는 햇빛을 바라보고 있다.

드디어 베이스 노트도 그 비밀스런 모습을 드러내었다. 유향과 몰약 향을 따라간 예멘의 고지대에는 구름이 소용돌이치고 작은 마을들이 울퉁불퉁한 바위산에 독수리 둥지처럼 달라붙어 있다. 구슬픈 기도 소리가 훈향목 언덕을 가로질러 울려 퍼진다. 베티베르는 나를 큰비에 흠뻑 젖은 인도 남부의 한 휴양지로 데려갔다. 습한 미풍에 베티베르 향이 실려 온다. 향긋한 사향내를 풍기는 너트메그를 따라간 곳은 찌는 듯이 더운 스리랑카의 계곡이다. 빛나는 부처상이 결가부좌를 틀고 앉아 있었다. 그 다음으로 용연향이 마치 세이렌 요정처럼 소코트라 해안가로 나를 부른다. 거의 바닷물까지 마실 뻔했다.

내 향수는 나의 일부가 되고 아무도 그것을 모방할 수 없다는 것을 안다. 각 원료의 정확한 사용량은 비밀에 부쳐져 있기 때문이다. 나는 내 향수에 '레미니슨트Reminiscent'라는 이름을 붙였다.

색상 분석가인 애덤 제임스의 예견대로, 향을 찾는 여정은 내 마음을 정화시켜주었고, 많은 변화와 함께 새로운 시작을 가능하게 해주었다. 떠나기 전, 나는 지독한 무기력에 빠져 있었지만 여행은 그 침체의 늪에서 나를 건져주었고, 살아가는 방법에 대해 생각하게 해주었다. 애덤 역시 내가 여행을 통해 어려움을 회피하지 않고 끌어안는 법, 관조하는 법을 배웠을 거라고 말했다.

내면의 즐거움을 좇게 되면서, 나는 도시의 시바리스(사치와 향락을 일삼았던 고대 그리스 도시—옮긴이) 사람에서 소박하고 절제된 삶을 즐기는 행복한 시골뜨기로 변했다. 이 모든 것이 길고 긴 인도 여행에서 얻은 것이라고 나는 믿고 있다. 아라비아 해의 달빛 아래 바다 거북을 잡는 어부들의 모습과 키마이라의 영원한 불빛, 사하라 사막의 끝없는 지평선과 적막, 예배 시간을 알리는 무에진muezzin(이슬람 사원의 기도 시각을 알리는 사람—옮긴이)의 초자연적인 외침, 그리고 피렌체의 성당 미사 종소리가 나를 조금씩 다듬어갔다.

내 향수는 그 여정의 총체적인 집산물이다. 시간의 구속에서 벗어나 수많은 기억을 되새기게 하고, 먼 나라의 향에 담긴 수많은 사연과 이야기에도 귀를 기울이게 해준다.

향수 안에 나의 내세가 있었다.

셀리아 리틀턴의 맞춤 향수 원료로 만든
싱글 노트 향수

(향수명과 제조사)

네롤리와 페티그레인

'베르가모트 시트러스Bergamot Citrus', 프레시 인덱스

'포메그라나트 아니스Pomegranate Anise', 프레시 인덱스

'탠저린 리치Tangerine Lychee', 프레시 인덱스

'플뢰르 드 시트로니에Fleurs de Citronnier', 세르주 뤼탕

재스민

'퓨어 재스민 그란디플로람 에센셜 오일Pure jasmine grandifloram
essential oil', 아베다

'핑크 블로섬Pink Blossom', 프레시 인덱스

'알 라 뉘À la Nuit', 세르주 뤼탕

너트메그

'로트르L'Autre', 딥티크

'진저 앤드 너트메그Ginger and Nutmeg', 조 말론

용연향

'팜므Femme', 로샤스

'나르시스 누아르Narcisse Noir', 카롱

'네롤 소바주Nerol Sauvage', 크리드

'로열 딜라이트Royal Delight', 크리드

'로열 스카치 라벤더Royal Scotch Lavender', 크리드

'탐 다오Tam Dao', 딥티크

'푸아종Poison', 크리스티앙 디오르

'미스 디오르Miss Dior', 크리스티앙 디오르

미모사

'미모사 푸르 무아Mimosa pour Moi', 라티잔 파퓨미에르

장미

'로즈 압솔뤼Rose Absolue', 아니크 구탈

'사 마제스테 라 로즈Sa Majesté la Rose', 세르주 뤼탕

'로즈 드 뉘Rose de Nuit', 세르주 뤼탕

아이리스

'아이리스Iris', 산타 마리아 노벨라 프로푸메리아

'부아 디리스Bois d'Iris', 더 디퍼런트 컴퍼니

'아이리스 푸드르Iris Poudre', 프레데릭 말

'지아지올로 도토레 비자리Giaggiolo Dottore Bizzari', 도토레 비자리

베티베르

'베티베르 익스트라오디네르Vetiver Extraordinaire', 프레데릭 말

'베티베르 오리엔탈Vetiver Oriental', 세르주 뤼탕

'베티베르Vetiver', 겔랑

'베티베르Vetiver', 로렌초 빌로레시

유향, 몰약

'아포제Apogée', 레 상퇴르

'로즈 데 옴므Rose des Hommes', 로진

'엔디미온Endymion', 펜핼리건스

'타이프Taif', 오르몽드 제인

'로 트루아L'Eau Trois', 딥티크

용어 설명

조향사들이 사용하는 전문 용어 가운데에는 음악 용어와 비슷한 것들이 많다. 일부 용어들은 수백 년 전부터 사용되어왔다.

가루Pulverulence
곱게 빻은 가루. 오리스루트는 증류시키기 전 곱게 빻아 가루로 만든다.

갈바눔Galbanum
고무수지.

고정제Fixative
향을 지속시키고 특히 플로럴 노트의 휘발 작용을 억제한다.

공식Formula
향수의 원료와 사용량을 자세히 설명하는 조제 공식으로 절대 공개되지 않는다. 음악에서의 스코어score와 비슷하다.

계열Family
향은 푸제르 · 플로럴 · 시트러스 · 시프레 · 우디 · 레더 · 오리엔탈 노트의 일곱 가지 계열로 나뉜다.

나르드Nard
스파이크나르드 참조.

냉압착Expression
열이나 화학 작용 없이 기름을 추출하는 방식으로, 시트러스계 과일과 같이 많은 양의 휘발성 에센셜 오일을 가진 식물에 사용된다.

냉침법Enfleurage
향수 제조법 가운데 가장 까다로운 방법이다. 샤시장베르라는 트레이 위에 기름을 펴 바르고 투베로즈나 재스민 등 향이 금방 사라지는 꽃잎을 낱개씩 뜯어 펼쳐놓는다. 꽃의 향을 흡수한 기름을 '포마드'라고 하고 이것을 알코올에 녹이면 다시 아로마 오일을 얻을 수 있지만, 시간이 너무 많이 걸리기 때문에 오늘날에는 별로 사용되지 않는 방법이다.

네롤리Neroli

오렌지 꽃을 물로 증류시켜 추출해낸 오일로, 화학물질이나 알코올로 추출하는 오렌지 꽃의 익스트랙트와 구분해야 한다.

노즈Nose

전문 조향사.

노트Note

한 원료 또는 두세 가지 원료의 결합물에서 나는 독특한 향.

디퓨전Diffusion

향이 공기에 노출되었을 때 퍼져 나가는 방식.

랍다눔Labdanum

시스투스나 물푸레나무의 고무수지로, 점성이 강하고 굳었을 때는 앰버amber 라고 불린다.

레더Leather

건조하고 남성적인 향수 노트. 가죽이나 나무, 담배 연기 냄새가 어우러진 느낌이다.

레지노이드Resinoid

아이리스와 쿠민의 뿌리, 코리안더 씨, 모스 같은 말린 식물, 톨루와 스토락스 같은 발삼 수지, 랍다눔과 갈바눔 등의 고무, 몰약과 벤조인 등의 수지로서 추출되면서 덩어리 형태의 물질을 형성한다. 대부분의 합성수지가 향수 산업계에서만 사용되고 있지만 조향사들에게는 매우 귀한 물질이다.

리날로올Linalool

베르가모트와 코리안더 · 가디니아 · 라벤더 · 네롤리 등 많은 에센셜 오일에서 발견되는 합성물질.

매서레이션Maceration

뜨거운 액체 지방에 꽃이나 식물을 담가 우리는 것. 중간에 가끔 새 꽃을 넣어주면 점점 지방에 향이 스며든다. 원하는 정도의 포마드가 될 때까지 이 과정을 반복한 후 깨끗한 알코올로 포마드를 헹구어 향 추출물만 남긴다. 오늘날에는 추출할 식물을 알코올과 함께 큰 통에 넣어 몇 주, 몇 달 동안 내버려둔다. 가장 오래된 추출법 가운데 하나이다.

미들 노트Middle notes

하트 노트라고도 불리며 향수의 중심을 이룬다. 미모사나 재스민 등이 대표적인 미들 노트이다.

발라노스 오일Balanos oil

이집트의 혼합 오일로서 고대 그리스 사람들도 많이 사용하였다. 그리스의 철학자 테오프라스토스는 이 오일이 끈적임 없이 아로마 성분을 흡수하는 데 매우 좋다고 기록하였다.

발삼Balsam
함유수지를 말한다. 갈바눔과 랍다눔 등의 종류가 있으며 나무에서 얻는다.

베르가모트Bergamot
시트러스 베르가미아의 열매는 너무 써서 먹을 수 없지만 그 껍질을 짜면 매우 귀한 에센셜 오일이 나온다. 이것이 베르가모트 오일로 여러 플로럴계 에센셜 오일에 풍부함을 더해준다. 이탈리아 칼라브리아 지역에서만 재배된다.

베이스 노트 Base notes
향수의 고정제, 즉 휘발 억제제이다. 가장 휘발성이 낮은 향으로 다른 향들의 증발을 억제하여 향을 지속시키는 역할을 한다. 탑 노트와 미들 노트가 증발한 후에도 오랫동안 남아 있다. 오리스나 오크모스 등이 대표적인 베이스 노트이다.

베지털Vegetal
향수 산업계에서는 식물의 잎과 씨, 뿌리를 베지털이라고 부른다. 프렌치 베지털에는 모스와 까막까치밥나무·미모사·제비꽃잎 등이 있다.

베티베르Vetivert
흙냄새 나는 축축한 노트를 표현하기 위해 향수 제조에 사용되는 풀뿌리 또는 뿌리줄기. 다른 향과 뚜렷이 구별되는 강하고 분명한 향을 가졌다.

벤젠Benzene
합성사향.

벤조인Benzoin
보르네오와 자바·수마트라 섬 등지에서 발견되는 단단한 고무수지로, 벤자민이라고도 불린다. 타이와 미얀마 산이 최고 등급으로 꼽힌다.

부케Bouquet
플로럴 계열 성분들을 섞어놓은 것.

블렌즈Blends
향의 농도가 서로 균형을 이루는 원료들을 알맞게 섞은 것.

사향Musk
사향노루 수컷의 생식선에서 나오는 분비물로서 강력한 최음 효과를 지니고 있다. 사향이라는 말은 널리 알려져 있지만 오늘날 실제 그 향을 맡아보기는 매우 어렵다.

삼박Zambac
가장 무겁고 강한 재스민 종으로서 앱

솔루트 상태일 때에는 짙은 붉은색을
띤다.

상퇴르Senteur
프랑스의 조향사.

샤시장베르Chassis en verre
냉침법에 사용되는 유리 트레이. 트레
이 위에 걷어낸 기름을 펴 바르고, 꽃
또는 꽃잎들을 올려놓는다.

세아주Séage
트레일trail에 해당하는 프랑스어.

스위트 러시Sweet rush
고대 그리스와 이집트 사람들이 사용한
창포Acorus calamus. 종종 시나몬아이리
스라고도 불리며, 아몬드 에센스와 꿀
· 와인 · 몰약 등의 혼합물인 그리스 향
수 '메토피움Metopium'에 들어간다.

스토락스Storax
아시아에서 흔히 볼 수 있는 관목 껍
질을 베어내면 흘러나오는 고무수지.
한때 고대 성직자들이 제사를 올릴 때
사용하기도 하였다.

스파이크나르트Spikenard
쥐오줌풀Valerian 속屬으로 만든 아시아
향으로 나르트nard라고도 불린다.

시스투스Cistus
랍다눔 참조.

시트러스Citrus
향의 계열 가운데 하나로 그 에센셜
오일은 보통 시트러스계 과일 껍질을
압착하여 얻는다. 헤스페리데스 노트
라고도 불리며, 대부분의 오 드 콜로뉴
에 들어간다.

시프레Chypre
1917년 프랑수아 코티François Coty는
랍다눔과 파출리 · 오크모스 · 베르가
모트 등의 원료로 키프로스 섬에 대한
느낌을 향으로 재창조해냈다. 모시나
그린 계열의 향을 가지고 있다.

알데하이드Aldehydes
향수의 기능을 향상시키고 발포성發泡
性을 지닌 탄소 원자의 미립자이다. 샤
넬 No. 5의 조향사였던 어네스트 보
Earnest Beaux는 처음 계획보다 열 배
나 많은 알데하이드를 첨가했지만 코
코 샤넬에게 자신의 실수를 털어놓지
않았다. 그리고 샤넬 No. 5는 세계에서
가장 유명한 향수가 되었다.

알코올Alcohol
대개 일정한 검사를 거쳐 향수 응축액
에 들어간다.

암브레트 시드Ambrette seed

사향과 비슷한 냄새 때문에 종종 '머스크 시드'라고도 불리지만 실제 향수 제조 시에는 머스크 시드로 사향을 대체할 수 없다. 마르티니크(Martinique : 서인도 제도 남동부의 프랑스령 섬—옮긴이)산 암브레트 시드가 최고급 품종으로 알려져 있다.

앰버Amber

랍다눔 참조.

앱솔루트Absolute

원료를 용매 추출하여 콘크리트나 합성수지를 얻은 후 그것을 알코올에 헹구어 불순물을 제거한 후 순수한 물질로 정련시키는데 이것을 앱솔루트라 한다. 이 앱솔루트를 걸러내 증류시켜 왁스 성분을 제거한다. 증류로 얻은 에센셜 오일의 향이 증류시킨 식물과 다른 반면, 앱솔루트의 냄새는 그것을 추출해낸 식물과 똑같다.

양치류Fern or fougère

실제 냄새는 양치류라기보다 라벤더나 우드 · 오크모스 · 쿠마린 · 베르가모트 노트에 더 가깝다.

어코드Accord

향수를 만들기 위해 서로 조화를 이루는 향들을 결합시키는 것.

엉구언트Unguent

향수 오일의 옛 명칭이다. 엉구언타리 unguentarii가 옛날의 향료 가게였으며, 로마 시대에는 카푸아가 향료의 중심지였다.

에센셜 오일Essential oils

식물을 증류 또는 추출하여 얻는 휘발성 아로마 에센스이다. 독특한 향과 뛰어난 치유력으로 널리 사랑 받고 있다. 약 300종에 이르는 식물에서 에센셜 오일을 얻을 수 있다.

영묘향Civet

에티오피아 사향고양이의 생식선에서 나오는 분비물로서 다른 동물성 향들과 마찬가지로 지독한 냄새를 풍기지만, 다른 원료와 섞이면 지속적이고 관능적인 느낌의 향이 된다. 현재 영묘향과 에티오피아 사향고양이 거래는 금지되어 있다.

오리스Orris

아이리스 피오렌티나의 뿌리줄기를 말린 것. 향이 희미하지만 다른 향을 강화시키는 힘이 있다.

오리엔탈Oriental

극동 지역의 원료들을 사용하여 오리엔탈이라는 이름이 붙었다. 벤조인이나 아가우드 등이 그 예이다. 톡 쏘는

듯 날카롭고 사향내와 비슷한 향을 가
지고 있다.

오토Otto
화향유花香油나 에센셜 오일을 가리킨다.

올리베이셔스Olivaceous
올리브유. 과거 프랑스의 포마드 중 일
부는 올리브유로 만들기도 하였다.

왁스Wax
콘크리트 참조.

용연향Ambergris
향유고래의 분비물이자 톡 쏘는 바다
냄새를 풍기는 향료 성분이다. 향수에
조금만 넣어도 뛰어난 지속성을 얻을
수 있다.

우디Woody
향의 계열. 샌들우드·삼나무·베티베르
·파출리 향이 우디 향 계열에 속한다.

익스트랙트Extract
향수의 가장 중요한 성분으로 깨끗한
알코올에서 희석되며 콘선트레이트를
최대 30퍼센트까지 함유하고 있다.

인돌Indole
일상생활에서 맡을 수 있는 가장 강한
냄새 가운데 하나로, 배설물 등에 가득
들어 있다.

인센스Incense
수지와 방향목·고무의 합성물질. 가
톨릭이나 유대교·그리스 정교회·도
교·불교 등의 종교에서 신을 불러오
기 위한 신성한 분위기를 조성하면서
피운 향이다.

인퓨즈Infuse
용연향이나 사향 같은 고체를 오랫동
안 액체에 담가 가용可溶성분을 우려내
는 것.

정류精溜, Rectification
향수 정제법의 일종. 분자 증류로 테르
펜을 제거한다.

증류Distillation
식물을 스팀 처리하면 가벼운 아로마
분자가 방출되면서 냄새 성분이 빠져
나온다. 증류는 증발 현상을 바탕으로
한 것이다. 증류 후 응축시키면 에센셜
오일을 얻을 수 있다.

추출Extraction
헥세인이나 벤젠 같은 휘발성 용매를
사용한 식물 처리법. 향이 가득 밴 용
매를 걸러내면 콘크리트라는 덩어리
형태의 혼합물이 남는다. 추출법은 미
모사와 같이 소량의 에센셜 오일을 가

진 식물에 더 효과적이다.

카스토레움Castoreum
비버의 생식선에서 분비되는 말랑말랑한 물질로 날카로운 냄새를 풍긴다. 레더leather 노트를 만들 때 소량 사용되며 비버 털과 함께 거래 금지 품목으로 정해져 있다.

카시Cassie
미모사의 다른 이름이다. 아카시아 파르네시아나Acacia farnesiana라고도 불린다.

카시아Cassia
카시아의 에센셜 오일은 라우루스 카시아Laurus cassia의 껍질을 증류시켜서 얻는다. 옅은 노란색이며 시나몬과 비슷한 향이 난다. 옛날식 군용 비누에 아로마 향을 입히는 데 사용된다. 카시cassie와 혼동하지 말 것.

카이피Kyphi
고대 이집트의 제사용 향료. 로마의 의사 디오스코리데스는 카이피를 가리켜 '신을 맞이하는 환영의 인사'라고 말했다. 창포 · 방향목 · 페퍼민트 · 주니퍼 · 아카시아 · 꿀 · 몰약 · 사프란 · 카다몸 등을 며칠 동안 포도주에 담가 양조주를 만들기도 한다.

카트Qat
예멘 사람들이 매일 오후 기도를 끝내고 쉬면서 씹는 일종의 환각제 식물. 안타깝게도 현재 많은 유향 나무숲이 카트 농장으로 변해버렸다.

콘선트레이트Concentrate
아직 알코올에 희석되지 않은 상태의 향수 혼합물의 성분을 말한다.

콘크리트Concrete
꽃을 추출하는 과정에서 얻어지는 왁스 같은 물질. 바퇴즈batteuse라는 기계에서 알코올로 헹구어 더 정제시키면 앱솔루트 에센스가 된다.

쿠마린Coumarin
통카콩에서 얻은 합성원료로 바닐라 냄새가 난다.

탑 노트Top notes
프랑스에서는 테트(tete, 머리)나 데파르(depart, 출발)로 불린다. 금세 날아가 버리는 휘발성 향으로 향수의 첫 이미지를 결정한다. 콜론이나 시트러스처럼 가볍다.

테르펜Terpene
탄화수소 집단으로 방향성과 휘발성이 있기 때문에 에센셜 오일에서 저절로 나온다.

톨루Tolu
수지 성분의 끈끈한 페루산 발삼으로
달콤한 바닐라와 우디 향, 그리고 약간
의 시나몬 향을 가지고 있다.

트레일Trail
향수 용어로서 향수를 뿌린 사람이 남
기는 향기와 관련된 인상이나 느낌을
말한다.

파출리Patchouli
꽃잎을 채취, 증류하여 얻은 오일이다.
히피 시대와의 연관성 때문에 다소 부
정적인 이미지를 가지고 있다. 식물에
서 채취한 것 중 향이 가장 강하다.

페티그레인Petitgrain
오렌지 잎을 증류시켜 얻은 헤스페리
데스 노트이다. 질리도록 달콤한 향이
인상적이다.

포마드Pomade
꽃의 향을 흡수하여 에센셜 오일로 포
화 상태가 된 지방.

플로럴Floral
향의 계열 가운데 가장 비중이 크다.
보통 플로럴 노트 간의 조합이 가장
흔하지만 이것도 싱글 노트, 그린 플로
럴, 우디, 프루티 등 여러 가지 종류가
있다.

하트 노트Heart notes
미들 노트 참조.

함유수지Oleoresin
향료로 쓰이는 에센셜 오일의 부산물.

헥세인Hexane
냄새를 추출하는 데 쓰이는 휘발유의
부산물.

화향유花香油, Attar
에센셜 오일을 가리키는 말로, 로즈 오
일이 가장 유명하다. 장미 향수를 증류
시켜 얻은 오일을 글라디올러스 잎으
로 걷어낸 것을 말한다.

휘발성Volatile
시트러스 노트처럼 금세 증발하는 향
의 특성.

참고 문헌

__ C. J. S. 톰슨(C. J. S. Thompson), 《향수의 비밀과 매력(The Mystery and Lure of Perfume)》, London, Bodley Head, 1922.

__ 기슬랭 필리보이트(Ghislaine Pillivuyt), 《향수의 역사(Histoire du Parfum)》, Denoël, Julia Kristeva, 1988.

__ 다이앤 애커먼(Diane Ackermann), 《감각의 박물학(A Natural History of the Senses)》, New York, Random House, 1990.

__ 라이올 워슨(Lyall Watson), 《야콥슨 기관(Jacobson's Organ)》, New York, W. W. Norton & Company, 2000.

__ 로렌초 빌로레시(Lorenzo Villoresi), 《목욕 기법(L'Arte del Bagno)》, Firenze, Ponte alle Grazie, 1996.

__ 로렌초 빌로레시(Lorenzo Villoresi), 《향수(Il Profumo)》, Firenze, Ponte alle Grazie, 1996.

__ 마이클 에드워즈(Michael Edwards), 《향수의 전설 : 프랑스의 여성 향수(Perfume Legends : French Feminine Fragrances)》, Sidney, Michael Edwards and Company, 1996.

__ 발레리 앤 워우드(Valerie Ann Worwood), 《향기의 정신(The Fragrant Mind)》, London, Doubleday, 1995.

__ 베네데타 알판데리(Benedetta Alphandery), 《아이리스(The Iris)》, Milano, Idea Books, 1998.

__ 셉티머스 피에스(Septimus Piesse), 《향수 제조법(The Art of Perfumery)》, London, Piesse and Lubin, 1891.

__ 수잔 A. 얼바인(Susan A. Irvine), 《향수: 클래식 향수의 탄생과 유혹(Perfume : The

Creation and Allure of Classic Fragrances)》, London, Aurum Press, 1996.

__ 알랭 코르뱅(Alain Corbin), 《향기와 악취(The Foul and the Fragrant)》, Cambridge, Mass, Harvard University Press, 1986.

__ 윌리엄 카우프만(William Kaufman), 《향수(Perfume)》, New York, E. P. Dutton & Co., Inc., 1974.

__ 유진 리멜(Eugène Rimmel), 《향수 백과(Le Livre des Parfums)》, Le Lavandou, Éditions du Layet, 1870.

__ 이나 듀파우어 나넬리(Inna Dufour Nannelli), 《장미(Roses)》, Milano, Idea Books, 2003.

__ 잭 터너(Jack Turner), 《향, 그 유혹의 역사(Spices, The History of a Temptation)》, London, HarperCollins, 2004.

__ 조지 빈(George Bean), 《터키의 남해안(Turkey's Southern Shore)》, London, John Murray, 1968.

__ 챈들러 버(Chandler Burr), 《향의 황제(The Emperor of Scent)》, New York, Random House, 2003.

__ 테오프라스토스(Theophrastus), 《향에 관하여(Concerning Odours)》, Loeb Classical Library, 1916.

__ 파비엔 파비아(Fabienne Pavia), 《향수의 세계(The World of Perfume)》, USA, Knickerbocker Press, 1975.

__ 프랜시스 케넷(Frances Kennet), 《향수의 역사(History of Perfume)》, London, Harrap, 1975.

찾아보기

[ㅎ]

[기타]

향기 탐색 — 개정판

개정판 1쇄 펴낸날 2017년 10월 18일
개정판 3쇄 펴낸날 2021년 9월 29일

지은이 | 셀리아 리틀턴
옮긴이 | 도희진
펴낸이 | 박남주

종이 | 화인페이퍼
인쇄·제본 | 한영문화사

펴낸곳 | (주)뮤진트리
출판등록 | 2007년 11월 28일 제2015-000059호
주소 | 서울시 마포구 토정로 135 (상수동) M빌딩
전화 | (02)2676-7117 팩스 | (02)2676-5261
전자우편 | geist6@hanmail.net
홈페이지 | www.mujintree.com

ⓒ 뮤진트리, 2017

ISBN 979-11-6111-007-3 03900

• 책값은 뒤표지에 있습니다.